OSHO
VERLAG

Osho

Esoterische Psychologie

Titel der Originalausgabe:
The Psychology of the Esoteric

3. Auflage 1991
Die ersten beiden Auflagen sind beim Sannyas Verlag erschienen.

Übersetzung: Swami Amareesh, Swami Prem Nirvano
Design: Swami Prem Visarjan
Fotos: © Osho Foundation International, Zürich;
H. Wendler / The Image Bank, München
Druck: Mohndruck, Gütersloh
Printed in Germany

ISBN 3-925205-49-7

INHALT

EINFÜHRUNG

Ziel des Evolutionsprozesses ist die Entwicklung von Bewußtsein. Tiere sind bewußter als Bäume; Bäume sind bewußter als Felsen; der Mensch ist bewußter als das Tier. Ein Buddha ist bewußter als ein Mensch.

Buddhaschaft, Christus-Bewußtsein, Erleuchtung – sie alle bedeuten dasselbe, nämlich das Aufblühen unbegrenzten Bewußtseins. Die Materie ist völlig unbewußt, ein Buddha ist völlig bewußt. Der Mensch steht irgendwo dazwischen: weder Tier noch Buddha. Er lebt zwischen zwei Welten, ist zwar kein Tier mehr, aber noch nicht das, was er werden kann.

„Unbewußte Evolution endet beim Menschen", sagt Osho, „und bewußte Evolution beginnt. Aber bewußte Evolution beginnt nicht unbedingt bei irgendeinem x-beliebigen Menschen. Sie beginnt nur, wenn du dich dafür entscheidest."

Leben bedeutet Bewegung. Es ist unmöglich, auf der Stelle stehenzubleiben. Entweder entwickeln wir uns zu einer höheren Bewußtseinsebene, oder wir fallen zurück. Wir haben die Wahl. Dieser Wahl können wir uns nicht entziehen. Auch gar nicht zu wählen ist eine Art von Wahl. Die meisten versuchen, alle Verantwortung von sich zu schieben: Sie wählen die Rückkehr zur Unbewußtheit. Sie suchen sich durch Alkohol und Drogen zu vergessen, durch Arbeit, durch Sex, durch ständige Sinnesreizung. Nur wenige entscheiden sich, die Reise zu höherem Bewußtsein zu beginnen. Und das sind die wenigen, an die sich Osho in diesem Buch der *Esoterischen Psychologie* richtet.

Osho setzt an dem Punkt ein, an dem die westliche Psychologie aussetzt.

Er geht weit über Freud, Jung und die neuen Erkenntnisse der ganzheitlichen Psychologie hinaus. Wenn Freuds Psychologie eine Psychologie des Pathologischen ist und Maslows Psychologie die Psychologie des Gesunden, dann ist Oshos Psychologie die Psychologie der Erleuchtung, der Buddhas. Osho ist ein erleuchteter Meister, dem die psychologischen Schulen des Westens ebenso zugänglich sind, wie die uralten Geheimlehren des Ostens. Mit unbestechlichem Scharfblick durchdringt er die letzten Winkel unseres Daseins. Er fängt beim Physischen an und geht Schritt für Schritt bis zum Transzendentalen, vom Bekannten bis zum Unerkennbaren.

„Dem Osten geht es nicht um Psychologie, sondern um Sein. Ihm geht es nicht um geistige Gesundheit, sondern vielmehr um spirituelles Wachstum. Die Frage ist nicht, was du tust; die Frage ist, was du bist.“

Osho spricht in diesen Diskursen über nichts weniger als die Geburt eines neuen Menschen. Es geht ihm nur darum, ein Klima zu erzeugen, in dem Buddhaschaft aufblühen kann. Damit das geschehen kann, so sagt er, muß man den Menschen in seiner Gesamtheit akzeptieren. Man darf weder das Rationale noch das Irrationale verleugnen, weder Intellekt und Wissenschaft, noch Gefühl und Religion. Der Mensch muß fließend, flüssig bleiben, fähig sein, von einem Pol zum anderen zu wechseln. „Der Geist bedarf einer logischen, rationalen Schulung“, sagt er, „aber er muß gleichzeitig auch in die nichtrationale Dimension der Meditation hineinwachsen. Die Vernunft muß ebenso entwickelt werden wie das Gefühl. Es muß Zweifel geben, aber auch Vertrauen... Wer eins von beiden leugnet, hört auf zu wachsen. Du kannst nur als Ganzes wachsen.“

Osho ist kein Philosoph. Seine Worte sind kein Versuch, uns den Kopf mit noch mehr Wissen vollzustopfen. Sie sind ein Versuch, uns zur unmittelbaren Erfahrung dessen hinzuführen, was jenseits von Worten ist. Seine Meisterschaft besteht darin, unser eigenes inneres Wachstum in Gang zu setzen und uns durch seine Liebe zu ermutigen, unsere Anlagen zur höchsten Vollendung zu bringen. Der Keim dazu steckt in uns.

Ma Satya Bharti

DIE INNERE REVOLUTION

Ist es möglich, daß auf dem Wege der Evolution die gesamte Menschheit zu irgendeinem zukünftigen Zeitpunkt erleuchtet werden kann? Welches Stadium der Evolution hat der Mensch bis heute erreicht?

Der natürliche, automatische Prozeß der Evolution ist mit dem Menschen beendet. Der Mensch ist das letzte Produkt unbewußter und der Anfang bewußter Evolution.

Viele Dinge müssen berücksichtigt werden. Erstens: Unbewußte Evolution ist mechanisch und natürlich. Sie geschieht von selbst. Durch diese Art von Evolution entwickelt sich Bewußtsein. Sobald Bewußtsein aber entstanden ist, hört unbewußte

Evolution auf, da ihr Zweck erfüllt ist. Unbewußte Evolution ist nur bis zu dem Punkt notwendig, an dem sich Bewußtsein bildet.
Der Mensch hat diesen Punkt erreicht. In diesem Sinne ist er der Natur entwachsen. Die Natur kann jetzt nichts mehr hinzufügen. Das letzte Produkt, das durch natürliche Evolution möglich war, ist entstanden. Der Mensch ist jetzt frei, selbst zu entscheiden, ob er sich weiterentwickeln will oder nicht...
Zweitens: Unbewußte Evolution ist kollektiv; sobald sie aber bewußt wird, wird sie zu einer individuellen Angelegenheit. Kollektive, automatische Evolution führt nie weiter als bis zum Menschen. Von jetzt an wird Evolution zu einem individuellen Prozeß. Bewußtsein führt zu Individualität. Bevor sich Bewußtsein entwickelt hat, gibt es keine Individuen sondern nur Arten.
Solange Evolution noch unbewußt ist, stellt sie einen automatischen Prozeß dar; es gibt dabei keine Ungewißheiten. Alles geschieht nach dem Gesetz von Ursache und Wirkung.
Das Dasein ist mechanisch und gewiß. Mit dem Menschen jedoch, mit dem Bewußtsein, tritt Ungewißheit auf. Jetzt ist nichts sicher. Evolution mag stattfinden oder nicht. Die Möglichkeit besteht, doch die Wahl liegt vollkommen bei jedem einzelnen Menschen selbst.
Das ist der Grund, warum Ratlosigkeit und Sorge ein menschliches Phänomen sind. Auf niedrigeren Stufen der Entwicklung gibt es keine Unruhe, keine Angst, da die Möglichkeit einer Wahl nicht besteht. Alles geschieht wie es muß.
Es gibt keine Wahl, keinen, der wählt, und damit ist Angst unmöglich. Wer soll denn ängstlich sein? Wer soll da sein, um krampfhaft nach dem richtigen Weg zu suchen?
Mit der Möglichkeit der Wahl kommt die Angst vor der Wahl wie ein Schatten. Man muß jetzt alles entscheiden; alles ist eine bewußte Anstrengung. Du allein bist verantwortlich;

wenn du versagst, dann versagst du, das liegt an dir. Hast du Erfolg, dann hast *du* Erfolg; auch das liegt an dir.

Und jede Wahl ist in gewisser Hinsicht endgültig. Du kannst sie nicht ungeschehen machen oder vergessen, du kannst davon nicht mehr zurücktreten. Deine Wahl wird zu deinem Schicksal. Sie bleibt Teil von dir, du kannst sie nicht verleugnen. Da deine Wahl jedoch immer ein Glücksspiel ist, da du sie im Dunkeln getroffen hast – nichts ist gewiß –, leidest du unter dem Druck der Entscheidung. Der Mensch ist bis in die Zehenspitzen verunsichert. Was ihn von vornherein grundsätzlich quält ist die Frage: Sein oder nicht Sein? Tun oder nicht tun? Dieses oder jenes tun? „Keine-Wahl" ist unmöglich. Wenn du nicht wählst, dann wählst du es, nicht zu wählen; es bleibt eine Wahl. Deswegen mußt du zwangsläufig wählen; du bist nicht frei, keine Wahl zu treffen. Nicht zu wählen hat dieselbe Auswirkung wie jede andere Wahl.

Das Würdevolle, Schöne und Glorreiche am Menschen ist dieses Bewußtsein. Es ist aber auch eine Bürde. Glanz und Bürde gehen Hand in Hand im Augenblick, in dem du bewußt wirst. Jeder Schritt bedeutet eine Bewegung zwischen den zweien. Mit dem Menschen treten Wahl und bewußte Individualität in Erscheinung. Du kannst dich weiterentwickeln, aber es wird eine individuelle Anstrengung sein. Du magst zu einem Buddha reifen oder nicht, es ist deine Wahl.

Es gibt also zwei Typen von Evolution: die kollektive und die individuelle, bewußte. Das Wort „Evolution" schließt einen unbewußten, kollektiven Ablauf ein, deswegen ist es besser, das Wort „Revolution" zu verwenden, wenn man über den Menschen spricht. Revolution ist nur für den Menschen möglich. In meinem Sinne bedeutet Revolution eine bewußte, individuelle Wachstumsanstrengung. Sie bringt die individuelle Verantwortung zu einem Höhepunkt. Du allein bist verantwortlich für deine Entwicklung.

Gewöhnlich versuchen die Menschen, ihrer Verantwortung für

ihr Wachstum und ihrer Entscheidungsfreiheit zu entkommen. Freiheit ruft große Furcht hervor. Als Sklave bist du für dein eigenes Leben nicht verantwortlich; ein anderer trägt die Verantwortung. Aus dieser Sicht ist Sklaverei eine sehr angenehme Sache. Es gibt keine Bürde. In dieser Hinsicht bedeutet Sklaverei Freiheit: Freiheit von bewußter Wahl.

Sobald du vollkommen frei wirst, mußt du deine eigenen Entscheidungen treffen. Niemand zwingt dich, etwas zu tun; alle Alternativen stehen dir offen. Dann beginnt das Ringen mit dem Verstand, und so entsteht Angst vor der Freiheit.

Ein Teil der Anziehung, die Ideologien wie Kommunismus und Faschismus ausüben, ist, daß sie eine Fluchtmöglichkeit vor individueller Freiheit und ein Erlöschen individueller Verantwortung in Aussicht stellen. Die Last der Verantwortung geht vom einzelnen auf die Gesellschaft über. Wenn irgend etwas schief geht, dann kannst du es auf den Staat, die Organisation schieben. Der Mensch wird zu einem Teilchen im kollektiven Gefüge. Aber indem Faschismus und Kommunismus die individuelle Freiheit verleugnen, verleugnen sie auch die Möglichkeit der menschlichen Evolution. Es ist ein Rückfall von der großen Möglichkeit, die Revolution in sich birgt: die Möglichkeit der totalen Umwandlung des Menschen. Wenn dies geschieht, dann machst du die Chance, das höchste Ziel zu erreichen, zunichte. Du fällst auf die Stufe der Tiere zurück.

Für mich ist die weitere Evolution nur möglich, wenn sie mit individueller Verantwortung verbunden ist. Du allein bist verantwortlich, und das ist ein großes Glück, ein Segen in Verkleidung. Mit individueller Verantwortung kommt die Auseinandersetzung, die letztlich zu einem Bewußtsein führt, das frei vom Zwang der Wahl ist.

Das alte Muster der unbewußten Evolution hat für uns keine Gültigkeit mehr. Du kannst in es zurückfallen, jedoch nicht darin bleiben. Dein inneres Wesen wird sich zur Wehr setzen.

Der Mensch ist bewußt geworden; er muß bewußt bleiben. Es gibt keinen anderen Weg.

Philosophen à la Aurobindo üben große Anziehung auf Drückeberger aus. Sie behaupten, kollektive Evolution sei möglich. Das Göttliche steigt vom Himmel hernieder, und jeder wird erleuchtet. Für mich ist das nicht möglich. Und selbst wenn es möglich wäre, wäre es nichts wert. Wenn du erleuchtet wirst, ohne dich selbst darum bemüht zu haben, dann lohnt sich diese Erleuchtung nicht. Sie wird dir nicht die Ekstase geben, die die Mühe krönt; du wirst sie für selbstverständlich halten, wie deine Augen, Hände oder dein Atemsystem.

Auch sie sind große Gaben, aber niemand nimmt sie dankbar entgegen.

Irgendwann kannst du dann auch erleuchtet geboren werden, genau wie Aurobindo es verspricht. Das wird wertlos sein. Du wirst reich sein; weil es aber ohne Anstrengung, ohne konstante Bemühung gekommen ist, wird es dir nichts bedeuten; die Bedeutung geht verloren. Bewußter Einsatz ist notwendig. Was du erreicht hast, ist nicht so wichtig wie die Mühe selbst, die erst Bedeutung verleiht; du mußt um Bedeutung ringen.

Aus meiner Sicht ist Erleuchtung, die unbewußt und kollektiv als ein göttliches Geschenk kommt, nicht nur unmöglich, sondern auch bedeutungslos. Du mußt um Erleuchtung kämpfen; dadurch schaffst du die Fähigkeit, den kommenden Segen zu sehen, zu fühlen und ihn zu erhalten.

Unbewußte Evolution hört beim Menschen auf, und die bewußte Evolution – Revolution – beginnt. Bewußte Entfaltung jedoch fängt nicht notwendigerweise bei irgend jemand beliebigen an. Sie beginnt nur, wenn du dich dafür entscheidest. Aber wenn du dich – wie die meisten Leute – nicht dafür entscheidest, dann befindest du dich in einer äußerst gespannten Lage. Mit der heutigen Menschheit sieht das etwa so aus: Nirgendwohin kann sie gehen, es gibt nichts zu erreichen. Es gibt jetzt kein Weiterkommen ohne bewußten Einsatz, kein Zurück zu unbewußten Stadien. Die Türe ist zu, die Brücke gebrochen.

Die bewußte Wahl weiterzuwachsen, ist ein großes Abenteuer, das einzige Abenteuer, das es für einen Menschen gibt. Der Weg ist mühselig; das läßt sich nicht vermeiden.

Irrtum und Versagen sind notwendige Begleiterscheinungen, weil nichts sicher ist. Diese Situation führt zu inneren Spannungen. Du weißt nicht, wo du bist, du weißt nicht, wo du hingehst. Deine Identität geht verloren.

Die Situation mag sich so zuspitzen, daß du selbstzerstörerisch wirst. Selbstmord ist ein menschliches Phänomen, das mit der menschlichen Entscheidungsfreiheit einhergeht. Tiere können nicht Selbstmord begehen, weil es unmöglich für sie ist, den Tod bewußt zu wählen. Ihre Geburt ist unbewußt und ebenso ihr Tod. Aber bei dem Menschen – dem irregeleiteten, unentwickelten – wird eines möglich: die Fähigkeit, den Tod zu wählen.

Deine Geburt, die nicht deine Wahl ist, spielt sich nach den Regeln unbewußter Evolution ab. In Wahrheit ist deine Geburt gar kein menschlicher Vorgang. Sie ist ihrer Natur nach tierisch, weil sie nicht deine Wahl ist. „Wahl" kennzeichnet den Beginn des Mensch-Seins. Aber du kannst deinen Tod wählen – eine entschlossene Handlung: Damit wird Selbstmord ausschließlich zu einer menschlichen Handlung.

Und wenn du dich nicht für bewußte Evolution entscheidest, dann besteht die Möglichkeit, daß du dich für Selbstmord entscheidest. Vielleicht hast du nicht den Mut, dich tatsächlich zu töten, aber du wirst durch einen langsamen Prozeß gehen – auf der Schwelle zum Tod – und nur darauf warten zu sterben.

Du kannst niemand anderen für deine Entwicklung verantwortlich machen. Diese Sachlage zu akzeptieren, gibt Kraft. Dann bist du auf deinem Weg zu wachsen, dich zu entfalten.

Wir schaffen uns Götter oder suchen unser Heil in Gurus,

damit wir nicht zu unserem eigenen Leben, unserer eigenen Entwicklung stehen müssen. Wir versuchen, die Verantwortung weit von uns wegzuschieben. Können wir weder Gott noch Guru akzeptieren, dann versuchen wir, uns durch Rauschmittel oder Beruhigungsmittel um die Verantwortung zu drücken; jeder findet irgend etwas, was ihn unbewußt macht. Aber diese Versuche, Verantwortung zu leugnen, sind absurd, unreif und kindisch. Sie schieben das Problem nur hinaus. Sie sind keine Lösungen. Du kannst es aufschieben, bis du stirbst, aber das Problem bleibt bestehen, und deine neue Geburt wird am selben Punkt anknüpfen. Ist dir erst einmal bewußt, daß du allein verantwortlich bist, dann gibt es keine Flucht in irgendeine Art von Unbewußtsein. Und du bist ein Narr, wenn du versuchst, dich darum zu drücken, weil Verantwortung deine große Entwicklungschance ist. Aus dem Kampf, der dabei entfacht wird, entsteht das Neue.

Bewußtwerdung setzt voraus, daß dir klar ist, daß alles von dir abhängt. Sogar dein Gott ist von dir abhängig, weil du ihn in deiner Vorstellung geschaffen hast. Letzten Endes ist alles ein Teil von dir, und du mußt dafür gerade stehen. Keiner hört sich deine Entschuldigungen an; es gibt keine gerichtlichen Instanzen dafür. Die gesamte Verantwortung liegt bei dir.

Und du bist allein, absolut allein. Darüber muß man sich ganz im klaren sein. Im Augenblick, wo du bewußt wirst, bist du allein. Je bewußter du wirst, desto bewußter wird dir dein Alleinsein. Deswegen versuche nicht, dieser Tatsache durch Gesellschaft, Freunde, Verbindungen oder Massenveranstaltungen auszuweichen. Lauf nicht vor dem Alleinsein davon. Es ist ein großartiges Phänomen, der gesamte Evolutionsprozeß hat darauf hingearbeitet. Bewußtsein hat jetzt den Punkt erreicht, an dem du erkennst, daß du allein bist. Und nur im Alleinsein kannst du Erleuchtung erlangen.

Ich sage nicht „Einsamkeit". Das Gefühl der Einsamkeit stellt sich ein, wenn man vor dem Alleinsein flüchtet, wenn man es nicht akzeptieren will. Akzeptierst du die Tatsache deines Alleinseins nicht, fühlst du dich einsam und suchst nach Leuten und Rauschmitteln, um dich zu vergessen. Aus Einsamkeit entsteht die Magie des Vergessens.

Wenn du allein sein kannst – und wenn es nur für einen Moment ist –, dann stirbt das Ego; das „Ich" stirbt. Du löst dich auf. Es gibt dich nicht mehr. Das Ego kann nicht allein sein. Es kann nur in Beziehung zu anderen existieren. Jedesmal, wenn du allein bist, geschieht ein Wunder. Das Ego wird geschwächt. Es kann jetzt nicht lang weiterbestehen. Egoistische Menschen neigen eher zum Selbstmord. Selbstmord steht immer in Beziehung zum anderen, ist niemals eine Tat, die dem Alleinsein entspringt. Das Ego leidet nicht im Selbstmord, vielmehr gewinnt es an Ausdruckskraft. Es wird mit größerer Kraft in eine neue Geburt drängen.

Durch Alleinsein wird das Ego gebrochen. Ohne Bezugsmöglichkeit kann es nicht bestehen. Wenn du also bereit bist, allein zu sein, standhaft allein zu sein, weder auszuweichen noch zurückzufallen, wenn du bereit bist, die Tatsache des Alleinseins hinzunehmen, wie sie ist – dann hast du eine ungeahnte Möglichkeit. Dann bist du genau wie ein Samenkorn, mit einer großen Wachstumsmöglichkeit. Vergiß aber nicht, daß das Samenkorn sich zerstören muß, damit die Pflanze wachsen kann. Das Ego ist ein Samenkorn. Wenn es zerspringt, dann wird das Göttliche geboren. Das Göttliche ist weder „Ich" noch „Du", es ist eins. Durch Alleinsein kommst du zu diesem Eins-Sein.

Du kannst dir einen falschen Ersatz für dieses Eins-Sein schaffen. Hinduismus, Christentum, Islam, Indien, China, sie alle sind nur Ersatz für Eins-Sein. Eins-Sein entsteht nur durch totales Alleinsein.

Eine Menschenmasse kann sich als eins bezeichnen, aber dieses

Eins-Sein steht immer im Gegensatz zu etwas anderem. Sobald du in der Menge bist, fühlst du dich erleichtert. Jetzt bist du nicht mehr verantwortlich. Allein zündest du keine Moschee an, allein zerstörst du keinen Tempel, aber als Teil eines Mobs bist du dazu imstande, weil du jetzt nicht persönlich verantwortlich bist.

Alle sind verantwortlich und deshalb niemand für sich genommen. Statt individuellem Bewußtsein breitet sich Gruppenbewußtsein aus. In der Masse fällst du auf die Ebene der Tiere zurück.

Die Masse ist ein falscher Ersatz für das Gefühl des Eins-Seins. Wer das weiß, wer seine Verantwortung als Mensch wahrnimmt und sieht, daß es eine schwierige, mühselige Aufgabe ist, ein Mensch zu sein, wählt keinen falschen Ersatz. Er lebt mit den Tatsachen, wie sie sind, und bastelt sich keine Fiktionen. Eure Religionen und politischen Ideologien sind nur Fiktionen, die ein trügerisches Gefühl des Eins-Seins schaffen.

Das Eins-Sein entsteht nur, wenn du egolos wirst, und das Ego kann nur sterben, wenn du total allein bist; wenn du völlig allein bist, bist du nicht.

Genau in diesem Moment geschieht die Explosion. Du löst dich ins Unbegrenzte auf. Und nur das ist Evolution. Ich nenne es Revolution, weil es nicht unbewußt ist. Du magst vom Ego frei werden oder nicht – es hängt von dir ab. Allein zu sein ist die einzige wirkliche Revolution. Viel Mut gehört dazu. Nur ein Buddha, ein Jesus oder ein Mahavir ist allein. Nicht daß sie ihre Familien, die Welt verlassen hätten; es scheint so, ist aber nicht der Fall. Sie haben etwas hinter sich gelassen, aber nicht aus Abweisung. Die Handlung war positiv; sie war ein Schritt in Richtung des Alleinseins. Sie suchten nach totalem Alleinsein.

Die ganze Suche gilt dem Moment der Explosion, dem Moment des Alleinseins. Im Alleinsein ist Glückseligkeit verborgen. Und nur so erlangst du Erleuchtung.

Wir können nicht allein sein, andere können auch nicht allein sein, deswegen bilden wir Gruppen, Familien, Gesellschaften, Nationen. Alle Nationen, Familien oder Gruppen setzen sich aus Feiglingen zusammen, die nicht Mut genug haben, allein zu sein. Wirklicher Mut ist der Mut zum Alleinsein. Er bedeutet eine bewußte Realisierung der Tatsache, daß du allein bist und nichts anderes sein kannst. Du kannst dich darüber hinwegtäuschen oder damit leben. Du kannst dir Leben für Leben etwas vormachen, aber du wirst dich nur in einem Teufelskreis bewegen. Nur wenn du mit der Tatsache des Alleinseins leben kannst, ist der Kreislauf gebrochen, und du gelangst zur Mitte. Diese Mitte ist das Zentrum der Göttlichkeit, des Ganzen, des Heiligen.

Ich kann mir kein Zeitalter vorstellen, in dem dies das Geburtsrecht eines jeden Menschen sein kann. Es ist unmöglich. Bewußtsein ist individuell. Nur Unbewußtsein ist kollektiv.

Die Menschen haben ein Stadium des Bewußtseins erreicht, in dem sie zu Individuen geworden sind. Es gibt keine Menschheit als solche, sondern nur individuelle Menschen. Jeder Mensch muß seine Individualität und die Verantwortung dafür verwirklichen.

Als erstes müssen wir Alleinsein als die grundlegende Tatsache akzeptieren und damit leben lernen. Wir dürfen uns nicht mit Fiktionen abgeben. Fiktionen verhindern, daß du jemals die Wahrheit erfährst; sie sind projizierte, künstliche, gezüchtete „Wahrheiten", die dir den direkten Einblick ins Sein verwehren. Kannst du aber mit der Tatsache deines Alleinseins leben, dann gibt es keine Fiktionen mehr, und die Wahrheit enthüllt ihr Gesicht. Jede Tatsache, in die du tiefen Einblick hast, gibt die Wahrheit preis.

Deswegen lebe mit Verantwortung, sei allein. Dann ist der Durchbruch möglich. Es ist mühsam, aber der einzige Weg. Diese Wahrheit zu akzeptieren fällt nicht leicht, aber nur so gelangst du zum Punkt der Verwandlung, zum Punkt der Glückseligkeit. Wird sie dir schon fertig gegeben, dann verliert sie ihren Wert, weil du sie nicht verdient hast. Du bist nicht fähig, den Zustand tiefen Glücks zu fühlen. Diese Fähigkeit kommt nur mit Disziplin.

Wenn du mit der Tatsache deiner eigenen Verantwortung zurechtkommst, entsteht automatisch Disziplin in dir. Total auf dich gestellt, kommst du ohne Disziplin nicht aus. Aber diese Disziplin ist nicht von außen aufgenötigt. Sie kommt von innen. Weil du die gesamte Verantwortung für dich trägst, gehst du mit größerer Sorgsamkeit vor. Du kannst kein einziges unverantwortliches Wort von dir geben.

Bist du dir über dein Alleinsein bewußt, dann erkennst du, daß andere auch leiden. Dann kannst du gar nicht verantwortungslos handeln, weil deine Verantwortung andere mit einschließt. Dann weißt du, daß sich jeder einsam fühlt. Der Sohn weiß, daß der Vater einsam ist, die Ehefrau weiß, daß ihr Mann, und der Mann, daß seine Frau einsam ist; es ist unmöglich, nicht mitzufühlen.

Mit den Gegebenheiten leben – das ist das einzige Yoga, die einzige Disziplin. Wenn du dir erst einmal total bewußt bist, wie es um den Menschen steht, dann wirst du religiös. Du wirst dein eigener Meister. Der Verzicht, der damit kommt, ist nicht der Verzicht eines Asketen. Er ist nicht erzwungen, nicht häßlich, abstoßend. Dieser Verzicht ist ästhetisch. Du fühlst, daß dies die einzige Möglichkeit ist, daß du gar nicht anders handeln kannst. Dann gibst du die Jagd nach Dingen auf; du verzichtest auf Besitz.

Der Drang zu besitzen, ist der Drang, nicht allein zu sein. Wer nicht allein sein kann, sucht nach Gesellschaft. Aber die Gesellschaft anderer Leute ist nicht verläßlich, deswegen sucht er stattdessen die Gesellschaft von Dingen. Mit einer Frau zu leben ist schwierig; mit einem Auto ist es nicht so schwierig; deswegen richtet sich der Besitztrieb letzten Endes auf Dinge.

Du bist sogar imstande und versuchst, Personen zu Dingen zu machen. Du versuchst, sie auf eine solche Art hinzubiegen, daß sie ihre Persönlichkeit, ihre Individualität verlieren. Eine Ehefrau, ein Ehemann ist ein Ding und keine Person.

Wenn du mit deinem Alleinsein vertraut wirst, respektierst du auch das Alleinsein des anderen. Dann erkennst du, daß du bei dem Versuch, andere zu besitzen, zu weit gehst. Du verzichtest jedoch nie aus guten Vorsätzen oder einer positiven Moral. Verzicht wird einfach nur zum negativen Schatten deines Alleinseins. Du bist nicht mehr besitzergreifend. Du kannst zwar ein Liebhaber sein, aber kein Ehemann, keine Ehefrau.

Wenn der Besitztrieb wegfällt, kommen Mitgefühl und Anspruchslosigkeit auf. Es entsteht Unschuld in dir. Verleugnest du die Tatsachen des Lebens, dann kannst du nicht unschuldig sein; du wirst berechnend. Du täuschst dich und andere. Bist du aber mutig genug, mit den gegebenen Tatsachen zu leben, dann wirst du unschuldig. Diese Unschuld ist nicht kultiviert. Du bist es: unschuldig.

Für mich ist Unschuld alles, was man erreichen muß. Sei unschuldig, und das Göttliche wird dich immer mit Segen überhäufen. Unschuld ist die Fähigkeit, aufzunehmen, zu empfangen, Teil des Göttlichen zu sein. Werde unschuldig, und der Gast ist da. Werde zum Gastgeber.

Diese Unschuld kann nicht kultiviert werden: Kultivierung bedeutet immer Taktik. Sie ist kalkuliert. Unschuld kann man jedoch nicht kalkulieren.

Unschuld ist Religiosität, ist der Höhepunkt wahrer Verwirklichung. Wahre Unschuld kommt aber nur durch eine bewußte Revolution; sie ist nicht durch irgendeine kollektive, unbewußte Evolution möglich. Der Mensch ist allein. Er ist frei zu wählen: Himmel oder Hölle, Leben oder Tod, die Ekstase der Verwirklichung oder die Misere unseres sogenannten Lebens.

Sartre sagte irgendwo: „Der Mensch ist dazu verdammt, frei zu sein." Du kannst dich zwischen Himmel und Hölle entscheiden. Freiheit bedeutet, daß du unter allen Möglichkeiten die Wahl hast; Himmel ohne die Möglichkeit der Hölle ist die Hölle selbst. Wenn du dich nur für das Gute entscheiden kannst, dann ist dies keine Freiheit.

Ob Freiheit zur Verdammung oder zum Segen wird, hängt von der richtigen Wahl ab. Du bist für deine Wahl restlos verantwortlich. Wenn du bereit bist, dann kann aus deinen inneren Tiefen eine neue Dimension aufsteigen: die Dimension der Revolution. Die Evolution ist beendet. Jetzt braucht es eine Revolution, um dich für das Grenzenlose, das Kosmische zu öffnen. Es ist eine individuelle Revolution. Eine innere Revolution.

DAS MYSTERIUM DER MEDITATION

Was ist Meditation?

Meditation ist nicht etwa eine indische Methode; sie ist nicht einfach eine Technik. Du kannst sie nicht erlernen. Sie wächst heran: Sie wächst aus deinem ganzen Sein hervor, sie entsteht, wenn du rückhaltlos lebst. Meditation ist nichts was dir, so wie du bist, von außen hinzugefügt werden kann. Sie kann nur durch eine grundlegende Umwandlung, durch eine Verwandlung in dir entstehen. Sie ist ein Aufblühen, ein Heranwachsen. Und wachsen kann nur immer das Ganze; es kann nicht aufgepfropft werden. Du mußt in die Meditation hineinwachsen.

Dieses totale Aufblühen der Persönlichkeit muß richtig verstanden werden. Sonst kann man Spiele mit sich treiben, kann sich mit gedanklichen Tricks abgeben. Und es gibt so viele Tricks; sie halten dich nicht nur zum Narren, ohne daß du in irgendeiner Weise etwas dabei gewinnst, sondern sie können dir wirklich schaden. Der Glaube, daß es für Meditation einen Trick, eine Methode gibt, ist von vornherein falsch. Und wenn man sich mit gedanklichen Tricks etwas vormacht, schadet das dem Denken selbst. So wie unser Geist beschaffen ist, ist er nicht meditativ. Die gesamte Geistesstruktur muß sich verändern, bevor man meditieren kann.

Was ist dann unser Geist, so wie er jetzt besteht? Wie funktioniert er?

Der Geist verwandelt alles in Worte. Du kannst Worte wissen, die Sprache kennen, du kannst über die Strukturen Bescheid wissen, in denen das Denken abläuft, aber das ist nicht meditatives Denken. Im Gegenteil, es ist eine Flucht vor dem Denken. Du siehst eine Blume und verbalisierst es. Der Verstand kann jede existentielle Sache in Worte verwandeln. So werden die Worte zu einer Barriere, zu einem Gefängnis.

Diese ständige Umwandlung von Dingen in Worte, von Existenz in Worte, ist das Hindernis für einen meditativen Geist. Um seinen Geist meditativer zu machen, muß man sich über das ständige Verbalisieren bewußt werden und lernen, wie man es anhalten kann. Sieh die Dinge einfach; fasse sie nicht in Worte. Nimm ihre Anwesenheit wahr, aber verwandle sie nicht in Worte. Laß die Dinge, wie sie sind, sprich nicht, laß Personen wie sie sind, vergiß die Sprache; laß Situationen so sein, wie sie sind, sei sprachlos. Das ist nicht unmöglich, es ist sogar natürlich. Euer Geist, so wie er jetzt ist, fließt in unnatürlichen, künstlichen Bahnen; nur haben wir uns so daran gewöhnt, alles geht so mechanisch zu, daß wir nicht merken, wie wir ständig Erfahrung in Worte verwandeln.

Die Sonne geht auf. Du bist dir niemals des Abstandes bewußt, der zwischen dem Sehen und dem Darüber-Sprechen liegt. Du siehst die Sonne, fühlst sie, und sofort faßt du das Erlebnis in Worte. Der Abstand zwischen Sehen und Sprechen geht verloren. Man muß die Tatsache erkennen, daß der Sonnenaufgang kein Wort ist. Er ist eine Tatsache, eine Gegenwart. Der Verstand macht automatisch aus Erfahrungen Worte. Die Worte können zwischen dich und die Erfahrung treten.

Meditation bedeutet, ohne Worte zu leben, nicht linguistisch zu leben. Manchmal geschieht es spontan. Wenn du verliebt bist, fühlst du die reine Gegenwart, nicht die Sprache. Wenn zwei Liebende miteinander vertraut werden, sind sie still. Nicht, weil es nichts zu sagen gibt; im Gegenteil, es gibt überwältigend viel zu sagen. Aber es gibt keine Worte; es kann sie nicht geben. Sie stellen sich erst ein, wenn die Liebe vorbei ist. Wenn zwei Liebende niemals still sind, ist das ein Zeichen, daß die Liebe verflogen ist. Jetzt füllen sie die Lücke mit Worten. Solange die Liebe lebendig ist, gibt es keine Worte, weil das Dasein der Liebe selbst so überwältigend ist, so durchdringend, daß die Barriere aus Sprache und Worten verschwindet. Und sie verschwindet gewöhnlich nur in der Liebe. Meditation ist der Höhepunkt der Liebe: Liebe, nicht zu einer einzelnen Person, sondern zur gesamten Existenz. Für mich ist Meditation eine lebendige Beziehung mit der ganzen Existenz ringsum. Wenn du jeder Situation in Liebe begegnen kannst, dann bist du in Meditation.

Und das ist kein Trick deines Verstandes. Es ist keine Methode, den Verstand zum Stillstand zu bringen. Vielmehr ist dazu ein tiefer Einblick in den Mechanismus des Verstandes notwendig. Im Moment, in dem du deine mechanische Gewohnheit, immer alles gleich zu verbalisieren, durchschaust und siehst, wie du das Dasein ständig in Worte umwandelst, nimmst du davon Abstand. Abstand entsteht spontan, er folgt dem Verstehen wie ein Schatten.

Das wirkliche Problem ist nicht, wie du in Meditation sein kannst, sondern zu erkennen, warum du nicht darin bist. Der eigentliche Prozeß der Meditation ist negativ. Es wird dir nichts hinzugefügt, es wird dir vielmehr wieder etwas weggenommen, was dir vorher aufgebürdet worden war.

Gesellschaft kann nicht ohne Sprache bestehen; sie braucht Sprache. Aber die Existenz braucht keine Sprache. Ich sage nicht, du sollst ohne Sprache leben; du kannst nicht ohne sie auskommen. Aber du mußt fähig sein, den Mechanismus ein- und auszuschalten. Im sozialen Rahmen brauchst du den Sprachmechanismus; bist du aber mit dem Dasein allein, mußt du ihn abstellen können. Wenn du ihn nicht abstellen kannst, wenn er immer weiterläuft und du ihn nicht anhalten kannst, dann bist du sein Sklave geworden. Der Verstand muß ein Instrument bleiben und darf nicht zum Meister werden. Wenn der Verstand Meister ist, bist du in einem nicht-meditativen Zustand. Wenn du der Meister bist, wenn dein Bewußtsein der Meister ist, dann bist du in einem meditativen Zustand. Meditation bedeutet also, zum Meister seiner Verstandesmaschinerie zu werden.

Der Intellekt und seine sprachliche Funktionsweise sind nicht die letzte Instanz. Du bist jenseits davon; das Dasein ist jenseits davon. Das Bewußtsein ist jenseits von Linguistik. Wenn Bewußtsein und Existenz zusammentreffen, dann sind sie miteinander in Kommunion. Diese Vereinigung ist Meditation.

Man muß die Sprache fallenlassen. Nicht, daß du sie unterdrücken oder zerstören sollst; ich will damit nur sagen, daß sie für dich keine 24-Stunden-Gewohnheit werden darf. Wenn du gehst, mußt du deine Beine benutzen; wenn sie sich aber noch im Sitzen weiterbewegen, dann bist du verrückt. Du mußt fähig sein, sie ruhigzuhalten. Ebensowenig darf die Sprechmaschine weiterlaufen, wenn du nicht mit jemandem redest. Sie ist eine Kommunikationstechnik. Wenn du nicht mit jemandem kommunizierst, darf keine Sprache da sein. Wenn du das kannst, wächst du in die Meditation hinein. Meditation ist ein Wachstumsprozeß, keine Technik. Eine Technik ist immer tot, deshalb kannst du sie dir aneignen, aber ein Prozeß ist immer etwas Lebendiges. Es wächst etwas, dehnt sich aus. Sprache ist notwendig, aber du darfst nicht darin gefangen sein. Es muß wortlose Momente geben, in denen du einfach nur da bist. Nicht, daß du einfach vegetierst. Deine Wahrnehmung ist bewußt und sogar schärfer, lebendiger, weil sie nicht von der Sprache abgestumpft wird. Sprache besteht aus Wiederholungen, deshalb erzeugt sie Langeweile. Je wichtiger Sprache für dich ist, um so gelangweilter bist du.

Das Dasein wiederholt sich nie. Jede Rose ist eine neue Rose, völlig neu. Es gab niemals vorher eine solche Rose, und es wird sie auch nicht wieder geben. Aber wenn wir sie Rose nennen, ist das Wort „Rose“ eine Wiederholung. Dieses Wort war immer so und wird so bleiben. Du hast das Neue mit einem alten Wort getötet.

Die Existenz ist immer jung, und die Sprache ist immer alt. Durch Sprache kannst du der Existenz entrinnen, vor dem Leben weglaufen, weil Sprache tot ist. Je mehr du darin verwickelt bist, desto leichenhafter wird sie dich machen. Ein Gelehrter ist völlig leblos, weil er nichts als Sprache ist, nur noch aus Worten besteht.

Sartre nannte seine Autobiographie „Die Wörter“. Wir leben in Worten. Das heißt, wir leben nicht. Am Ende ist nur ein Haufen Wörter übrig, nichts anderes. Wörter sind wie Photographien. Du siehst etwas Lebendiges und machst ein Bild davon. Das Bild ist tot. Dann machst du ein Album aus toten

Bildern. Eine Person, die nicht in Meditation gelebt hat, ist wie ein Album toter Bilder. Nichts als verbale Bilder, nur Erinnerungen. Nichts wurde gelebt; alles wurde nur verbalisiert.
Meditation bedeutet, total zu leben, aber du kannst nur total leben, wenn du still bist. Mit „still sein" meine ich nicht, unbewußt sein. Du kannst still und unbewußt sein, aber dann ist es kein lebendiges Schweigen. Dann hast du es wieder verfehlt.
Durch *mantras* z.B. kannst du dich selbst hypnotisieren. Wenn du einfach ein Wort immer wieder vor dich hinsagst, kannst du so viel Langeweile im Verstand erzeugen, daß er einschläft. Du fällst in Schlaf, ins Unbewußte. Wenn du „Ram-Ram-Ram" singst, geht der Verstand schlafen. Dann gibt es keine Sprachbarriere mehr, aber du bist unbewußt. Meditation bedeutet Bewußtsein ohne Sprache. Anders gibt es keine Vereinigung mit dem Dasein, mit allem, was ist.
Kein *mantra*, kein Singen kann helfen. Autohypnose ist nicht Meditation, sondern Regression. Du gehst nicht über die Sprache hinaus; du fällst unter sie zurück.
Gib deshalb alle *mantras* auf, alle diese Techniken. Laß wortlose Momente zu. Du kannst die Worte nicht durch *mantras* loswerden, weil du dabei selbst wieder Worte benützt. Du kannst Sprache nicht mit Worten auflösen; es geht nicht.
Was tun? Du kannst tatsächlich überhaupt nichts tun, als zu verstehen. Alles was du tun kannst, kann nur aus dem kommen, was du bist. Du bist verwirrt, bist nicht in Meditation, dein Verstand ist nicht ruhig, deshalb wird alles, was aus dir kommt, nur noch mehr Verwirrung stiften. Du kannst nur eins tun: bewußt erkennen, wie der Verstand, der Intellekt, funktioniert. Das ist alles – sei einfach nur wach. Bewußtsein hat nichts mit Worten zu tun. Es ist ein existentieller Akt, kein mentaler Akt. Der erste Punkt ist also, bewußt zu sein. Sei dir über deine Hirntätigkeit bewußt, die Arbeitsweise deines Intellekts. In dem Moment, in dem dir das bewußt wird, bist du

nicht mehr im Intellekt. Das Bewußtsein davon bedeutet eben, daß du jenseits davon bist: Zuschauer von einer höheren Warte. Und je bewußter du wirst, desto mehr fallen dir die Intervalle zwischen Erfahrung und Verbalisierung auf. Es gibt diesen Abstand; du nimmst ihn allerdings nie wahr, weil du so unbewußt bist.

Zwischen zwei Worten gibt es immer einen Abstand, egal wie unsichtbar, wie klein. Sonst können die zwei Worte nicht zwei getrennte bleiben; sie verschmelzen. Zwischen zwei Musiknoten gibt es immer einen Abstand, ein Schweigen. Zwei Worte oder zwei Noten können nicht zwei sein, wenn sie nicht durch ein Intervall getrennt werden. Es gibt immer ein Intervall, aber man muß wirklich bewußt, wirklich aufmerksam sein, um es zu fühlen.

Je bewußter du wirst, desto langsamer wird der Intellekt. Es ist immer relativ: Je weniger bewußt du bist, desto schneller ist der Verstand; wenn du den Gedankenprozeß bewußter wahrnimmst, wird er langsamer, und die Intervalle zwischen den Gedanken werden größer. Dann kannst du sie sehen. Es ist genau wie im Film. Wenn ein Projektor in Zeitlupe gefahren wird, siehst du die Bildabstände. Wenn du filmen willst, wie ich meine Hand hebe, mußt du dafür hundert Bilder verschießen. Jedes Bild ist eine einzelne Photographie. Wenn alle einzelnen Bilder so schnell an deinen Augen vorbeiziehen, daß du die Abstände nicht sehen kannst, dann siehst du das Anheben der Hand als Prozeß. In Zeitlupe jedoch kann man die Intervalle sehen.

Der Verstand läuft genauso ab wie ein Film. Es gibt Abstände. Je aufmerksamer du auf dein Denken achtest, desto besser kannst du sie sehen. Es ist genau wie ein Vexierbild – ein Bild, das zwei verschiedene Bilder in sich vereinigt. Du kannst das eine oder das andere Bild sehen, aber nicht beide gleichzeitig. Das Vexierbild kann sich aus dem Bild einer alten Frau und dem Bild einer jungen Frau zusammensetzen; und wenn du auf eines schaust, kannst du das andere nicht sehen, und wenn du auf das andere schaust, ist das erste unsichtbar. Selbst wenn du genau weißt, daß du beide Bilder gesehen hast, kannst du sie nicht gleichzeitig sehen.

Mit dem Verstand ist es dasselbe. Wenn du die Worte siehst, kannst du die Zwischenräume nicht sehen, und umgekehrt. Auf jedes Wort folgt ein Abstand, und auf jeden Abstand ein Wort, aber du kannst sie nicht gleichzeitig sehen. Wenn du dich auf die Zwischenräume konzentrierst, gehen die Worte verloren, und du fällst in Meditation.

Ein Bewußtsein, das sich nur auf Worte bezieht, ist nichtmeditativ. Und ein Bewußtsein, das nur auf Zwischenräume ausgerichtet ist, ist meditativ. Immer, wenn du dir der Zwischenräume bewußt wirst, gehen die Worte verloren. Wenn du etwas aufmerksam beobachtest, findest du keine Worte; du findest nur einen Zwischenraum.

Du kannst den Unterschied zwischen zwei Worten fühlen, aber nicht den Unterschied zwischen zwei Intervallen. Worte sind immer eine Vielzahl, und der Zwischenraum ist immer ein Singular, ein und derselbe: „der" Zwischenraum. Sie verschmelzen und werden eins. Meditation bedeutet, sich auf den Zwischenraum zu konzentrieren. Dadurch ändert sich die ganze Gestalt. Noch etwas muß man verstehen. Wenn du auf das Vexierbild schaust und deine Aufmerksamkeit ist auf die alte Frau gerichtet, kannst du das andere Bild nicht sehen, wenn du dich jedoch ständig auf die alte Frau konzentrierst, ihrem Bild deine totale Aufmerksamkeit schenkst, kommt ein Moment, in dem der Brennpunkt wechselt und plötzlich das andere Bild erscheint.

Wie kommt das? Es geschieht, weil der Verstand nicht auf Dauer konzentriert werden kann. Er braucht Veränderung oder er schläft ein. Dies sind die beiden einzigen Möglichkeiten.

Wenn du ihn auf eine Sache beschränkst, geht der Geist schlafen. Er kann nicht unbeweglich bleiben; er ist ein lebendiger Prozeß – wenn du ihn langweilst, schläft er ein, um dem Stillstand zu entkommen. Dann kann er in Träumen weiterleben.

Das ist Meditation im Stil Mahesh Yogis. Sie ist friedvoll, erfrischend, kann dir zu physischer Gesundheit und geistiger Ausgewogenheit verhelfen, aber es ist nicht Meditation. Derselbe Effekt kann durch Autohypnose erzielt werden. Das indische Wort *mantra* bedeutet Suggestion, nichts anderes. Das als Meditation mißzuverstehen, ist ein großer Fehler. Wenn du glaubst, das sei Meditation, wirst du niemals nach echter Meditation suchen. Das ist der wirkliche Schaden, den diese Praktiken und ihre Verfechter anrichten. Es ist nur eine psychologische Droge.

Benütze also auf keinen Fall ein *mantra*, um Worte aus dem Weg zu schaffen. Werde dir der Worte einfach bewußt, und dein Augenmerk geht automatisch auf die Zwischenräume über.

Wenn du dich mit Worten identifizierst, springst du von einem Wort zum anderen und nimmst die Intervalle nicht wahr. Immer wieder zieht ein neues Wort deine Aufmerksamkeit an. Der Geist, d.h. deine Aufmerksamkeit, springt weiter von einem Gegenstand zum anderen.

Aber wenn du dich nicht mit Worten identifizierst, wenn du nur Beobachter bleibst – die Worte unbeteiligt beobachtest, wie sie in einer Prozession an dir vorbeiziehen –, dann wechselt der Schwerpunkt deiner Aufmerksamkeit auf den Zwischenraum über. Genauso ist es, wenn du auf der Straße die Leute an dir vorbeigehen siehst: Es ist jemand an dir vorbeigegangen, und der nächste ist noch nicht gekommen – es entsteht ein Intervall; die Straße ist leer. Wenn du beobachtest, wirst du das Intervall erkennen. Und wenn du erst einmal weißt, was es ist, dann hälst du dich selbst dort auf; du bist hineingesprungen. Es ist wie ein Abgrund – aus ihm steigt Friede auf, er ist ein Quell von Bewußtheit. Es ist Meditation, in diesem Intervall zu sein; es ist die Verwandlung. Jetzt brauchst du keine Sprache mehr; du läßt sie hinter dir. Du gibst sie ganz bewußt auf. Du wirst dir der Stille bewußt, dieser unendlichen Stille. Du bist Teil davon, eins damit. Du nimmst den Abgrund nicht als etwas von dir Getrenntes wahr; du erkennst dein eigenes Wesen in diesem Abgrund. Du *weißt*, aber jetzt *bist* du dieses Wissen. Du beobachtest den Zwischenraum, aber jetzt ist der Beobachter der Beobachtete.

Worte und Gedanken kannst du beobachten, du bist der Beobachter, bist von ihnen getrennt, du bist nicht die Worte – die Worte sind das „andere". Wenn es keine Worte gibt, bist du das Intervall, die Stille – und bist doch bewußt, daß du bist. Zwischen dir und dem Intervall, zwischen dem Bewußtsein und der Existenz gibt es keine Schranken mehr. Worte sind das einzige Hindernis. Jetzt bist du in einer existentiellen Situation. Und das ist Meditation: eins mit der Existenz, dem Ganzen zu sein, total darin aufzugehen und trotzdem bewußt zu bleiben. Das ist der Widerspruch, das ist das Paradox. Jetzt hast du am eigenen Leib erfahren, was es heißt, bewußt zu sein und trotzdem ungeteilt.

Normalerweise ist etwas, dessen wir uns bewußt sind, das „andere", es ist von uns getrennt. Und wenn wir mit etwas identifiziert sind, dann ist es zwar nicht „das andere", aber dann sind wir nicht bewußt, wie z.B. in der Wut, im Sex. Wir werden damit nur eins, wenn wir unbewußt sind.

Sex hat so viel Anziehungskraft, weil im Orgasmus für einen Moment die Teilung aufgehoben wird. Aber in diesem Moment bist du unbewußt. Du suchst nach Unbewußtheit, weil du Einheit suchst. Aber je mehr du danach suchst, desto bewußter wirst du. Dann fühlst du bald nicht mehr die Glückseligkeit des Sex, weil sie aus der Unbewußtheit kommt.

Im Moment der Leidenschaft konntest du unbewußt werden.

Dein Bewußtsein verschwand. Einen einzigen Moment lang warst du im Abgrund – aber unbewußt. Aber je mehr du suchst, desto weniger kannst du unbewußt sein. Schließlich kommt ein Moment, wo du im Sex nicht mehr unbewußt wirst. Der Abgrund ist verloren, die Glückseligkeit ist verloren. Dann wird der Akt sinnlos, nur eine mechanische Entladung; es gibt nichts Spirituelles mehr daran.

Wir haben bisher nur unbewußte Einswerdung erfahren; wir haben Einswerdung nie bewußt erlebt. Meditation ist bewußte Vereinigung. Sie ist der Gegenpol zur Sexualität. Sex ist der eine Pol, die unbewußte Vereinigung, und Meditation ist der andere Pol, die bewußte Vereinigung. Sex ist der tiefste Punkt der Vereinigung, und Meditation ist der Höhepunkt der Vereinigung. Der Unterschied ist der Grad an Bewußtsein, den du dabei hast.

Das westliche Denken fühlt sich jetzt zur Meditation hingezogen, weil der Sex immer mehr an Anziehungskraft verliert. Immer wenn eine Gesellschaft den Sex nicht mehr unterdrückt, entsteht Meditation, weil der Sex seinen Charme und seine Romantik verliert, sobald er schrankenlos ausgelebt wird; er hat dann keine spirituelle Seite mehr. Dann gibt es zwar viel Sex, aber man kann nicht unbewußt dabei bleiben.

Eine Gesellschaft, die den Sex unterdrückt, bleibt sexuell, aber eine Gesellschaft, die ihn nicht unterdrückt und die Scheu verliert, kann nicht bei der Sexualität stehenbleiben. Man muß über den Sex hinauswachsen. Wenn eine Gesellschaft also den Sex auslebt, ist der nächste Schritt die Meditation. Für mich kann nur eine Gesellschaft, in der sexuelle Freizügigkeit herrscht, den ersten Schritt zur wirklichen Suche nach Wahrheit machen. Aber natürlich kann diese Situation ausgebeutet werden. Und sie wird vom Osten ausgebeutet: Gurus werden produziert, um die Nachfrage zu decken, und werden tatsächlich exportiert. Aber von diesen Gurus kann man nur Tricks

lernen. Einsicht kommt nur durch Leben, durch Erleben, man kann sie weder geschenkt bekommen noch kaufen.
Ich kann dir meine Einsicht, meine Wahrheit nicht geben; ich kann darüber sprechen, aber ich kann sie dir nicht geben. Du mußt deine eigene finden, und dazu mußt du dich in das Leben stürzen. Du mußt Irrtümern aufsitzen und Fehler begehen und viele Enttäuschungen erleben. Aber nur durch Fehlschläge, Irrtümer, Enttäuschungen, nur durch die Begegnung mit dem wirklichen Leben wirst du zur Meditation finden. Deshalb sage ich, daß Meditation ein innerer Wachstumsprozeß ist.
Bis zu einem gewissen Grad läßt sich Meditation verstehen, aber ein Verstehen, das dir jemand anders vermittelt, kann nur intellektuell sein. Deshalb verlangt Krishnamurti etwas Unmögliches. Er sagt: „Versteht mich nicht intellektuell" – aber von einem anderen Menschen kannst du höchstens intellektuelle Einsichten erhalten. Aus diesem Grunde sind Krishnamurtis Bemühungen absurd. Was er sagt, ist seine eigene authentische Erfahrung, aber wenn er mehr als intellektuelles Verständnis vom Zuhörer erwartet, verlangt er zuviel. Wissen kann man nur intellektuell an andere weitergeben.
Aber auch intellektuelles Verständnis kann schon genug sein. Wenn du intellektuell verstehen kannst, was ich sage, kannst du auch verstehen, was ich nicht gesagt habe. Dann kannst du auch die Intervalle verstehen: was ich nicht sage, was ich nicht sagen kann. Anfangs muß das Verständnis intellektuell sein, weil der Intellekt die Eingangstür ist. Es kann niemals spirituell sein. Spiritualität ist das innere Heiligtum.
Ich kann mit dir nur intellektuell kommunizieren. Wenn du das wirklich verstehen kannst, fühlst du, was nicht gesagt worden ist. Ich kann ohne Worte nicht kommunizieren, aber wenn ich Worte gebrauche, gebrauche ich auch Schweigen. Du mußt beides wahrnehmen. Wenn nur Worte verstanden werden, dann ist es „Kommunikation", Vermittlung, aber wenn du dir

auch der Intervalle bewußt wirst, dann ist es „Kommunion" – Vereinigung.

Irgendwo muß man anfangen. Jeder Anfang kann nur ein falscher Anfang sein, aber man muß anfangen. Wenn du im Dunkeln tappst, findest du die Tür. Jemand, der auf den richtigen Anfang wartet, findet die Tür nie. Selbst ein falscher Schritt ist ein Schritt in die richtige Richtung, denn es ist ein Schritt, ein Anfang. Du fängst an, im Dunkeln herumzutappen, und findest dadurch die Tür.

Deshalb sage ich, daß man auf den linguistischen Prozeß – den Wortprozeß – achten und in den Zwischenräumen, den Intervallen nach Bewußtsein suchen muß. Es wird Momente geben, in denen du dich gar nicht bewußt anstrengst und doch die Intervalle bewußt wahrnimmst: In solchen Momenten triffst du mit dem Göttlichen, dem Existentiellen zusammen.

Immer, wenn es dazu kommt – lauf nicht weg. Bleibe dabei. Zuerst wird es Angst hervorrufen; das ist unvermeidlich. Immer, wenn du auf das Unbekannte stößt, bekommst du Angst, weil das Unbekannte für uns den Tod bedeutet. Deshalb glaubst du immer, daß du sterben mußt, wenn es ein Intervall gibt. Stirb einfach. Geh in den Zwischenraum und stirb in ihm. Und dann erst wirst du wirklich geboren, das ist Auferstehung – du bist zum ersten Mal lebendig, wirklich lebendig.

Deshalb ist Meditation für mich keine Methode, sondern ein lebendiger Prozeß; keine Technik, sondern Einsicht. Sie kann nicht gelehrt werden, sie kann nur angedeutet werden. Du kannst nicht darüber informiert werden, weil keine Information wirkliche Information ist. Sie kommt von außen, und Meditation kommt aus deinen eigenen inneren Tiefen.

Begib dich auf die Suche, sei ein Suchender, aber kein Schüler. Du bist dann kein Schüler irgendeines Gurus, sondern ein Schüler des gesamten Lebens. Dann lernst du nicht einfach nur Worte. Spirituelles Lernen kann nicht aus den Worten, sondern nur aus den Intervallen entstehen, aus dem Schweigen, das dich immer umgibt. Es umhüllt dich selbst in einer Menschenmasse, auf dem Markt, im Bazar. Suche das Schweigen, suche nach inneren und äußeren Zwischenräumen, und eines Tages entdeckst du, daß du in Meditation bist.

Meditation kommt zu dir. Sie kommt nur von sich aus; du kannst sie nicht erzeugen. Aber du mußt sie suchen, weil du nur, wenn du sie suchst, dafür offen und aufnahmefähig bist. Du bist der Gastgeber, die Meditation ist der Gast, du kannst sie einladen und auf sie warten. Sie ist zu Buddha und zu Jesus gekommen, sie kommt zu jedem, der bereit, offen und auf der Suche ist.

Aber niemand kann sie dir beibringen. Merk es dir, sonst fällst du nur auf Tricks herein. Der Verstand sucht immer den leichtesten Weg. Das wird zur Hintertür für die Ausbeuter. Dann tauchen die „Gurus" auf, und das spirituelle Leben ist vergiftet.

Am gefährlichsten ist jemand, der das spirituelle Bedürfnis anderer ausbeutet. Wenn dir jemand etwas stiehlt, ist das nicht so schlimm; wenn dich jemand betrügt, ist das nicht so gravierend, aber wenn dich jemand täuscht und dein Bedürfnis nach Meditation, deine Sehnsucht nach dem Göttlichen, nach Ekstase, abtötet oder auch nur hinauszögert, dann ist das ein unverzeihliches Verbrechen.

Aber genau das geschieht. Sei dir dessen bewußt und frage niemanden: „Was ist Meditation? Wie soll ich meditieren?" Frage stattdessen lieber, was die Hindernisse sind, was den Weg verbaut. Frage, warum wir nicht immer in Meditation sind, wo das Wachstum unterbrochen wurde, wo wir verkrüppelt worden sind. Und geh nicht zu den Gurus, weil sie dich nur verkrüppeln. Jeder, der dir fertige Formeln gibt, ist kein Freund, sondern ein Feind.

Tappe im Dunkeln herum; du kannst nichts anderes tun. Genau das Herumtappen bringt dir das Verständnis, das dich von der Dunkelheit befreit. Jesus sagt: „Wahrheit ist Freiheit." Verstehe diese Freiheit. Wahrheit kommt immer durch Verstehen. Sie ist nicht etwas, das du triffst und zur Rede stellst; du mußt in sie hineinwachsen. Suche deshalb nach Verständnis, weil du mit wachsendem Verständnis der Wahrheit näher kommst. Und dann, irgendwann in einem unbekannten, unerwarteten und unvorhersagbaren Moment, wenn die Einsicht zu einem Höhepunkt kommt, bist du im Abgrund. Dich gibt es nicht mehr, und Meditation ist. Wenn es dich nicht mehr gibt, bist du in Meditation. Meditation fügt zu dem, was du bist, nicht noch mehr dazu, sondern hebt deine Grenzen auf. Wenn du im Abgrund bist, bist du in Meditation. Es gibt kein Ego mehr, es gibt dich nicht mehr, sondern nur das Sein. Das ist es, was die Religionen mit Gott meinen: das höchste Sein. Es ist die Essenz aller Religionen, jeglicher Suche, aber man kann es nicht irgendwo vorgefertigt finden. Nimm dich also vor jedem in acht, der behauptet, es dir einfach geben zu können.

Suche weiterhin im Dunkeln und laß dich nicht von Fehltritten abschrecken. Gestatte sie dir, aber mache dieselben Fehler nicht immer wieder. Einmal reicht, das ist genug. Jemand, der auf der Suche nach Wahrheit Fehler macht, findet immer Vergebung. Das ist ein Versprechen aus den Tiefen der Existenz selbst.

SEX, LIEBE UND GEBET: DREI STUFEN ZUM GÖTTLICHEN

Erkläre uns bitte die spirituelle Bedeutung der sexuellen Energie. Wie können wir den Sex sublimieren und spiritualisieren. Ist es möglich, Sex zu einer Meditation zu machen, zu einem Sprungbrett zu höheren Bewußtseinsebenen?

Es gibt keine Sexenergie. Es gibt nur eine einzige Energie. Sex ist ein Ventil dafür, eine mögliche Richtung für die Energie. Die Lebensenergie ist ein Ganzes, sie kann jedoch in vielen Richtungen zum Ausdruck kommen. Sex ist eine davon. Wenn Lebensenergie biologisch wird, wird sie zu Sexenergie. Der Sex ist nur eine Richtung von vielen, die die Lebensenergie einschlagen kann. Deshalb gibt es so etwas wie Sublimation gar

nicht. Wenn die Lebensenergie in eine andere Richtung fließt, erscheint sie nicht als Sex. Aber das ist keine Sublimation; die Energie hat nur eine andere Form angenommen, das ist alles.
Sex ist der natürliche, biologische Fluß der Lebensenergie und ihre niedrigste Ausdrucksmöglichkeit. „Natürlich" deshalb, weil Leben nicht ohne Sex bestehen kann, und das „Niedrigste", weil es das Fundament ist und nicht der Schlußstein. Wenn der Sex zum Ein und Alles wird, verschwendet man einfach nur sein ganzes Leben. Es ist genauso, als ob du das Fundament anlegst und immer weiter daran herumbastelst, ohne jemals das eigentliche Haus zu bauen.
Sex ist nur eine Chance für eine Verwandlung der Lebensenergie in höhere Formen. Der Sex ist gut auf seinem Gebiet, nur wenn er zum einzigen Tor für die Lebensenergie wird, wirkt er sich zerstörerisch aus. Er kann nur ein Mittel sein, nicht der Endzweck. Und Mittel sind nur dann von Bedeutung, wenn sie den Zweck erfüllen. Wenn man die Mittel mißbraucht, wird der ganze Sinn zerstört. Wenn Sex zum Mittelpunkt des Lebens wird, dann werden die Mittel zum Zweck. Sex bildet die biologische Voraussetzung für die Existenz des Lebens, für seine Fortdauer; dieses Mittel darf nicht zum Ziel werden.
Sobald der Sex zum Ziel wird, geht seine spirituelle Dimension verloren. Wenn Sex jedoch meditativ gelebt wird, erhält er eine spirituelle Dimension. Er wird zur Zwischenstufe, zum Sprungbrett. Es gibt keine Notwendigkeit für Sublimation, weil Energie als solche weder sexuell noch spirituell ist.
Energie ist immer neutral. Sie ist für sich genommen namenlos. Der Name kommt von der Tür, durch die sie fließt. Der Name hat nichts mit der Energie selbst zu tun. Es ist der Name der Form, die die Energie annimmt. Wenn du „sexuelle Energie" sagst, bedeutet das, daß die Energie durch den sexuellen Kanal fließt, durch das biologische Tor. Dieselbe Energie ist spirituelle Energie, wenn sie ins Göttliche fließt. Energie an sich ist neu-

tral. Auf der biologischen Ebene erscheint sie als Sex. Drückt sie sich emotional aus, kann sie zu Liebe, Haß oder Wut werden... Auf der Ebene des Intellekts kann sie wissenschaftlich oder literarisch werden. Fließt sie durch den Körper, dann wird sie physisch; fließt sie durch den Verstand, dann wird sie mental. Der Unterschied gehört nicht zur Energie als solcher, sondern zu den Ebenen, auf denen sie erscheint.

Deshalb kann man nicht von Sublimation der Sexenergie sprechen. Wenn der sexuelle Ausgang nicht benutzt wird, wird die Energie wieder rein. Energie ist immer rein. Wenn sie durch das Tor des Göttlichen tritt, wird sie spirituell, aber auch diese Form ist nur eine mögliche Manifestation der Energie.

Das Wort „Sublimation" hat einen schlechten Beigeschmack. Alle Sublimationstheorien sind Theorien der Unterdrückung. Immer, wenn du sagst „Sublimierung des Sex", wendest du dich gegen Sex. Deine Verdammung steckt im Wort selbst.

Du fragst, was du mit dem Sex anfangen sollst. Alles, was du direkt tust, ist Unterdrückung. Es gibt nur indirekte Methoden, bei denen du dich gar nicht um sexuelle Energie kümmerst, sondern versuchst, die Tür zum Göttlichen zu öffnen. Wenn das Tor zum Göttlichen offen ist, beginnen deine inneren Energien zu diesem Tor zu fließen. Der Sex wird dabei absorbiert. Immer, wenn ein höheres Glück möglich ist, verlieren die niedrigeren Glücksmöglichkeiten Sinn und Reiz. Du darfst sie nicht unterdrücken oder gegen sie kämpfen. Sie verschwinden einfach von selbst. Sex wird nicht sublimiert, Sex wird transzendiert. Alles, womit du auf negative Weise deinen Sex beeinflußt, wird nicht zur Umformung der Energie führen. Im Gegenteil, es wird einen inneren Konflikt in dir erzeugen, der dich zerstört. Wenn du mit Energie kämpfst, kämpfst du mit dir selbst. Niemand kann dabei gewinnen. Für einen Moment meinst du, daß du gewonnen hast, und im nächsten fühlst du schon, daß der Sex gewonnen hat... Das geht immer so weiter.

Manchmal meldet sich der Sex nicht, und du glaubst, daß du ihn unter Kontrolle hast, und im nächsten Moment fühlst du den Drang wieder, und alles war umsonst. Niemand kann gegen seine eigene Energie kämpfen.

Wenn deine Energien irgendwo anders gebraucht werden bei einer Tätigkeit, wo sie größeres Glück bringen, verschwindet der Sex. Die Energie ist nicht sublimiert worden, du hast nichts damit gemacht. Vielmehr hat sich für dich ein neuer Weg zu größerer Erfüllung geöffnet, und die Energie fließt von sich aus, spontan, zu der neuen Öffnung. Wenn du Steine in der Hand hast und plötzlich findest du Diamanten, wirst du nicht einmal bemerken, daß du die Steine fallenläßt. Sie fallen von selbst aus deiner Hand, als ob du sie niemals gehabt hättest. Du wirst dich nicht einmal erinnern, sie aufgegeben zu haben, sie weggeworfen zu haben. Du wirst es nicht einmal zur Kenntnis nehmen. Nicht, daß etwas sublimiert worden wäre; es hat sich einfach eine größere Quelle des Glücks aufgetan, und die kleineren Quellen sind von selbst versiegt.

Das geschieht so automatisch, so spontan, daß man keine konkrete Maßnahme gegen den Sex braucht. Immer, wenn du irgend etwas gegen eine Energie unternimmst, ist es negativ. Die wirkliche positive Haltung ist nicht einmal an den Sex geknüpft, sondern sie liegt in der Meditation. Du wirst nicht einmal merken, daß der Sex verschwunden ist. Er wurde einfach vom Neuen absorbiert.

Sublimation ist ein häßliches Wort. Es hat einen Beigeschmack von Gegnerschaft, von Konflikt. Sex muß als das genommen werden, was er ist. Er ist einfach eine biologische Funktion, damit das Leben fortbestehen kann. Es ist einfach das biologische Fundament des Lebens. Gib ihm keine spirituelle oder antispirituelle Bedeutung. Verstehe ihn einfach als eine Gegebenheit. Wenn du ihn als biologische Tatsache nimmst, kümmerst du dich überhaupt nicht um ihn. Du kümmerst dich erst um ihn, wenn ihm irgendeine spirituelle Bedeutung verliehen wird. Gib ihm deshalb keine Bedeutung, webe keine Philosophien um ihn herum. Sieh einfach die Tatsachen. Tu nichts dafür oder dagegen. Laß ihn sein, wie er ist, akzeptiere ihn als etwas Normales. Nimm keine unnatürliche Haltung dazu ein.

Genau wie du Augen und Hände hast, so hast du auch Sex. Du bist nicht gegen deine Augen oder deine Hände, darum sei auch nicht gegen Sex. Dann wird die Frage, was du mit Sex machen kannst, unbedeutend. Es geht nicht darum, eine Spaltung für oder gegen Sex zu erzeugen. Er ist eine gegebene Tatsache. Du bist dadurch geboren worden, und du hast ein eingebautes Programm, dich durch Sex fortzupflanzen. Du bist Teil einer endlosen Kette. Dein Körper wird irgendwann sterben, deshalb hat er ein eingebautes Programm, einen anderen Körper zu erzeugen, der seine Stelle einnimmt.

Der Tod ist gewiß. Deshalb ist Sex ein so starker Drang. Du wirst nicht immer hier sein, darum wirst du durch einen neuen Körper ersetzt, durch eine Reproduktion. Der Sex spielt eine so große Rolle, weil er von der ganzen Natur unterstützt wird, sonst könnte der Mensch nicht weiterbestehen. Wenn es vom freien Willen abhinge, gäbe es keinen Menschen mehr auf der Welt.

Sex ist so aufdringlich, so zwanghaft, ein so starker Trieb, weil die ganze Natur hinter ihm steht. Ohne Sex kann es kein Leben geben.

Und Sex nimmt in der religiösen Suche einen bedeutsamen Platz ein, weil er so unwillkürlich und zwanghafter Natur ist. Er ist ein Kriterium geworden, an dem sich erkennen läßt, ob die Lebensenergie eines bestimmten Menschen das Göttliche erreicht hat. Wir können nicht unmittelbar erkennen, daß jemand das Göttliche erfahren hat. Wir können nicht direkt wissen, ob jemand Diamanten hat – aber wir können direkt in

Erfahrung bringen, ob jemand die Steine weggeworfen hat, weil wir uns mit Steinen auskennen. Wir können direkt erkennen, ob jemand den Sex transzendiert hat, weil wir uns mit Sex auskennen.

Sex ist so zwanghaft, so unwillkürlich, eine so große Kraft, daß er nur dann transzendiert wird, wenn du das Göttliche erreicht hast. Deshalb wurde das *brahmacharya* – die Freiheit vom Sexualtrieb – zum Kennzeichen der Erleuchteten. Im Zustand der Erleuchtung gibt es keinen Sex mehr wie für gewöhnliche Wesen.

Das heißt aber nicht, daß du zum Göttlichen gelangst, wenn du den Sex fallenläßt. Diese Umkehrung ist ein Trugschluß. Derjenige, der Diamanten gefunden hat, wirft die Steine, die er getragen hat, fort, aber die Umkehrung stimmt nicht. Du kannst die Steine wegwerfen, aber das bedeutet nicht, daß du deshalb etwas Höheres erreicht hast.

Dann sitzt du zwischen zwei Stühlen. Du hast dein Denken und Fühlen unterdrückt, aber nicht transzendiert. Der Sexualtrieb wird weiterhin in dir aufsteigen und eine innere Hölle erzeugen. So kommst du nicht über den Sex hinaus. Unterdrückter Sex macht abstoßend, krank und neurotisch. Er wird pervertiert.

Die sogenannte „religiöse" Einstellung zum Sex hat eine pervertierte Sexualität erzeugt, eine Kultur, die sexuell vollkommen neurotisch ist. Ich unterstütze das überhaupt nicht. Sex ist eine biologische Tatsache; es ist nichts verkehrt daran. Kämpfe also nicht mit ihm, oder er wird pervertiert, und pervertierter Sex ist kein Schritt nach vorne. Damit fällt man nur unter die Normalität zurück, es ist ein Schritt zur Krankheit. Wenn die Unterdrückung so intensiv wird, daß du sie nicht fortsetzen kannst, dann explodiert sie – und bei dieser Explosion gehst du verloren. Du bist die Summe *aller* menschlichen Qualitäten, *aller* Möglichkeiten. Gewöhnlicher Sex ist gesund, aber wenn er auf anormale Weise unterdrückt wird, wird er ungesund. Der Weg zum Normalen, zum Göttlichen ist einfach, aber von einer neurotischen Geistesverfassung aus wird er mühselig und in gewisser Weise unmöglich. Zuerst mußt du gesund und normal werden. Dann ergibt sich am Ende die Möglichkeit, den Sex zu transzendieren.

Was kann man also tun? Lerne den Sex kennen. Lebe ihn ganz bewußt. Das ist das Geheimnis, eine neue Tür zu öffnen. Wenn du den Sex unbewußt lebst, bist du nur ein Instrument in den Händen der biologischen Evolution, wenn du aber im Akt bewußt bleiben kannst, führt genau diese Bewußtheit in tiefe Meditation.

Der Sexakt ist unwillkürlich und zwanghaft, und deshalb ist es schwierig, dabei bewußt zu sein, aber es ist nicht unmöglich. Und wenn du während des Sexakts bewußt sein kannst, dann gibt es keine andere Handlung mehr im Leben, bei der du nicht bewußt sein kannst, denn nichts geht so tief wie Sex. Wenn du während des Sexakts bewußt bleiben kannst, wirst du selbst im Tod bewußt sein. Die sexuelle Vereinigung geht genauso tief wie der Tod, sie findet auf derselben Ebene statt. Du kommst zum selben Punkt.

Wenn du also im Sexakt bewußt sein kannst, hast du etwas erreicht. Es ist unschätzbar. Mach deshalb aus Sex eine Meditation. Kämpfe nicht damit, wende dich nicht gegen ihn. Du kannst nicht mit der Natur kämpfen, weil du selbst ein wesentlicher Bestandteil davon bist. Du mußt eine freundliche, einfühlsame Einstellung zum Sex haben. Es ist der tiefste Dialog zwischen dir und der Natur.

Tatsächlich ist Sex nicht ein Dialog zwischen einem Mann und einer Frau. Es ist ein Dialog des Mannes mit der Natur durch die Frau; und ein Dialog der Frau mit der Natur durch den Mann. Sex ist ein Dialog mit der Natur. Für einen Moment lang bist du in einem kosmischen Fluß; du bist in himmlischer

Harmonie, in Einklang mit dem Ganzen. Auf diese Weise wird der Mann von der Frau und die Frau vom Mann erfüllt.
Der Mann ist nichts Ganzes, und die Frau ist nichts Ganzes. Sie sind zwei Teilstücke eines Ganzen. Deshalb können sie immer, wenn sie sich sexuell vereinigen und eins werden, in Harmonie mit der innersten Natur der Dinge, mit dem Tod sein. Diese Harmonie kann ein neues biologisches Wesen erzeugen; wenn du unbewußt bist, ist das die einzige Möglichkeit. Aber wenn du bewußt bist, kann der Akt eine Geburt für dich selbst werden, eine spirituelle Geburt. Du wirst dadurch *dwij* – „zum zweiten Mal geboren".
In dem Moment, in dem du beim Sex bewußt bist, wirst du zum unbeteiligten Beobachter. Und wenn du im Sex zum Beobachter werden kannst, gehst du über seine Grenzen hinaus; die Beobachtung befreit dich. Jetzt ist es nichts Zwanghaftes mehr; du bist kein unbewußter Teilnehmer mehr. Wenn du soweit kommst, den Sexakt unbeteiligt wahrzunehmen, dann bist du über ihn hinausgegangen. Jetzt weißt du, daß du nicht nur der Körper bist, weil diese Kraft, die in dir beobachtet, sich etwas bewußt geworden ist, was jenseits von Sex ist.
Dieses „Jenseits" kannst du nur erkennen, wenn du tief in deinem Inneren bist. Es ist keine Begegnung, die an der Oberfläche stattfindet. Wenn du auf dem Markt um etwas feilschst, kann dein Bewußtsein nicht sehr tief gehen, weil die Handlung selbst oberflächlich ist. Beim Menschen ist der Sexakt normalerweise die einzige Handlung, durch die man Zeuge seiner inneren Tiefe werden kann.
Je mehr du Sex zur Meditation machst, desto weniger stehst du unter seinen Auswirkungen. Wenn die Meditation tiefer wird, öffnet sich eine neue Tür, und Sex fällt von dir ab. Das ist keine Sublimierung.
Es ist genau wie trockene Blätter, die von einem Baum fallen. Der Baum merkt es gar nicht, daß die Blätter abfallen. Genauso

wirst du es nicht merken, daß dich der mechanische Drang nach Sex verläßt. Mach aus dem Sex eine Meditation; mach Sex zu einem Meditationsobjekt. Behandle ihn als Tempel, und du wirst ihn transzendieren und in eine neue Dimension wachsen. Dann gibt es keinen Sex mehr, aber ohne Unterdrückung, ohne Sublimierung. Sex wird unwichtig, bedeutungslos. Du bist darüber hinausgewachsen. Er hat jetzt keine Bedeutung mehr für dich. Es ist genau, wie wenn ein Kind größer wird. Die Spielsachen werden bedeutungslos. Es hat nichts sublimiert, es hat nichts unterdrückt. Es ist einfach gewachsen, reifer geworden. Spielsachen sind jetzt ohne Bedeutung. Sie sind kindisch, und jetzt ist das Kind kein Kind mehr.

Genauso wird Sex dich immer weniger anziehen, je mehr du meditierst. Und mit der Zeit, ganz spontan, ohne die bewußte Anstrengung, den Sex zu sublimieren, findet die Energie ein neues Tor, zu dem sie fließen kann. Dieselbe Energie, die vorher in den Sex geflossen ist, fließt dann in die Meditation. Und wenn sie in die Meditation fließt, öffnet sich das Tor zum Göttlichen.

Noch etwas anderes. Du hast die Worte „Sex“ und „Liebe“ gebraucht. Gewöhnlich benützen wir beide Worte, als ob sie eine innere Verwandtschaft haben. Sie haben keine. Liebe entsteht erst, wenn der Sex aufgehört hat. Vorher ist Liebe nur Verführung, ein Vorspiel, und nichts anderes. Sie bereitet nur den Boden für den Sexakt. Sie ist nichts als eine Einleitung, eine Einführung dazu. Deshalb herrscht um so weniger Liebe zwischen zwei Menschen, je mehr Sex sie haben, weil das Vorspiel dann nicht mehr nötig ist.

Wenn sich zwei Menschen lieben und es keinen Sex zwischen ihnen gibt, sind sie voller romantischer Liebe. Aber in dem Moment, wo Sex entsteht, verschwindet die Liebe. Sex ist so unwillkürlich, er ist von Natur aus gewalttätig. Er braucht eine Einführung, er braucht ein Vorspiel. Liebe, wie wir sie kennen, ist nur ein Deckmantel für die nackte Tatsache des Sex. Wenn du dir deine Liebe genau anschaust, findest du nur Sex, der darauf lauert, zuzugreifen. Er liegt immer auf der Lauer. Von Liebe ist die Rede, und um Sex geht es.

Diese sogenannte Liebe ist nur ein Vorspiel für den Sex. Und wenn der Sex erfüllt ist, geht die Liebe unter. Daher tötet eine Heirat die romantische Liebe, würgt sie vollkommen ab. Die zwei Leute stellen sich aufeinander ein, und das Vorspiel, die Liebe, wird überflüssig.

Wirkliche Liebe ist kein Vorspiel. Sie ist wie der Duft einer Blume, die aufgegangen ist. Sie kommt nicht vor dem Sex, sondern danach. Sie ist kein Prolog, sondern ein Epilog. Wenn du den Sex ausgelebt hast und anfängst, für den anderen etwas zu empfinden, dann entwickelt sich Liebe. Und wenn du meditierst, kannst du dich in den anderen hineinversetzen, ihn fühlen. Wenn du beim Sexakt meditierst, ist dein Partner nicht nur Instrument deines körperlichen Vergnügens. Du bist ihm oder ihr vielmehr dankbar, weil ihr beide dadurch in Meditation gekommen seid.

Wenn du beim Sex meditierst, kannst du dich in den anderen hineinversetzen, ihn fühlen.

Wenn du beim Sex meditierst, entsteht eine neue Freundschaft zwischen euch, weil ihr euch gegenseitig zur Vereinigung mit der Natur verholfen habt; durch den anderen hattet ihr einen kurzen Einblick in die unbekannten Tiefen der Realität. Ihr empfindet Dankbarkeit und Mitgefühl füreinander; Mitgefühl für das Leiden, für das Suchen des anderen, Mitgefühl für einen Weggenossen, der auch auf der Reise ist, Mitgefühl für einen Freund, der auch nach Licht sucht. Nur wenn Sex meditativ wird, enthüllt er das volle Aroma dieses Weins, ein Gefühl, das kein Vorspiel zum Sex ist, sondern daraus hervorgewachsen ist, eine Reifung bedeutet, eine meditative Erkenntnis. Liebe entsteht also, wenn Sex meditativ wird. Liebe ist eine Kombination aus Dankbarkeit, Freundschaft und Mitgefühl. Wenn du das alles empfindest, liebst du.

Wenn sich diese Liebe weiterentwickelt, wächst sie über den Sex hinaus. Liebe entfaltet sich durch Sex, aber sie geht darüber hinaus, genau wie eine Blume, die aus den Wurzeln entsteht, aber darüber hinauswächst. Es gibt kein Zurück mehr, es gibt keine Umkehrung. Darum gibt es keinen Sex mehr, wenn sich Liebe entfaltet. Tatsächlich läßt sich daran erkennen, ob die Liebe ausgereift ist. Sex ist wie die Schale eines Eis, eine Schale, aus der die Liebe bricht. Im Moment, wo sie zum Durchbruch kommt, gibt es keine Schale mehr. Sie ist zerbrochen und abgeworfen.

Sex kann nur durch Meditation zu Liebe werden, sonst nicht. Ohne Meditation wird Sex zu einer ewigen Wiederholung, und du langweilst dich. Der Sex stumpft immer weiter ab, und du empfindest keine Dankbarkeit für den anderen, sondern du fühlst dich betrogen, der andere wird zum Feind. Der andere beherrscht dich durch den Sex, weil Sex für dich zu einem Bedürfnis geworden ist. Du bist zum Sklaven geworden, weil du ohne Sex nicht leben kannst. Aber du kannst nie Freundschaft für jemanden empfinden, dessen Sklave du bist.

Und beide haben dasselbe Gefühl: daß der andere der Meister ist, sie kämpfen gegen seine Überlegenheit und verleugnen sie, aber der Sex geht weiter. Er wird zur täglichen Routine. Erst streitest du dich mit deinem Sexpartner, und dann vertragt ihr euch wieder. Dann kommt wieder Streit auf, und wieder versöhnt ihr euch. Eure Liebe ist nur ein Sich-Anpassen – wenn es überhaupt dazu kommt. Ihr könnt keine Freundschaft für den anderen empfinden und kein Mitgefühl, sondern seid grausam und gewalttätig miteinander und fühlt euch betrogen. Ihr seid zu Sklaven geworden. Sex kann sich nicht in Liebe verwandeln. Sex bleibt einfach Sex.

Lebe den Sex ganz aus. Hab keine Angst davor, weil Angst

dich nirgendwo hinbringt. Wenn man überhaupt vor etwas Angst haben muß, dann vor der Angst selbst. Fürchte dich nicht vor dem Sex und kämpfe nicht dagegen an, weil das auch eine Art Angst ist. Kämpfe oder fliehe – das sind die beiden Möglichkeiten der Furcht. Flüchte also nicht und kämpfe nicht damit. Akzeptiere ihn, nimm ihn als Gegebenheit hin, meditiere dabei, und du wirst seine Grenzen überschreiten. Sobald du beim Sex meditierst, öffnet sich ein neues Tor: Du stößt zu einer neuen, völlig unbekannten, unerhörten Dimension vor, und es durchströmt dich ein unbekanntes Gefühl von Glückseligkeit.

Du erlebst etwas, was dich so glückselig macht, daß Sex unwichtig wird und von selbst verschwindet. Deine Energie fließt nicht mehr in diese Richtung, denn Energie fließt immer in Richtung Glückseligkeit. Weil Glückseligkeit auch im Sex enthalten ist, fließt die Energie zuerst dorthin, aber wenn du mehr Glückseligkeit findest – ein Glück, das weit über das sexuelle Vergnügen hinausgeht, das dich mehr erfüllt, tiefer, größer ist –, dann hört die Energie von selbst auf, in den Sex zu fließen.

Wenn Sex zu Meditation wird, entfaltet er sich zu Liebe, und dieses Aufblühen ist eine Bewegung zum Göttlichen hin. Deshalb ist Liebe göttlich. Sex ist physisch, Liebe ist spirituell. Und wenn sich diese Blume entfaltet, kommt ganz von selbst eine innere Andacht auf; dann ist das Göttliche nicht mehr weit; du bist fast zu Hause.

Beginne jetzt damit, über Liebe zu meditieren. Das ist der zweite Schritt. Wenn ein Moment der Vereinigung entsteht, wenn es einen Moment der Liebe gibt, dann meditiere, sei ganz bewußt. Gehe tief hinein, und sei ganz aufmerksam. Jetzt treffen keine Körper aufeinander – im Sex trafen sich Körper, in der Liebe treffen sich Seelen. Es ist immer noch ein Zusammentreffen, ein Treffen zweier Menschen.

Sieh dir die Liebe jetzt so genau an, wie du dir den Sex angesehen hast. Sieh die Vereinigung, das innere Treffen, den inneren Austausch. Dann wirst du selbst über die Liebe hinausgehen und zum Gebet, zur Andacht gelangen. Dieses Beten ist das Tor. Das Beten ist immer noch ein Zusammentreffen, aber nicht zwischen zwei Menschen, sondern eine innige Zwiesprache zwischen dir und dem Ganzen. Jetzt ist der andere als Person verschwunden. Es ist das unpersönliche andere, die gesamte Existenz – und du.

Da Andacht immer noch ein Zusammentreffen ist, muß man sie letzten Endes auch hinter sich lassen, auch darüber hinausgehen. Im Beten gibt es noch einen Unterschied zwischen dem Betenden und dem Göttlichen: *Bhakta* und *Bhagwan* – das Göttliche – sind voneinander getrennt. Es ist immer noch ein Treffen. Deshalb konnten Meera oder Theresa sexuelle Formulierungen für ihre Erlebnisse während des Gebets gebrauchen.

Man muß auch in Momenten der Andacht meditieren. Beobachte auch das. Sieh diesen innigen Austausch zwischen dir und dem Ganzen. Das erfordert das feinste Bewußtsein, das möglich ist. Wenn du das Treffen zwischen dir und dem Ganzen mit ganz wachem Bewußtsein verfolgen kannst, transzendierst du dich selbst und das Ganze zugleich. Dann bist du das Ganze; und in diesem Ganzen gibt es keine Dualität mehr; es gibt nur Einheit.

Diese Einswerdung sucht man durch Sex, durch Liebe, durch Gebet. Sie ist das, wonach man sich sehnt. Selbst im Sex suchst du nichts als Einheit. Du fühlst dich von Glück überwältigt, weil du für einen einzigen Augenblick eins geworden bist. Sex entwickelt sich zur Liebe; Liebe, die tief empfunden wird, entwickelt sich zur Andacht, und Andacht führt zu totaler Transzendenz, zu totaler Einheit.

Dieses Wachstum geschieht immer durch Meditation. Die Methode bleibt sich immer gleich. Die Ebenen sind verschieden, die Dimensionen und die Schritte sind verschieden, aber die Methode bleibt gleich. Tauche in den Sex ein, und du findest Liebe. Gehe tief in Liebe, und du kommst zur Andacht. Schau tief in die Andacht, und du explodierst in die Einheit. Diese Einheit ist das Gesamte, ist Glückseligkeit, diese Einheit ist Ekstase.

Das, worauf es einzig und allein ankommt, ist, nicht zu kämpfen. Das Göttliche ist in allem gegenwärtig. Es mag verhüllt sein, es mag verkleidet sein, aber du kannst es entkleiden, entschleiern. Die Verhüllungen werden feiner und feiner; nimm sie fort. Bevor du nicht der Einheit in ihrem bloßen So-Sein begegnest, findest du keinen Frieden, bleibst du unerfüllt.

Im Moment, wo du dem Unverhüllten, der nackten Wahrheit, begegnest, wirst du eins damit, denn die nackte Wahrheit bist nur du selbst. Tatsächlich sucht jeder Mensch nur sich selbst im anderen; man muß sein eigenes Zuhause finden, indem man an die Türen Fremder klopft.

In dem Moment, wo der letzte Schleier vor der Realität verschwindet, bist du eins mit ihr, weil du nur durch die Verhüllungen davon getrennt warst. Kleider sind die Barrieren; deshalb kannst du die Realität nicht entkleiden, bevor du dich nicht selbst entkleidest. Somit ist Meditation ein zweischneidiges Schwert: Sie enthüllt die Realität und sie enthüllt auch dich. Die Realität wird entblößt, aber auch du. Und in dem Moment totaler Entblößung, nackter Wahrheit, totaler Leere, wirst du das *Eine*.

Ich bin also nicht gegen Sex. Das bedeutet nicht, daß ich *für* Sex bin, sondern ich sage, daß man ganz in ihn eintauchen muß, um das, was Jenseits davon ist, zu entdecken. Dieses Jenseits gibt es immer, aber gewöhnlicher Sex ist wie ein Raubüberfall, deshalb geht niemand tief hinein. Wenn du den Sex ganz auskostest, bist du dankbar, daß sich durch ihn eine Tür zum Göttlichen öffnet. Wenn sich Sex aber immer nur wie ein Raubüberfall abspielt, merkst du nie, daß du etwas Größerem nahe bist.

Wir sind so berechnend, so raffiniert, daß wir eine Pseudo-Liebe erfunden haben, die nicht nach dem Sex, sondern davor kommt. Sie ist eine kultivierte, künstliche Angelegenheit. Deshalb hat man das Gefühl, daß die Liebe verflogen ist, wenn der Sex erfüllt ist. Liebe ist nur ein Vorspiel, und das Vorspiel ist jetzt überflüssig. Aber wirkliche Liebe geht immer über Sex hinaus; sie versteckt sich hinter Sex. Tauche in ihn ein, mach etwas Religiöses, mach Meditation daraus, und es wird dich mit Liebe erfüllen.

Ich bin nicht gegen Sex und nicht *für* Liebe. Du mußt auch die Liebe transzendieren. Meditiere über sie, erlebe sie bewußt und gehe weiter. Mit Meditation meine ich, daß du sie wach und bewußt erleben mußt und nicht blind und unbewußt dabei sein darfst. Große Glückseligkeit wartet auf dich, aber du kannst blind daran vorbeigehen, sie verfehlen. Diese Blindheit muß aufhören; du mußt die Augen aufmachen. Mit offenen Augen kann Sex dich auf den Weg zur großen Einheit führen.

Der Tropfen kann zum Ozean werden – das ist die Sehnsucht im Herzen jedes Tropfens. In jeder Handlung, jedem Verlangen findest du dieselbe Sehnsucht. Decke sie auf und folge ihr. Es ist ein großes Abenteuer. Normalerweise leben wir unser Leben unbewußt. Aber so viel kann man tun. Es ist mühselig, aber nicht unmöglich. Es war für einen Jesus, für einen Buddha oder Mahavir möglich, und es ist auch für jeden anderen Menschen möglich.

Wenn du also intensiv, wach, feinfühlig in den Sex gehst, dann wächst du über ihn hinaus. Und das ist keine Sublimation. Wenn du darüber hinausgehst, gibt es keinen Sex, nicht einmal sublimierten Sex. Er wird zu Liebe, Andacht und Einheit.

Das sind die drei Stufen der Liebe: physische Liebe, psychische Liebe und spirituelle Liebe. Und wenn man alle drei Formen hinter sich läßt, kommt man zum Göttlichen. Als Jesus sagte: „Gott ist Liebe", war das die treffendste Definition, die möglich war, denn das letzte, was wir auf dem Weg zu Gott erfahren, ist

Liebe. Jenseits davon ist das Unbekannte, und das Unbekannte kann nicht definiert werden. Wir können das Göttliche nur durch unsere letzte Erfahrung andeuten: Liebe.

Jenseits von Liebe gibt es keine Erfahrung mehr, weil es keinen gibt, der etwas erfahren kann. Der Tropfen ist zum Ozean geworden.

Geh Schritt für Schritt, aber mit einer wohlwollenden Einstellung, ohne Spannung und Kampf. Sei wach und aufmerksam. Wachheit ist das einzige Licht in der dunklen Nacht des Lebens. Geh mit diesem Licht. Suche, schau in jede Ecke, jeden Winkel. Das Göttliche ist überall, stelle dich deshalb gegen nichts.

Aber halte dich auch mit nichts auf. Gehe weiter, weil immer größeres Glück auf dich wartet. Die Reise muß weitergehen. Wenn du gerade den Sex erforschst, dann gebrauche ihn als Mittel. Wenn du der Liebe nahe bist, gebrauche Liebe. Denk nicht in Begriffen von Unterdrückung und Sublimierung, denke nicht in Begriffen von Konflikt. Das Göttliche kann hinter allem verborgen sein, deshalb kämpfe nicht, flüchte vor nichts.

Es steckt tatsächlich hinter allem, geh deshalb durch die Türe, die dir am nächsten ist – wo es auch sei –, und du kommst voran. Bleibe nirgendwo stehen, und du kommst zum Ziel, weil das Leben überall ist.

Jesus sagte: „Gott ist unter jedem Stein“, aber du siehst nur die Steine. Du wirst durch die Steinwüste deines Geistes hindurch gehen müssen. Wenn du Sex als Feind betrachtest, wird er zum Feind. Dann wird er undurchsichtig, du kannst nicht sehen, was dahinter ist. Benütze ihn, meditiere darüber und der Stein wird zu Glas.

Schau hindurch und vergiß das Glas, dann wird dir das zu Bewußtsein kommen, was hinter dem Glas ist. Alles, was durchsichtig wird, verschwindet. Mach also aus dem Sex keinen Stein, mach ihn durchsichtig. Und durchsichtig wird er durch Meditation.

KUNDALINI-YOGA: ZURÜCK ZUM URSPRUNG

Was ist Kundalini-Yoga, und wie kann es dem Westen helfen? Warum wendest du chaotische Methoden an, um die Kundalini-Energie zu erwecken, anstatt der traditionellen Methoden der Kontrolle?

Existenz ist Energie – Energie, die sich auf verschiedene Arten, in verschiedenen Formen bewegt. Im Dasein des Menschen erscheint Energie als Kundalini-Energie. Kundalini ist die gebündelte Energie des menschlichen Körpers und der menschlichen Psyche. Energie kann zum Ausdruck kommen oder ohne Ausdruck bleiben. Sie kann latent bleiben oder als Form in Erscheinung treten. Jede Energie existiert entweder latent oder nimmt Form an. Kundalini bedeutet dein gesamtes Potential, alle deine Möglichkeiten. Aber sie ist eine Saat, eine Anlage. Die Mittel, Kundalini zu erwecken, sind Mittel, die dein Potential zur Entfaltung bringen. Also erstens: Kundalini ist nichts Außerordentliches. Sie ist einfach menschliche Energie als solche. Aber gewöhnlich funktioniert nur ein Anteil davon, ein sehr geringer Anteil. Und selbst diese kleine Menge arbeitet nicht harmonisch; sie ist in Konflikt. Das ist das Elend und das Leiden. Wenn deine Energie harmonisch funktioniert, dann fühlst du dich glücklich; wenn sie jedoch in Konflikt ist – gegen sich selbst gerichtet –, fühlst du dich elend. Wenn du dich unglücklich fühlst, kommt es daher, daß deine Energie in Konflikt ist; und alles Glück, aller Segen bedeutet, daß deine Energie harmonisch ist.

Warum ist diese ganze Energie nur eine Anlage, die sich nicht entfaltet? Weil sie für das alltägliche Leben nicht benötigt wird; sie ist nicht erforderlich. Es kommt nur das zum Einsatz, was angeregt und herausgefordert wird. Das alltägliche Leben ist keine Herausforderung für das ganze Potential, deshalb kann sich nur ein sehr kleiner Teil herauskristallisieren. Und selbst dieser kleine kristallisierte Teil ist nicht harmonisch, weil dein alltägliches Leben kein organisches Ganzes ist.

Deine Bedürfnisse sind widersprüchlich. Die Gesellschaft fordert etwas Bestimmtes, und deine Instinkte wollen etwas ganz anderes. Gesellschaft, Moral und Religion legen dir ihre eigenen Bedingungen auf. Der Konflikt, der daraus entsteht, hat es dem Menschen unmöglich gemacht, ein harmonisches Ganzes zu sein. Er ist ein Fragment seiner selbst geworden.

Am Morgen wird das eine verlangt, am Nachmittag etwas anderes; deine Frau verlangt etwas von dir, deine Mutter will etwas ganz anderes. Diese alltäglichen Ansprüche bringen dich in einen Zwiespalt, und das bißchen Energie, das du zur Verfügung hast, verzehrt sich damit in sich selbst.

Es gibt noch einen anderen Zwiespalt. Der Teil, der Gestalt angenommen hat, steht immer in Konflikt mit dem Teil, der noch nicht verwirklicht ist; das Verwirklichte steht immer in Konflikt mit dem Potential. Das Potential drängt danach, auch zum Ausdruck zu kommen, und der Teil, der schon verwirklicht ist, sucht es zu unterdrücken.

Um es psychologisch zu sagen: Das Unbewußte ist immer in Konflikt mit dem Bewußten. Das Bewußte versucht zu dominieren, weil es immer in Gefahr steht, daß das Unbewußte Gestalt annimmt. Das Bewußte ist unter Kontrolle, und das Potential, das Unbewußte, ist unkontrollierbar. Mit dem Bewußten wirst du fertig, aber mit einer Explosion des Unbewußten verlierst du allen Halt. Du kannst es nicht im Zaum halten. Daher die Angst davor. Das ist also der andere Konflikt, ein größerer und tieferer als der erste: der Konflikt zwischen dem Bewußten und dem Unbewußten, zwischen der Energie, die schon Form angenommen hat, und der Energie, die Form und Gestalt annehmen will.

Zwischen diesen beiden Spannungen reibst du dich auf. Du wendest deine Energie gegen dich selbst. Energie braucht Bewegungsfreiheit, und ihre Richtung geht immer vom Formlosen zur Form, vom Samenkorn zum Baum, von der Dunkelheit zum Licht.

Diese Bewegung ist nur möglich, wenn sie nicht unterdrückt wird. Sonst wird ihre Harmonie zerstört und deine Energie wird zu deinem Feind. In dir herrscht Bürgerkrieg, eine kopflose Masse; du bist nicht eins, sondern viele. Das ist die Situation, in der sich der Mensch befindet. Aber es darf nicht länger so bleiben. Das ist die Wurzel aller Häßlichkeit und allen Elends. Glück und Schönheit kommen nur, wenn deine Lebensenergie in Fluß ist, in leichter, entspannter Bewegung – nicht unterdrückt oder gehemmt; gesammelt, nicht zersplittert; nicht in Konflikt mit sich selbst, sondern eins und organisch. Wenn deine Energie zu dieser harmonischen Einheit kommt, dann ist es Kundalini. Kundalini ist nur ein technischer Terminus für die gesamte Energie als Einheit, Bewegung, Harmonie, Konfliktlosigkeit; wenn sie mit dem Ganzen fließt, wenn sie ergänzend und organisch wirkt. Und im selben Augenblick kommt es zu einer Verwandlung – etwas unglaublich Neues tritt ein.

Wenn Energien in Konflikt sind, wollen sie sich entladen. Du fühlst dich erst erleichtert, wenn sich deine verfeindeten Energien entladen haben, wenn sie abgeschüttelt sind. Aber jedesmal, wenn du dich entlädst, fließt deine Lebensenergie, deine Vitalität nach unten und nach außen. Die Bewegung nach unten ist die Bewegung nach außen, und die Bewegung nach oben ist die Bewegung nach innen. Je höher deine Energien steigen, desto tiefer dringen sie nach innen; je stärker sie nach unten fließen, desto mehr fließen sie nach außen ab. Wenn du deine konfliktgeladenen Energien hinauswirfst, fühlst du dich erleichtert, aber das ist genauso, als ob du dein Leben in kleinen Mengen ratenweise zum Fenster hinauswirfst. Es ist selbstmörderisch. Solange unsere Energie nicht eins und harmonisch wird und der Fluß sich nicht nach innen wendet, handeln wir selbstmörderisch.

Wenn du Energien hinauswirfst, fühlst du dich erleichtert, aber nur für Momente, weil du ein ständig fließender Energie-Quell bist. Energie sammelt sich wieder an, und du mußt sie wieder loswerden. Was gewöhnlich als Vergnügen gilt, ist nur ein Abreagieren zwiespältiger Energien. Du fühlst Vergnügen, weil du dich von einer Bürde befreist. Der Vorgang ist immer negativ, niemals positiv. Aber Glückseligkeit ist positiv. Sie kommt nur, wenn deine Energien harmonisch zusammenstimmen.

Wenn deine Energien nicht hinausgeworfen werden, sondern im Inneren aufblühen, wenn du in Einklang mit ihnen bist, dann fängt eine Bewegung nach innen an. Diese Bewegung ist endlos. Sie wird immer tiefer, und je tiefer sie wird, desto glücklicher und ekstatischer wirst du. Energie enthält also zwei Möglichkeiten. Die erste ist ein reines Abreagieren, du wirst eine Last los, die du nicht gebrauchen konntest und die du nicht kreativ umformen konntest. Dieses Stadium des Geistes ist „Anti-Kundalini".

Der gewöhnliche Zustand des Menschen ist „Anti-Kundalini". Energie bewegt sich vom Zentrum zur Peripherie, weil das die Richtung ist, in der *du* dich bewegst. Kundalini bedeutet genau das Gegenteil. Kräfte, Energien bewegen sich von der Peripherie zum Zentrum.

Die Bewegung nach innen, die auf das Zentrum gerichtet ist, bringt tiefes Glück, während die Bewegung nach außen abwechselnd Vergnügen und Erschöpfung bringt.

Es gibt ein paar Momente Freude und dauernde Niedergeschlagenheit. Zur Freude kommt es nur hin und wieder, und die Zwischenräume sind erfüllt von Hoffnungen und Erwartungen. Das tatsächliche Ergebnis ist immer Leiden.

Nur wenn eine Erwartung, eine Hoffnung, eine Begierde oder ein Traum erfüllt werden, freust du dich. Und zwar deshalb, weil du von einer Last befreit bist; die Freude ist total negativ bedingt. Das ist keine eigentliche Freude, sondern nur die momentane Abwesenheit von Elend. Diese Erleichterung wird als Freude empfunden.

Du erzeugst laufend neue Energien. Das ist es, was man unter Leben versteht: die Fähigkeit, die Lebenskraft immer von neuem zu erzeugen. Im Moment, wo diese Fähigkeit versiegt, bist du tot. Das ist das Paradox: Du erzeugst ständig neue Energien und weißt nicht, wie du damit umgehen sollst. Du fühlst dich vielmehr elend und krank damit.

Wenn keine neue Lebenskraft erzeugt wird, fühlst du dich krank; aber selbst wenn neue Kraft nachfließt, fühlst du dich nicht wohl. Die eine Krankheit kommt aus Schwäche, die andere kommt daher, daß dir die Energie zur Last wird. Du

kannst sie nicht harmonisieren, sie nicht kreativ und segensreich machen. Du bist zwar die Quelle der Energie, aber jetzt weißt du nicht, was du damit machen sollst; deshalb wirst du sie irgendwie los. Dann erzeugst du wiederum neue Energie. Das ist absurd, aber diese Absurdität ist es, was wir gewöhnlich als menschliche Existenz kennen:
Ein ständiges Erzeugen von Energie, die ständig zur Last wird, und von der man sich andauernd befreien muß.
Deshalb ist Sex so bedeutsam, so wichtig geworden – weil er eines der wirksamsten Mittel ist, sich von Energie zu befreien. Wenn die Gesellschaft im Überfluß lebt, sind mehr Energiequellen verfügbar. Dann wird man sexueller, weil es mehr Spannungen gibt, von denen man sich befreien muß. Energie wird ständig erzeugt und abgelassen. Wenn man intelligent und einfühlsam genug ist, fühlt man die Absurdität, die ganze Bedeutungslosigkeit dieses Ablaufs. Dann spürt man die Zwecklosigkeit des Lebens. Bist du nichts als ein Instrument, Energie zu erzeugen und wieder hinauszuwerfen? Was bedeutet das? Warum überhaupt existieren? Nur um ein Instrument zu sein, in dem Energie erzeugt wird, die dann verpufft? Je empfindsamer ein Mensch ist, desto stärker empfindet er die Zwecklosigkeit des Lebens, so wie wir es kennen.
Kundalini-Yoga bedeutet, diese absurde Situation in eine sinnvolle zu verwandeln, ihr einen neuen Atem einzuhauchen. Die Wissenschaft der Kundalini ist eine der subtilsten Wissenschaften. Die physischen Wissenschaften befassen sich auch mit Energie, aber mit materieller Energie, nicht mit psychischer Energie. Yoga befaßt sich mit psychischer Energie. Es ist eine Wissenschaft des Metaphysischen, des Transzendentalen.
Diese psychische Energie kann genauso kreativ wie destruktiv angewandt werden. Wenn sie nicht benutzt wird, wird sie destruktiv; wenn sie benutzt wird, wird sie kreativ. Aber um an diese Kreativität zu gelangen, muß man erst eines verstehen:

daß es nicht darum geht, nur einen Teil deines Potentials zu verwirklichen; auch der verbleibende größere Teil muß erschlossen werden. Sonst kann man nicht von Kreativität reden. Alles muß verwirklicht werden, dein ganzes Potential muß zum Ausdruck kommen, und dafür gibt es Methoden. Das Potential schläft wie eine Schlange; daher der Name Kundalini: „Schlangen"-Kraft, eine schlafende Schlange.

Wenn du jemals eine schlafende Schlange gesehen hast, kannst du es nachvollziehen. Sie ist zusammengerollt; es gibt nicht die geringste Bewegung. Aber eine Schlange kann sich kerzengerade aufrichten. Sie steht durch ihre Energie. Daher nimmt man die Schlange als Symbol: Deine Lebensenergie ist auch zusammengerollt und schläft. Aber sie kann sich aufrichten; sie kann aufwachen und ihr volles Potential zum Ausdruck bringen. Dann wirst du verwandelt.

Leben und Tod sind nur zwei Phasen der Energie. Leben bedeutet strömende Energie, und Tod bedeutet Energie, die stillsteht. Leben bedeutet wache Energie; Tod kommt, wenn die Energie wieder schläft. Deshalb lebst du, dem Kundalini-Yoga zufolge, gewöhnlich nur teilweise. Der verwirklichte Teil deiner Energie ist dein Leben, der Rest ist so tief im Schlaf, als ob es ihn nicht gäbe.

Er kann jedoch erweckt werden. Es gibt so viele Methoden, mit denen Kundalini-Yoga an deinem Potential arbeitet. *Pranayama* (Atemübungen) zum Beispiel ist eine der Methoden, die schlafende Energie wachzuhämmern. Durch Atmen kannst du sie aufrütteln, weil Atmen die Brücke zwischen deiner vitalen Energie – deinem *prana*, deiner ursprünglichen Energiequelle – und deiner augenblicklichen Existenz darstellt. Es ist die Brücke zwischen dem Potential und der gegenwärtigen Situation.

Wenn du deinen Atem veränderst, veränderst du dein gesamtes Energiesystem. Wenn du schläfst, verändert sich dein Atem;

bist du wach, wechselt dein Atem; bist du wütend, dann atmest du anders. In der Liebe ist dein Atem anders als in sexueller Leidenschaft. In jedem Bewußtseinszustand nimmt die Lebenskraft eine spezifische Form an, daher verändert sich dein Atem. Wenn du wütend bist, brauchst du mehr Energie nach außen hin. Wenn du bedroht wirst – wenn du angreifen oder dich verteidigen mußt –, ist auf der Peripherie mehr Energie nötig. Die Energie dafür strömt vom Zentrum her.

Während des Sexakts fließt eine große Menge von Energie von deinem Körper ab, darum fühlst du dich danach erschöpft. Auch nach einem Wutausbruch fühlst du dich erschöpft. Aber nach einem Moment der Liebe fühlst du dich nicht erschöpft, sondern erfrischt. Nach einem Moment der Andacht, der inneren Freude an der bloßen Existenz, einem Moment des Betens, fühlst du dich erfrischt. Warum dieser Gegensatz? In einer liebevollen Stimmung ist keine Energie auf der Peripherie nötig, weil es keine Gefahr gibt. Du bist mit dir in Einklang, entspannt, deshalb fließt die Engergie nach innen. Und wenn Energie nach innen fließt, fühlst du dich frisch. Nach tiefem Atmen fühlst du dich frisch, weil Energie nach innen fließt. Wenn Energie nach innen fließt, fühlst du dich voller Vitalität; es geht dir gut.

Bei diesem Strom nach innen bekommt dein Atem eine neue Qualität. Er entspannt sich, wird rhythmisch und harmonisch. Es wird Momente geben, in denen du ihn überhaupt nicht spürst und es dir vorkommt, als ob er aufgehört hätte, so unmerklich wird er. Keine Energie wird benötigt, der Atem setzt fast aus. In *samadhi*, in Ekstase, fühlt man, daß der Atem vollkommen zum Stillstand gekommen ist. Es ist kein Energiefluß nach außen hin nötig, und so braucht man keinen Atem.

Durch *pranayama* wird deine potentielle Energie systematisch auferweckt. Sie kann auch durch *asanas* (Yoga-Haltungen) zum Fließen gebracht werden, weil dein Körper überall, an jedem

Punkt, mit der Energiequelle verbunden ist. Deshalb hat jede Haltung eine entsprechende Einwirkung auf die Energiequelle.
Die Haltung, die Buddha benutzte, heißt *padmasan*, die Lotus-Haltung. Sie gehört zu den Haltungen, die die geringste Energie benötigen. Wenn du gerade sitzt, ist das Sitzen so balanciert, daß du eins mit der Erde wirst. Es gibt keine Schwerkraft. Und wenn deine Hände und Füße einen geschlossenen Kreislauf bilden, fließt die Lebensenergie in einem Kreis.
Buddhas Haltung ist eine runde Position. Die Energie läuft im Kreis, sie wird nicht abgeleitet.
Durch Finger, Hände oder Füße fließt ständig Energie nach außen ab. Aber in einer runden Form kann keine Energie nach außen abfließen. Deshalb sind Frauen weniger anfällig für Krankheiten als Männer, und deshalb leben sie länger. Je runder der Körper ist, desto weniger Energie fließt nach außen.
Frauen sind nach dem Sex nicht so erschöpft wie Männer, weil die Form ihres Sexualorgans rund und absorbierend ist. Männer verlieren mehr Energie, weil die Form ihres Sexualorgans zu einer stärkeren Entladung von Energie führt. Nicht nur von physischer, sondern auch von psychischer Energie.
Alle Energieausgänge sind im *padmasan* aneinander angeschlossen, deshalb kann keine Energie nach außen dringen. Beide Füße sind überkreuzt, die Hände berühren die Füße, und die Füße berühren das Sexzentrum. Die Sitzposition ist so gerade, daß die Schwerkraft neutralisiert wird. In dieser Position kann man den Körper völlig vergessen, weil die Lebensenergie nicht nach außen fließt. Die Augen müssen auch geschlossen, zumindest halb geschlossen sein, und die Augäpfel müssen unbeweglich bleiben, weil auch durch die Augen viel Energie verloren geht.
Selbst beim Träumen verlierst du viel Energie durch Augenbewegung. Man kann feststellen, ob jemand träumt oder nicht, indem man seine Augenlider mit dem Finger berührt. Bewegen

sie sich, dann weck ihn auf und du wirst sehen, daß er geträumt hat. Bewegungslose Augen bedeuten tiefen, traumlosen Schlaf, *sushupti*. Alle Energie geht nach innen und nichts geht nach außen.

Asanas, *pranayama* – es gibt viele Methoden, die Energien nach innen zu leiten. Wenn sie nach innen fließen, werden sie eins, weil sie im Zentrum nicht getrennt sein können. Je mehr Energie also nach innen geht, desto mehr Harmonie entsteht. Aller Konflikt entfällt. Im Zentrum gibt es keinen Konflikt. Dort herrscht organische Einheit des Ganzen. Daher fühlt man Glückseligkeit.

Noch etwas: *Asanas* und *pranayama* sind körperliche Hilfen. Sie sind wichtig, aber sie sind nur physische Hilfestellungen. Wenn du geistig in Konflikt bist, dann helfen sie nicht viel, weil Körper und Geist nicht wirklich zweierlei sind. Sie sind zwei Seiten einer Sache. Du bist nicht Körper und Geist; du bist „Körper-Geist". Du bist psycho-somatisch oder somato-psychisch. Wir reden über den Körper und den Geist wie über getrennte Dinge; aber Körper und Geist sind nur zwei Pole einer Energie. Der Körper ist grobstofflich und der Geist ist feinstofflich, aber die Energie ist dieselbe. Man muß von beiden Polen aus arbeiten. Für den Körper gibt es *Hatha*-Yoga: *asanas*, *pranayama* etc.; für den Geist gibt es *Raja*-Yoga und andere Yogas, die hauptsächlich mit deiner geistigen Einstellung zu tun haben.

Körper und Geist sind eine Energie. Zum Beispiel vergeht Ärger und Wut, wenn du deinen Atem kontrollieren kannst. Wenn du immer rhythmisch atmen kannst, kann dich die Wut nicht überwältigen. Sie ist da, tritt jedoch nicht in Erscheinung. Niemand wird erkennen, daß du wütend bist. Du wirst es nicht einmal selbst wissen. Sex und Wut können durch rhythmisches Atmen so sehr unterdrückt werden, daß es dir selbst nicht bewußt wird. Aber weder Sex noch Wut werden dadurch beseitigt, daß der Körper sie unterdrückt. Du behältst sie in dir, unerledigt und unberührt.

Man muß an Körper und Geist gleichzeitig arbeiten. Der Körper muß durch Yoga-Methoden trainiert werden, und der Geist durch bewußteres Wahrnehmen. Du brauchst größeres Bewußtsein, wenn du Yoga praktizierst, weil die Dinge feiner werden. Wenn du wütend wirst, kannst du es gewöhnlich bemerken, weil es so auffällig ist. Aber mit *pranayama* brauchst du mehr Bewußtsein, ein scharfes Bewußtsein, um den Ärger wahrzunehmen, weil der Ärger jetzt subtiler ist. Der Körper unterstützt ihn nicht, deshalb findet er keinen physischen Ausdruck.

Wenn die Leute Bewußtseinstechniken und gleichzeitig Yoga-Methoden praktizieren, werden sie tiefere Bereiche des Bewußtseins kennenlernen. Sonst fällt einem nur das Grobstoffliche auf. Wenn man das Grobstoffliche verändert, ohne auch das Feinstoffliche zu ändern, gerät man in ein Dilemma. Jetzt wird sich der Konflikt auf neuen Wegen Bahn brechen.

Yoga hilft, aber nur von der einen Seite her. Die andere Seite ist, was Buddha „Gegenwart des Geistes" nennt. Übe Yoga in einer Weise, daß der Körper rhythmisch wird, daß er mit deinen inneren Bewegungen in Einklang steht, und sei gleichzeitig geistig gegenwärtig, tu alles wach und aufmerksam.

Sei dir deines Atems bewußt. Beim Yoga mußt du den Atemprozeß verändern. Bei der „Gegenwart des Geistes" mußt du dir über das Atmen bewußt sein, ohne es zu beeinflussen. Nimm es einfach nur wahr. Nur, wenn du deinen Atem wahrnimmst, kannst du auch auf deinen Gedankenprozeß aufmerksam werden; sonst nicht.

Wer versucht, direkt über seinen Gedankenprozeß bewußt zu werden, findet sich dazu außerstande. Es ist sehr mühselig und zäh. Atmen ist die Tür zu allen psychischen Vorgängen. Wenn du deinen Atem für einen einzigen Moment anhältst, halten auch deine Gedanken an.

Ohne Atmen gibt es keine Gedanken. Wenn dein Denken chaotisch ist, wird auch dein Atem chaotisch. Im Atmen spiegelt sich gleichzeitig dein Gedankenprozeß.
Buddha spricht über *anapanasati*, das Yoga vom Bewußtsein des einströmenden und ausströmenden Atems. Er sagt: „Beginne hier!" Und das ist der richtige Anfang. Man muß vom Atem, nie vom Gedankenprozeß selbst ausgehen. Nur wenn du die subtilen Atembewegungen fühlen kannst, wirst du fähig, die subtilen Gedankenbewegungen zu fühlen. Die Bewußtwerdung des Gedankenprozesses verändert die Qualität des Geistes. *Asanas* und *pranayama* verändern die Qualität des Körpers. Dann kommt der Moment, in dem dein Körper und dein Geist eins sind, ohne den geringsten Konflikt. Wenn beides synchronisiert ist, bist du weder Körper noch Geist. Zum ersten Mal erkennst du dich als das Selbst. Du gehst über beides hinaus. Du kannst nur transzendieren, wenn es keinen Konflikt gibt. In diesem harmonischen Moment, wenn Körper und Geist eins sind, ohne Konflikt, gehst du über beides hinaus. Du bist keines von beiden. In gewissem Sinne wirst du ein Nichts: weder dies noch das. Du bist einfach Bewußtsein. Nicht irgendeiner Sache bewußt, sondern Bewußtsein selbst.
Dieses reine Bewußtsein, diese objektlose Wahrnehmung ist der Moment der Explosion. Dein Potential wird verwirklicht. Du explodierst in eine neue Dimension hinein, in das Höchste. Das ist es, worum es allen Religionen geht. Es gibt viele Wege, dieses Höchste zu erreichen. Man kann von Kundalini reden oder nicht; es spielt keine Rolle. Kundalini ist nur ein Wort, du kannst ein anderes Wort dafür einsetzen. Das, was das Wort Kundalini wirklich bezeichnet, muß in irgendeiner Form *da* sein, nämlich als ein Energiefluß, der nach innen gerichtet ist.
Dieser Fluß nach innen ist die einzige Revolution, die einzige Freiheit. Mit allen andern schaffst du dir nur immer mehr Höl-

len; je mehr du nach außen gehst, desto weiter bist du von dir selbst entfernt. Und je weiter du dich von dir entfernst, um so mehr wirst du gereizt und depressiv. Kundalini ist die ursprüngliche Quelle allen Lebens, aber du bist in vieler Hinsicht davon abgeschnitten. Damit wirst du dir selber fremd und weißt nicht, wie du zurück nach Hause kommst. Dieses Zurückkommen ist die Wissenschaft des Yoga. Kundalini-Yoga ist die subtilste Wissenschaft der menschlichen Transformation.

Du hast gefragt, warum traditionelle Methoden sich auf systematische Kontrolle stützen, während meine Methode chaotisch ist. Traditionelle Methoden sind systematisch, weil die Menschen in früheren Zeiten – und für diese wurden sie entwickelt – anders waren. Der heutige Mensch ist ein sehr neuartiges Phänomen. Keine traditionelle Methode kann so, wie sie ist, benützt werden, weil es nie zuvor einen vergleichbaren Menschentyp gegeben hat. Deshalb sind traditionelle Methoden irrelevant geworden.

Zum Beispiel hat sich der Körper sehr verändert. Er ist jetzt nicht so natürlich wie in den Tagen, als Patanjali sein Yoga-System entwickelte. Er ist absolut anders. Er ist mit so vielen Drogen vollgestopft, daß keine traditionelle Methode Erfolg haben kann.

In der Vergangenheit durften *Hatha*-Yogis keine Medizin einnehmen, es war strengstens verboten, weil chemische Veränderungen nicht nur den Erfolg der Methode in Frage stellen, sondern Schaden anrichten. Aber jetzt ist die ganze Atmosphäre künstlich: die Luft, das Wasser, die Gesellschaft, die Lebensbedingungen. Nichts ist natürlich. Du wirst in einem künstlichen Umfeld geboren; du entwickelst dich darin. Und darum können traditionelle Methoden nur Schaden anrichten. Man muß sie der modernen Situation gemäß verändern.

Eine andere Sache: Die Struktur des Menschen hat sich von Grund auf verändert. In Patanjalis Tagen war das Zentrum der menschlichen Persönlichkeit das Herz und nicht das Gehirn. Und davor war es nicht einmal das Herz. Es lag noch tiefer, nahe dem Nabel. *Hatha*-Yoga entwickelte Methoden, die für jemanden brauchbar und wirkungsvoll waren, dessen Persönlichkeitszentrum in der Nabelgegend lag. Später wurde das Herz zum Zentrum, und nun konnte *Bhakti*-Yoga entwickelt werden. *Bhakti*-Yoga stammt aus dem Mittelalter, aus der Zeit, als sich das Persönlichkeitszentrum auf das Herz verlagerte.

Eine Methode muß der Person entsprechen, auf die sie angewandt wird. Heute ist nicht einmal *Bhakti*-Yoga mehr sinnvoll. Das Zentrum hat sich noch weiter vom Nabel weg verlagert. Jetzt ist das Gehirn das Zentrum. Deshalb finden z.B. Krishnamurtis Lehren großen Anklang. Keine Methode und keine Technik wird verlangt – du mußt nur verstehen. Aber es ist nur ein verbales Verstehen, nur intellektuell, nichts ändert sich, kein Mensch wird dadurch transformiert. Es kommt wiederum nur zu einer Ansammlung von Wissen.

Ich ziehe chaotische Methoden den systematischen vor, denn eine chaotische Methode erleichtert es sehr, das Zentrum wieder vom Kopf wegzubringen. Das Zentrum kann durch keine systematische Methode nach unten verlagert werden, weil Systematik selber Kopfarbeit ist. Systematische Methoden stärken das Gehirn, es erhält mehr Energie.

Chaotische Methoden setzen das Gehirn außer Funktion. Es hat nichts zu tun. Die Methode ist so chaotisch, daß sich das Zentrum automatisch vom Kopf zum Herzen verlagert. Wenn du die Dynamische Meditation nach besten Kräften, ohne System und chaotisch machst, geht dein Zentrum zum Herzen. Dann kommt es zu Katharsis. Eine Katharsis ist notwendig, weil dein Herz vom Gehirn unterdrückt wird. Dein Gehirn hat so viel von deinem Wesen an sich gerissen, daß es dich beherrscht. Es gibt keinen Raum für das Herz, deshalb werden seine Sehnsüchte verdrängt. Du hast niemals herzlich gelacht, niemals gelebt, niemals irgend etwas herzlich getan. Das Gehirn kommt immer dazwischen, systematisiert und macht die Dinge mathematisch, und das Herz bleibt unterdrückt.

Zuerst brauchst du also eine chaotische Methode, um das Zentrum des Bewußtseins zum Herzen zu stoßen. Dann brauchst du Katharsis, um das Herz zu erleichtern, Verdrängungen abzuschütteln, das Herz zu öffnen. Wenn das Herz leicht und von Belastungen befreit wird, dann wird das Bewußtseinszentrum noch tiefer gestoßen, es verlagert sich zum Nabel. Der Nabel ist die Quelle der Vitalität, der Ursprung, aus dem alles andere kommt: der Körper, der Geist, alles.

Ich verwende diese chaotische Methode mit großer Überlegung. Systematische Methodik kann heute nichts ausrichten, weil das Gehirn sie als sein eigenes Werkzeug verwendet. Auch das Singen von *bhajans* hilft jetzt nichts, weil das Herz so belastet ist, daß es nicht zu wirklichem Singen aufblühen kann. Singen wäre nichts als Flucht, und Beten wäre heute nur Ausflucht. Das Herz kann sich nicht im Gebet entfalten, weil es so sehr mit unterdrückten Gefühlen überladen ist. Ich kenne keinen einzigen Menschen, der tief in wahrhaftiges Beten verfallen kann. Beten ist unmöglich, weil alle Liebe unmöglich ist.

Das Bewußtsein muß zu seiner Quelle, zu seinen Wurzeln gebracht werden, nur dann gibt es eine Möglichkeit zur Änderung. Daher verwende ich chaotische Methoden, um das Bewußtsein aus dem Gehirn zu katapultieren.

Immer wenn du in Chaos bist, hört das Gehirn zu arbeiten auf. Zum Beispiel, wenn du Auto fährst und plötzlich rennt dir jemand in die Quere, dann reagierst du so plötzlich, daß es keine Gehirnarbeit sein kann. Das Gehirn braucht Zeit. Es denkt darüber nach, was es tun oder lassen soll. Immer wenn ein Unfall droht und du auf die Bremse trittst, fühlst du einen starken Reiz in der Nabelgegend, als ob es dein Magen ist, der reagiert. Dein Bewußtsein ist angesichts des drohenden Unfalls zum Nabel hinabgerutscht; wenn man den Unfall im voraus abschätzen könnte, hätte das Gehirn Zeit, damit fertigzuwerden. In einem Unfall jedoch geschieht etwas Unbekanntes, und du merkst, daß sich dein Bewußtsein zum Nabel bewegt hat.

Wenn du einen Zen-Mönch fragst: „Von wo aus denkst du?", legt er seine Hand auf seinen Bauch. Als westliche Reisende zum ersten Mal mit japanischen Mönchen in Kontakt kamen, konnten sie es nicht verstehen. „Was für ein Unsinn. Wie kann man vom Bauch aus denken?" Aber die Zen-Antwort hat Bedeutung. Bewußtsein kann jedes Körperzentrum benutzen, und das Zentrum, das der Energiequelle am nächsten liegt, ist der Nabel. Das Gehirn ist am weitesten von der Energiequelle entfernt. Deshalb wird, wenn die Energie nach außen strömt, das Gehirn zum Bewußtseinszentrum. Fließt die Lebensenergie jedoch nach innen, dann wird schließlich der Nabel zum Zentrum.

Chaotische Methoden sind nötig, um das Bewußtsein zu seinen Wurzeln zurückzutreiben, denn nur von den Wurzeln aus ist Verwandlung möglich. Andernfalls kannst du verbalisieren, solange du willst, aber es gibt keine Verwandlung. Es genügt nicht nur zu wissen, was richtig ist. Du mußt die Wurzeln umbilden; sonst wirst du dich nicht verändern.

Wenn jemand das Richtige weiß, aber nichts dafür tun kann, wird er doppelt verspannt. Er versteht, kann jedoch nichts tun. Einsicht hat nur Bedeutung, wenn sie vom Nabel kommt, von den Wurzeln. Wenn du vom Gehirn her verstehst, ändert dich das nicht.

Das Höchste kann nicht vom Intellekt her verstanden werden, weil du, wenn du vom Kopf ausgehst, mit den Wurzeln im Widerstreit bist, von denen du herstammst. Das ganze Problem ist, daß du dich vom Nabel wegbewegt hast.

Du bist durch den Nabel ins Leben getreten und wirst beim

Sterben wieder durch ihn den Körper verlassen. Man muß zu den Wurzeln zurück; aber das ist schwierig, ist mühselig.
Kundalini-Yoga setzt bei der Lebensenergie an und lenkt ihren Fluß nach innen. Kundalini-Yoga arbeitet mit Techniken, die Körper und Geist zu einem Punkt bringen, wo Transzendenz möglich wird. Bei dieser Transzendenz verändert sich alles. Der Körper verändert sich, der Geist verändert sich, das Leben ist anders. Es ist einfach nur Leben.
Ein Ochsenkarren ist nützlich, wird aber heute nicht mehr benötigt. Jetzt fährt man Auto, und die Technik der Ochsenkarrenzeit ist veraltet; sie war einmal nützlich, aber im Zeitalter des Autos ist sie irrelevant.
Traditionelle Methoden sind anziehend, weil sie uralt sind und so viele Menschen dadurch in der Vergangenheit zum Ziel gelangten. Sie sind für uns vielleicht ohne Wert, aber für Buddha, Mahavir, Patanjali oder Krishna waren sie hilfreich und bedeutsam. Buddha kam durch eine bestimmte Methode zur Erleuchtung. Nun fühlt sich der Traditionalist davon angezogen, weil er glaubt, daß er, wenn Buddha dadurch erleuchtet wurde, auf demselben Weg zum Ziel kommen könne. Aber die Situation hat sich gründlichst verändert. Die ganze Atmosphäre, die ganze Gedankensphäre hat sich geändert. Jede Methode ist für eine bestimmte Situation, auf einen bestimmten Geist und Menschen zugeschnitten.
Das andere Extrem ist Krishnamurti: Er lehnt alle Methoden ab. Dann muß er jedoch auch Buddha negieren. Das ist die Kehrseite der Medaille. Wenn du den Wert von Methoden abstreitest, dann mußt du Buddha abstreiten; wenn du jedoch Buddha anerkennst, kannst du seine Methoden nicht abstreiten.
Das sind Extreme. Extreme sind immer falsch. Du kannst etwas Falsches nicht widerlegen, indem du die extreme Gegenposition einnimmst, weil das andere Extrem genauso unwahr ist.

Die Wahrheit liegt immer genau in der Mitte. Deshalb bedeutet für mich die Tatsache, daß die alten Methoden nicht mehr wirken, nicht, daß Methoden an sich nutzlos sind. Es bedeutet nur, daß die Methoden selbst erneuert werden müssen.

Selbst „Keine-Methode" ist eine Methode. „Keine-Methode" kann als Methode benützt werden. Eine Methode ist immer wahr in Beziehung auf eine bestimmte Person; sie ist niemals generell anzuwenden. Wenn Wahrheiten generalisiert werden, werden sie verfälscht. Immer wenn ich jemand eine Methode oder eine Anweisung gebe, richtet es sich an einen bestimmten Menschen: an seine Aufmerksamkeit, seine Auffassungsfähigkeit, an ihn und niemand anderen.

Auch das ist heute schwieriger. In den alten Tagen war die Beziehung zwischen Meister und Schüler immer eine Beziehung zwischen einzelnen. Es war eine persönliche Beziehung, eine persönliche Kommunikation. Heute ist alles unpersönlich. Man muß zu einer Menge reden und deshalb generalisieren, damit schleichen sich Mißverständnisse ein. Etwas Bestimmtes ist immer nur für eine bestimmte Person bedeutungsvoll.

Ich stehe dieser Schwierigkeit täglich gegenüber. Wenn du zu mir kommst und mich etwas fragst, antworte ich dir und niemand anderem. Einem anderen kann ich auf eine ähnliche Frage sogar das Gegenteil sagen, weil die zwei Leute, die gefragt haben, eine entgegengesetzte Veranlagung haben. Wenn ich dir helfen soll, muß ich speziell zu dir sprechen. Und wenn ich zu jedem einzelnen spreche, muß ich viele widersprüchliche Dinge sagen.

Jeder, der allgemein spricht, kann konsequent bleiben; aber dann wird die Wahrheit verfälscht, weil eine Aussage nur dann wahr sein kann, wenn sie auf eine bestimmte Person zugeschnitten ist. Natürlich ist die Wahrheit ewig, niemals alt oder neu – aber Wahrheit ist die Verwirklichung, das Ende. Die Mittel sind immer einer bestimmten Person, ihrer Einstellung und ihrem geistigen Vermögen angemessen.

So wie ich die Situation sehe, hat sich der moderne Mensch so verändert, daß er neue Methoden, neue Techniken braucht. Chaotische Methoden werden ihm helfen, weil der Zeitgeist selbst chaotisch ist. Tatsache ist, daß dieses Chaos, diese Rebellion im modernen Menschen, eine Rebellion des Körpers gegen den Verstand mit seinen Unterdrückungsstrategien ist. In Yoga-Begriffen ausgedrückt: Es ist die Rebellion des Nabels und des Herzzentrums gegen das Gehirn.

Diese Zentren sind gegen das Gehirn, weil dieses den ganzen Bereich der menschlichen Seele unter seine Herrschaft gerissen hat. Das kann nicht länger geduldet werden. Deshalb sind die Universitäten zu Zentren der Rebellion geworden. Es ist kein Zufall. Wenn man sich die ganze Gesellschaft als organisches Ganzes vorstellt, dann ist die Universität der Kopf, das Gehirn. Wegen dieser Bereitschaft zur Rebellion fallen lockere und chaotische Methoden auf fruchtbaren Boden. Dynamische Meditation wird helfen, das Bewußtseinszentrum vom Kopf wegzubringen. Jemand, der diese Methode benützt, wird niemals politisch oder psychisch rebellieren, weil die Ursache der Rebellion bereinigt wird; das führt zu Gelassenheit und Zufriedenheit.

Deshalb bedeutet Meditation für mich nicht nur eine Erlösung, eine Möglichkeit zu individueller Transformation, sie kann auch zur Grundlage werden für die Verwandlung der gesamten Gesellschaft, der menschlichen Natur an sich. Dem Menschen bleibt nichts als Selbstmord übrig, es sei denn, er formt seine Energie bewußt um.

ESOTERISCHE SPIELE: EINE FALLE FÜR DAS WACHSTUM

Gibt es eine Trennung zwischen Körper und Geist, Materie und Bewußtsein, dem Physischen und dem Spirituellen? Wie kann man Körper und Geist transzendieren und spirituelles Bewußtsein erlangen?

Als allererstes muß man verstehen, daß die Trennung zwischen Körper und Geist absolut falsch ist. Wenn du von dieser Teilung ausgehst, kommst du nirgendwo hin; ein falscher Anfang führt nirgendwo hin. Dabei kann nichts herauskommen, weil sich jeder Schritt auf die weitere Entwicklung auswirkt. Der zweite Schritt kommt aus dem ersten, der dritte folgt auf den zweiten und so weiter. Es gibt eine logische Folge. Deshalb hast du dich beim ersten Schritt schon in gewisser Hinsicht für alles entschieden.

Der erste Schritt ist wichtiger als der letzte, der Anfang ist wichtiger als das Ende, weil das Ende nur das Ergebnis des Wachstums ist. Aber wir haben immer das Ende im Sinn, niemals den Anfang; es geht uns immer um das Endergebnis, niemals um das Mittel. Das Ende ist so bedeutsam für uns, daß wir den Keim, den Anfang, aus den Augen verlieren. Man kann dann zwar endlos weiter träumen, aber die Realität bleibt verborgen.

Diese Vorstellung von einer geteilten Person, einer geteilten Existenz – wo der Körper gegen den Geist, das Physische gegen das Spirituelle steht –, bedeutet den Schritt in die falsche Richtung. Die Existenz ist ungeteilt; alle Teilungen gibt es nur in der Vorstellung. Die Art und Weise an sich, in der der Verstand die Dinge betrachtet, erzeugt eine Dualität. Es ist das Gefängnis des Verstandes, das die Teilung hervorruft. Der Verstand kann nichts anderes tun. Er kann sich Gegenteile, entgegengesetzte Pole nur mit Mühe als ein Ganzes vorstellen. Der rationale Verstand steht unter dem Zwang, logisch konsequent zu sein; das ist seine Besessenheit. Er kann nicht begreifen, wie Licht und Dunkelheit eins sein können. Es ist nicht konsequent, es ist paradox.

Der Verstand muß sich Gegensätze schaffen: Gott und Teufel, Leben und Tod, Liebe und Haß. Wie kann man sich Liebe und Haß als Eines vorstellen? Es ist schwierig für den Intellekt. Deshalb trennt er. Dann gibt es keine Schwierigkeiten mehr. Haß ist das Gegenteil von Liebe, und Liebe ist das Gegenteil von Haß. Jetzt kannst du konsequent sein, und der Verstand ist beruhigt. Somit ist Trennung eine Bequemlichkeit des Verstandes – keine Wahrheit, keine Realität.

Es ist bequem, dich in zwei Teile zu spalten: den Körper und dich. Aber im selben Moment, wo du teilst, hast du den falschen Schritt getan. Bevor du nicht wieder zurückkommst und den ersten Schritt in Ordnung bringst, kannst du Leben für Leben umherwandern, und nichts kommt dabei heraus, weil ein falscher Schritt zu weiteren falschen Schritten führt. Fang also mit dem richtigen Schritt an. Präge dir ein, daß du und der Körper nicht zweierlei seid, daß die Teilung in zwei nur eine geistige Bequemlichkeit ist. Der Existenz genügt ein Ganzes.

Die Teilung ist künstlich. Wirklich, solange du nur fühlst, bist du eins, aber wenn du erst einmal darüber nachdenkst, entsteht das Problem. In dem Moment, wo dein Körper verletzt wird, fühlst du keineswegs, daß du zwei bist. Du fühlst dich eins mit dem Körper. Nur später, wenn du darüber nachdenkst, teilst du. Im Hier und Jetzt gibt es keine Teilung. Wenn dir zum Beispiel jemand einen Dolch in die Brust sticht, gibt es keine Teilung; du denkst nicht, daß er deinen Körper töten wird, sondern dich. Nur später, wenn du dich daran erinnerst, kannst du es voneinander trennen. Jetzt kannst du die Dinge anschauen, darüber nachdenken. Du kannst sagen, daß der Mann im Begriff war, deinen Körper zu töten. Aber in dem Moment selbst konntest du das nicht sagen. Immer wenn du fühlst, fühlst du Einheit.

Immer wenn du denkst, fängst du zu teilen an. Dann wird Feindschaft erzeugt. Wenn du nicht der Körper bist, entwickelt sich ein ganz bestimmter Kampf. Es entsteht die Frage: „Wer ist der Meister? Der Körper oder ich?" Jetzt fühlt sich das Ego gedemütigt. Du beginnst, den Körper zu unterdrücken. Und wenn du den Körper unterdrückst, unterdrückst du dich selbst; wenn du mit dem Körper kämpfst, kämpfst du mit dir selbst. Und so wird viel Verwirrung erzeugt. Es wird selbstmörderisch.

Selbst wenn du es versuchst, kannst du den Körper nicht wirklich unterdrücken. Wie soll ich denn meine linke Hand mit der rechten unterdrücken? Sie scheinen zwei zu sein, aber in beiden fließt dieselbe Energie. Wenn sie wirklich zwei wären, wäre Unterdrückung möglich – und nicht nur das, vollkommene Zerstörung wäre möglich. Aber wenn dieselbe Energie in beiden fließt, ist nichts dergleichen möglich. Es ist nur eine Selbsttäuschung. Ich kann mit der rechten Hand die linke niederhalten und so tun, als ob meine rechte Hand gewonnen hat, aber im nächsten Moment kann ich die linke Hand heben, und die rechte kann es nicht verhindern. Das ist das Spiel, das wir unermüdlich spielen. Manchmal unterdrückst du den Sex, und manchmal unterdrückt der Sex dich. Es wird zum Teufelskreis. Du kannst den Sex niemals unterdrücken. Du kannst ihn verwandeln, aber niemals unterdrücken.

Mit einer Teilung zwischen dir und dem Körper beginnt die Unterdrückung. Wenn du also verwandelt werden willst, darfst du nicht mit Teilung anfangen. Zur Verwandlung kann es nur kommen, wenn du das Ganze als ein Ganzes verstehst. Zur Unterdrückung kommt es, wenn man das Ganze als getrennte Teile mißversteht. Wenn ich weiß, daß beide Hände zu mir gehören, ist die Anstrengung, eine von ihnen zu unterdrücken, absurd. Der Kampf wird absurd; wer soll denn wen unterdrücken – wer soll denn mit wem kämpfen?

Wenn du mit deinem Körper in Frieden lebst, kannst du den ersten Schritt tun, und es wird der richtige sein. Dann wird keine Teilung, keine Unterdrückung daraus.

Wenn du dich als vom Körper getrennt betrachtest, folgen viele Dinge automatisch nach. Je mehr du den Körper unterdrückst, desto unzufriedener wirst du, weil Unterdrückung unmöglich ist. Eine momentane Überlegenheit ist möglich, aber danach wirst du wieder besiegt. Und je unzufriedener du wirst, desto größer wird die Teilung, desto weiter die Kluft zwischen dir und dem Körper. Du nimmst eine immer feindlichere Haltung ein. Du fühlst, daß der Körper sehr stark ist, und daher kannst du ihn nicht unterdrücken. Dann denkst du: „Ich muß jetzt mit noch mehr Einsatz kämpfen." Deshalb sage ich, daß der Schritt seine eigene Logik hat. Wenn du mit einer irrigen Voraussetzung beginnst, kannst du immer weiter, endlos weitergehen, ohne jemals irgendwo anzukommen. Jeder Kampf führt zu einem weiteren Kampf. Der Verstand denkt: „Der Körper ist stark, und ich bin schwach. Ich muß ihn mehr unterdrücken." Oder: „Ich muß meinen Körper jetzt schwächen." Jeder Verzicht, jede Entsagung sind nur Bemühungen, den Körper zu schwächen. Aber je mehr du den Körper schwächst, desto schwächer wirst du selbst. Zwischen dir und deinem Körper besteht immer dasselbe Verhältnis von Energie.

In dem Moment, in dem du schwach wirst, fühlst du dich niedergeschlagen, weil du jetzt leichter besiegt werden kannst. Und du kannst nichts dagegen tun: Je schwächer du wirst, desto geringer ist die Möglichkeit, die Körperschwere zu überwinden und desto mehr mußt du dagegen kämpfen.

Das Wichtigste ist also, nicht in Begriffen von Teilung zu denken. Diese Teilung – in physisch und spirituell, in materiell und mental, Bewußtsein und Materie – ist nur ein linguistisches Täuschungsmanöver. Der ganze Unsinn ist aus der Sprache entstanden.

Zum Beispiel, wenn du etwas sagst, muß ich „Ja" oder „Nein" sagen. Wir haben keine neutrale Möglichkeit. „Ja" ist immer absolut; „Nein" ist auch absolut. In keiner Sprache gibt es ein neutrales Wort. Deshalb hat De Bono ein neues Wort geprägt: „Po". Er sagt, „Po" sollte als ein neutrales Wort verwendet werden, im Sinne von: „Ich habe mir deinen Gesichtspunkt angehört. Ich sage weder ‚Ja' noch ‚Nein' dazu."

Gebrauche „Po", und die ganze Möglichkeit verändert sich. „Po" ist eine künstliche Silbe, die De Bono aus „Hy-po-these" oder „po-ssibility" oder „Po-esie" entnommen hat. Es ist ein neutrales Wort, ohne Wertung, das weder Lob noch Tadel ausdrückt, keine Bewunderung, keine Verpflichtung, das weder dafür noch dagegen ist. Wenn dich jemand beleidigt, sage einfach „Po". Dann fühle den Unterschied in dir. Ein einziges Wort kann so viel Unterschied machen. Mit „Po" sagst du: „Ich habe dich gehört. Ich weiß jetzt, daß das deine Einstellung zu mir ist. Du magst recht haben – oder nicht. Ich mache mir kein Urteil darüber."

Sprache erzeugt Teilung. Selbst große Denker schaffen ständig auf linguistische Weise Dinge, die es nicht gibt. Wenn du sie fragst: „Was ist Geist?", sagen sie: „Es ist nicht Materie".

Fragst du sie: „Was ist Materie?", sagen sie: „Nicht Geist". Man weiß weder, was Geist ist noch was Materie ist. Sie definieren Materie durch Geist und Geist durch Materie. Die Wurzeln bleiben unbekannt. Das ist absurd, aber das zu sagen fällt uns leichter als zuzugeben, daß wir es nicht wissen, weil nichts darüber bekannt ist.

Wenn wir sagen: „Geist ist nicht Materie", fühlen wir uns erleichtert, als ob irgend etwas definiert worden wäre; nichts ist definiert worden. Geist und Materie sind beide unerforscht, aber „Ich weiß nicht" zu sagen, wäre dem Ego abträglich. Sobald wir teilen, fühlen wir uns als Meister der Dinge, von denen wir nicht die leiseste Ahnung haben.

Philosophie kommt aus der Sprache. Verschiedene Sprachen erzeugen verschiedene Arten von Philosophie, deshalb ändern sich die Philosophien je nach Sprache. Deswegen kann man Philosophie auch nicht übersetzen. Wissenschaft kann immer übersetzt werden, aber nicht Philosophie. Und Dichtung ist noch schwieriger zu übersetzen, weil sie von einer bestimmten Frische der Sprache abhängt. Wenn du die Sprache wechselst, gehen Würze und Geschmack verloren. Dieser Geschmack gehört zu einer bestimmten Anordnung von Worten, zu einer bestimmten Art, die Worte zu gebrauchen. Alles das kann nicht einfach übersetzt werden.

Nur wenn du nicht mit Spaltung beginnst, beginnst du richtig.

Ich meine damit nicht, daß du mit der Vorstellung „Ich bin eins“ beginnen sollst. Dann beginnst du ja wieder mit dem Konzept. Verharre einfach in Unwissenheit, in schlichter Unwissenheit, bei dem Grundgefühl „Ich weiß nicht“.

Du kannst sagen, daß Körper und Geist getrennt sind, oder du kannst die gegenteilige Position einnehmen und sagen: „Ich bin eins. Körper und Geist sind eins.“ Aber diese Behauptung setzt immer noch eine Teilung voraus. Du sagst „eins“, aber du fühlst zwei. Entgegen deinem Gefühl von Zweiheit erklärst du dich als eins. Diese Behauptung ist wiederum eine subtile Unterdrückung.

Fang also nicht mit *advaita* an, der Philosophie der Nicht-Dualität. Beginne da, wo du bist, nicht mit Konzepten. Fang mit einem vollkommen vorstellungslosen Bewußtsein an. Das ist es, was ich mit einem rechten Anfang meine. Beginne, existentiell zu fühlen. Sage nicht „eins“, „zwei“, sage nicht „dies“, sage nicht „das“. Fühle, was ist. Und du kannst nur fühlen, was ist, wenn der Verstand nicht im Wege steht, wenn es keine Vorstellungen, keine Philosophien und Ideologien, keine Sprache gibt. Wenn Sprache wegfällt, bist du in der Existenz. Ist Sprache da, dann bist du im Verstand.

Mit einer anderen Sprache hast du auch eine andere Denkweise. Es gibt so unendlich viele Sprachen! Nicht nur linguistisch gesehen, sondern auch religiöse, politische. Ein Kommunist, der an meiner Seite sitzt, hat überhaupt keinen Berührungspunkt mit mir. Er lebt in einer anderen Sprache.

Auf meiner anderen Seite sitzt vielleicht jemand, der an *karma* glaubt. Der Kommunist und dieser andere Mann können sich nicht treffen. Es ist kein Dialog möglich, weil keiner die Sprache des anderen kennt. Sie gebrauchen vielleicht dieselben Worte, aber sie wissen trotzdem nicht, was der andere sagt. Sie leben in getrennten Welten.

Mit Sprache lebt jeder in seinem privaten Universum. Ohne

Sprache gehörst du zur Sprache, die alle gemeinsam haben, zur Existenz. Das ist es, was ich mit Meditation meine: aus der privaten linguistischen Welt auszusteigen und mit der nicht-verbalen Existenz zu verschmelzen. Wer Körper und Geist trennt, ist immer gegen Sex. Der Grund ist, daß Sex gewöhnlich die einzige nicht-verbale, natürliche Erfahrung ist, die wir kennen. Wenn du im Sex Sprache gebrauchst, kannst du nicht tief in ihn eintauchen. Deswegen ist jeder, der behauptet, daß du nicht der Körper bist, gegen Sex, weil du im Sex völlig ungeteilt bist. Lebe nicht in einer verbalen Welt. Gehe tief in die Existenz selbst. Benütze alles, aber komme zurück zur Ebene des nicht-verbalen, reinen Bewußtseins. Mit Bäumen, mit Vögeln, mit dem Himmel, der Sonne, den Wolken, dem Regen – lebe überall mit der nicht-verbalen Existenz. Und je mehr du das tust, je tiefer du darin versinkst, desto mehr fühlst du eine Einheit, die nicht im Gegensatz zur Zweiheit steht, eine Einheit, die nicht erst aus dem Zusammenfügen von zweien besteht, sondern gleichsam die Einheit einer Insel mit dem Festland durch den gemeinsamen Sockel, auf dem beide ruhen. Sie sind immer eins gewesen. Du siehst sie als zwei an, weil du nur auf die Oberfläche schaust.

Sprache ist Oberfläche. Alle Arten von Sprache, ob religiös oder politisch, sind an der Oberfläche. Wenn du mit der nicht-verbalen Existenz lebst, kommst du zu einer subtilen Einheit, keiner mathematischen, sondern einer existentiellen Einheit.

Versuche also nicht, diese verbalen Spiele zu spielen: „Körper und Geist sind geteilt“, „Körper und Geist sind eins“. Höre auf, mach Schluß damit. Es mag reizvoll scheinen, aber es ist nutzlos. Es führt zu nichts. Selbst wenn etwas Wahres daran ist, sind es nur verbale Wahrheiten. Was willst du daraus lernen? Tausende von Jahren hat euer Intellekt dieses Spiel gespielt, aber es ist kindisch; jedes verbale Spiel ist kindisch, egal, wie ernsthaft du es spielst. Du kannst viele Dinge finden, die deine

Position unterstützen, viele Bedeutungen, aber es ist nur Spiel. Soweit es die tägliche Arbeit betrifft, ist Sprache von Bedeutung; aber du kannst damit nicht in die tieferen Bereiche gehen, weil diese Bereiche nicht-verbal sind.

Sprache ist nur ein Spiel. Wenn du irgendwelche assoziativen Entsprechungen zwischen dem Verbalen und dem Nicht-Verbalen findest, dann heißt das nicht, daß du ein wichtiges Geheimnis entdeckt hast, nein. Du kannst viele scheinbar bedeutungsreichen Assoziationen finden, aber sie sind nicht wirklich von Bedeutung. Es gibt sie, weil sie vom menschlichen Verstand unbewußt erzeugt worden sind.

Der menschliche Verstand gleicht sich im Grunde überall, deshalb schlägt alles, was sich daraus entwickelt, eine ähnliche Richtung ein. Das Wort für „Mutter" zum Beispiel ist in jeder Sprache ähnlich. Nicht, weil es etwas Bedeutsames beinhaltet, sondern weil der Klang „ma" das leichteste ist, was ein Baby sagen kann. Ist der Klang einmal da, kannst du verschiedene Worte daraus machen, aber ein Klang ist nur ein Klang. Das Baby gibt nur diesen Laut „ma" von sich, aber du hörst es als ein Wort.

Manchmal kann man eine Ähnlichkeit sehen, die ganz zufällig ist. Im Englischen ist das Wort Gott (*god*) die Umkehrung für das Wort Hund (*dog*). Es ist zufällig so. Aber wir können uns vormachen, daß es etwas bedeutet, weil ein Hund für uns etwas Verachtenswertes ist. Dann folgern wird, daß Gott das Gegenteil davon ist. Das ist unsere Interpretation. Es mag sein, daß wir, um das Gegenteil von Gott auszudrücken, das Wort Hund (*dog*) gemünzt haben und es diesem Tier als Namen gaben. Die zwei haben nichts miteinander zu tun, aber wenn du eine Beziehung herstellen kannst, kommt es dir bedeutsam vor. Du kannst in allem Ähnlichkeiten entdecken. Du kannst einen Ozean von Worten erzeugen mit unbegrenzten Ähnlichkeiten. Wenn du willst, kannst du sogar behaupten, eine Giraffe sei ein gieriger Affe, daher der lange Hals.

Du kannst Assoziationen erzeugen und dich daran freuen und finden, es sei ein gutes Spiel, aber es ist nur ein Spiel. Man muß sich dessen bewußt bleiben, sonst verlierst du die Übersicht, was wirklich und was nur ein Spiel ist, und wirst verrückt.

Je tiefer du in Worte gehst, desto mehr Assoziationen findest du. Und dann kannst du durch Tricks und Sinnverdrehungen eine ganze Philosophie daraus machen. Wenn du ein Spiel spielst, dann freu dich daran – aber laß dich nicht davon zum Narren halten. Und du *kannst* zum Narren gehalten werden. Das Spiel kann dich so gefangen nehmen, daß viel Energie vergeudet wird. Die Leute glauben, daß es wegen der vielen Ähnlichkeiten ursprünglich einmal eine einzige Sprache gab, von der alle anderen Sprachen abstammen. Aber diese Ähnlichkeiten gibt es nicht aufgrund einer gemeinsamen Sprache, sondern wegen der universalen Gleichartigkeit des menschlichen Geistes. Überall auf der Welt erzeugen Leute, die enttäuscht und frustriert sind, dieselben Laute; Leute, die verliebt sind, machen dieselben Laute. Eine grundlegende Ähnlichkeit unter allen Menschen schlägt sich auch in einer gewissen Ähnlichkeit der Wörter nieder. Aber nimm es nicht ernst, sonst kannst du dich darin verlieren. Selbst wenn du Quellen von Bedeutung findest, ist das bedeutungslos, trägt es nichts zur Sache bei. Für einen spirituellen Sucher ist das nicht der springende Punkt.

Und unser Verstand ist so angelegt, daß wir voreingenommen auf die Suche gehen. Wenn ich denke, daß die Mohammedaner nichts taugen, kann ich weiterhin Beweise für mein Argument finden und schließlich bestätigt finden, daß ich schon immer recht hatte. Dann finde ich immer, wenn ich einen Mohammedaner treffe, wunde Punkte an ihm, und niemand kann behaupten, daß ich mit meiner Beurteilung unrecht habe, weil ich ja „Beweise“ habe.

Wenn jemand glaubt, ein Mohammedaner sei „ein guter

Mann“, kann er auch dafür Beweise finden. Gut und schlecht sind keine Gegenteile; sie gehören zusammen. Der Mensch hat die Möglichkeit, beides zu sein, deshalb kannst du alles in ihm finden, was du willst; manchmal kann er gut sein, ein andermal schlecht; es kommt mehr auf deine Definition an als auf die tatsächliche Situation.

Wenn du zum Beispiel glaubst, daß Rauchen schlecht ist, dann wird es schlecht. Wir sitzen hier, und jemand schläft ein, während wir reden; wenn du denkst, daß es schlecht ist, ist es schlecht. Aber in Wirklichkeit ist nichts gut, und nichts ist schlecht. Jemand, der eine andere Einstellung hat, hält dieselbe Sache für etwas Gutes. Er wird denken, daß es ein positiver Ausdruck von Unbefangenheit ist, wenn sich jemand hinlegt und mitten unter Freunden zu schlafen anfängt. Es kommt also auf deine Einstellung an.

Ich habe von einigen Experimenten gelesen, die A.S. Neill in seiner Schule in Summerhill anstellte. Er experimentierte mit einer neuen Art von Schule, in der es völlige Freiheit gab. Er war der Rektor, aber es gab keine Disziplin. Eines Tages war ein Lehrer krank, deshalb bat Neill die Jungen, in dieser Nacht keinen Krach zu machen, der den Lehrer stören könnte.

Aber nachts fingen die Jungen zu raufen an, direkt vor dem Zimmer des kranken Lehrers. Neill ging die Treppe hinauf; als die Kinder hörten, daß jemand kam, verhielten sie sich still und taten, als ob sie lernten. Neill schaute durch ein Fenster in den Raum. Ein Junge, der vorgetäuscht hatte, schlafen zu gehen, sah ihn am Fenster. Er sagte zu den anderen: „Es ist nur Neill! Kommt, kein Grund aufzuhören. Es ist nur der olle Neill.“ Und so fingen sie wieder zu raufen an. Neill war der Direktor.

Neill schrieb: „Ich war so froh, daß sie so wenig Furcht vor mir hatten, daß sie das sagen konnten.“ Er fühlte, daß es gut war, aber kein anderer Schuldirektor hätte sich jemals dabei wohlgefühlt. Keiner, kein einziger in der ganzen Geschichte.

Es hängt also von dir ab, wie du die Dinge definierst. Neill empfand es als Liebe, aber das ist wiederum seine Definition. Wir finden immer, was wir suchen. Du kannst alles auf der Welt finden, wenn du ernsthaft danach suchst.

Fange also nicht mit einer Einstellung an, die etwas Bestimmtes finden will. Fang einfach an. Ein Verstand, der auf der Suche ist, sucht nicht irgend etwas Bestimmtes, sondern sucht einfach nur. Einfach nur suchen, ohne Vorurteile, ohne ein gültiges Ziel finden zu wollen. Wir finden Dinge, weil wir nach ihnen Ausschau halten.

Die Bedeutung der biblischen Geschichte vom Turm zu Babel ist, daß du dich in dem Moment, wo du anfängst zu sprechen, spaltest. Die Geschichte will nicht sagen, daß die Leute anfingen, verschiedene Sprachen zu sprechen, sondern daß sie überhaupt zu sprechen anfingen. Wenn du sprichst, gibt es Verwirrung; Sprechen spaltet dich. Nur Schweigen ist eins.

Viele Leute haben ihr Leben mit der Suche nach irgendwelchen Dingen verschwendet. Wenn du etwas ernst nimmst, kannst du dein Leben sehr leicht vergeuden. Mit Worten zu spielen, bläst das Ego so auf, daß du dein Leben damit verschwenden kannst. Selbst wenn es interessant ist – ein gutes Spiel, das Spaß macht –, ist es für einen spirituellen Sucher nutzlos. Die spirituelle Suche ist kein Spiel.

Dasselbe Spiel kann mit Zahlen gespielt werden; du kannst Verbindungen knüpfen. Du kannst ausfindig machen, warum es sieben Wochentage, sieben Noten in einer Tonleiter, sieben Sphären oder sieben Körper gibt; warum immer sieben? Dann kannst du eine Philosophie daran knüpfen, aber sie wird nur ein Produkt deiner Einbildung sein.

Manchmal fängt es sehr unschuldig an, wie z.B. das Zählen. Der einzige Grund, warum es neun Grundzahlen gibt, ist der, daß der Mensch zehn Finger hat. Überall in der Welt enstand das Zählen mit Hilfe der Finger. Zehn war deshalb die gewählte

Grenze. Es reichte aus, weil man dann wiederholen kann. Deshalb gibt es überall in der Welt neun Grundzahlen. Wenn sich die Zahl neun einmal eingebürgert hat, fällt es schwer, sich ein anderes Zahlensystem vorzustellen. Aber es geht auch mit weniger. Neun ist nur eine Gewohnheit. Leibniz verwendete nur drei Ziffern: 1, 2 und 3. Jedes Problem kann genauso gut mit drei Grundzahlen gelöst werden. Einstein brauchte nur zwei Zahlen, 1und 2. Dann wird das Zählen zu 1, 2, 10, 11... Wir meinen, daß die restlichen acht Zahlen fehlen, aber diese Lücke besteht nur in unserer Vorstellung.

Wir haben ein festes Bild davon, daß 3 nach 2 kommen muß. Es gibt da kein „muß“. Aber das verwirrt uns. Wir denken, daß 2 und 2 immer 4 ist, aber es gibt keine innere Notwendigkeit dafür. Wenn du ein Zweiersystem benutzt, dann wird 2 und 2 zu 11. Aber dann bedeuten 11 und 4 dasselbe. Ob du sagst, daß zwei und zwei Stühle vier Stühle oder elf Stühle sind – existentiell bleibt die Zahl der Stühle dieselbe.

Du kannst für alles Gründe finden – warum es sieben Wochentage gibt, warum es achtundzwanzig Tage im Menstruationszyklus der Frau gibt, warum es sieben Noten gibt, und einige dieser Dinge können tatsächlich einen tieferen Sinn haben.

Das Wort „menses“ z.B. bedeutet „Monat“. Es ist möglich, daß der Mensch zuerst anfing, die Monate nach dem Menstruationszyklus der Frau zu zählen, weil der natürliche weibliche Zyklus einen festen Rhythmus hat: achtundzwanzig Tage. Das wäre eine einfache Methode zu wissen, daß ein Monat vergangen ist. Wenn bei deiner Frau die Periode einsetzt, ist ein Monat vergangen. Oder du zählst die Monate nach dem Mond. Aber dann erhöht sich die zeitliche Periode, die wir Monat nennen, auf dreißig Tage. Der Mond nimmt fünfzehn Tage zu und fünfzehn Tage ab, und so macht er innerhalb von dreißig Tagen einen vollen Zyklus durch.

Wenn wir den Mond zum Maßstab nehmen, hat ein Monat

dreißig Tage. Aber wenn Venus oder die Menstruationsperiode als Maßstab gelten, hat er achtundzwanzig Tage. Du kannst diese Ungleichheit bereinigen, wenn du den 28-Tage-Zyklus aufteilst und die siebentägige Woche als Grundzyklus nimmst. Wenn sich diese Einstellung dann dem Verstand eingeprägt hat, folgen andere Dinge automatisch nach. Das meine ich, wenn ich sage: Alles hat seine eigene Logik. Wenn du einmal die 7-Tage-Woche angenommen hast, kannst du viele andere Muster finden, die auf 7 basieren, und 7 wird zu einer bedeutsamen, magischen Zahl. Sie ist es nicht. Entweder ist das ganze Leben magisch oder gar nichts, sonst ist es nur ein Spiel deiner Phantasie.

Du kannst mit diesen Dingen spielen, und es gibt viele Zufälligkeiten. Die Welt ist so groß, so unbegrenzt, so viele Dinge geschehen jeden Moment, daß es Zufälligkeiten geben muß. Sie häufen sich an, und schließlich hast du eine so lange Liste zusammen, daß du davon überzeugt bist. Dann wunderst du dich: „Warum taucht diese 7 dauernd auf? Da muß ein Geheimnis dahinterstecken." Das Geheimnis ist lediglich, daß dein Verstand sich auf die Zufälligkeiten stürzt und versucht, sie auf logische Art zu interpretieren.

Gurdjieff sagte, daß der Mensch Nahrung für den Mond sei. Das genau ist Logik. Es zeigt die Unsinnigkeit der Logik. Im Leben ist alles für etwas anderes da, deshalb hatte Gurdjieff den verblüffenden Einfall, daß auch der Mensch Nahrung für etwas sein muß. Dann wird es logisch zu fragen: „Wem dient er als Nahrung?"

Die Sonne kann kein Menschenfresser sein, weil Sonnenstrahlen Nahrung für andere Dinge, für Pflanzen sind. Der Mensch wäre dann auf einer niedrigeren Stufe als andere Arten. Aber das kann nicht so sein, weil der Mensch nach eigener Aussage das höchste Tier ist, also kann er nicht Nahrung für die Sonne sein.

Der Mond steht in subtiler Weise in Verbindung mit uns, aber nicht so, wie Gurdjeff es sagte. Er steht auf subtile Weise in Beziehung zur Menstruationsperiode der Frau, zu den Gezeiten, der Bewegung des Meeres.

Bei Vollmond werden mehr Leute verrückst als sonst. Daher stammt das englische Wort *lunatic*, von *luna*, Mond.

Der Mond hat den Geist des Menschen schon immer hypnotisiert. Grudjieff sagte: „Der Mensch muß Nahrung für den Mond sein, weil die Beute vom Jäger leicht hypnotisiert werden kann." Tiere, besonders Schlangen, hypnotisieren ihre Beute zuerst. Die Beute wird gelähmt, damit sie gefressen werden kann. Das ist ein anderer Umstand, mit dem Gurdjieff spielte. Alle Poeten, Verrückte, Ästheten und Denker werden vom Mond hypnotisiert. Es *muß* etwas daran sein. Der Mensch *muß* die Nahrung des Mondes sein.

Du kannst mit dieser Idee spielen. Wenn man so eine blühende Phantasie wie Gurdjieff hat, fallen die Dinge immer in ein logisches Muster. Gurdjieff war ein Genie, der die Dinge so hindrehen konnte, daß sie scheinbar logisch, rational und bedeutsam aussahen, egal, wie absurd sie waren. Er stellte die Theorie auf und erfand dann alle möglichen Querverbindungen und Beweise.

Jeder Systematiker benützt Logik, um alles so hinzubiegen, daß seine Behauptung bewiesen wird. Jeder System-Schmied! Wer bei der Wahrheit bleiben will, kann keine Systeme aufbauen.

Ich könnte zum Beispiel niemals ein System in die Welt setzen, weil das für mich schon im Ansatz falsch ist. Ich kann in meinen Aussagen nur fragmentarisch sein, unvollständig. Es wird Lücken geben, und noch dazu unüberbrückbare. Bei mir mußt du von einem Punkt zum anderen springen.

Man kann sehr leicht ein System basteln, indem man mit der eigenen Phantasie die Lücken ausfüllt. Dann wird die ganze Sache sauber und klar, ansehnlich, logisch. Indem sie jedoch logisch wird, bewegt sie sich immer weiter vom existentiellen Ursprung weg.

Je mehr du weißt, desto mehr fühlst du, daß es Lücken gibt, die

man nicht füllen kann. Das Dasein kann niemals konsequent sein, niemals. Ein System muß in sich stimmig sein, aber die Existenz ist niemals in sich stimmig. Es gibt kein System dafür.
Immer, wenn der Mensch Systeme entwickelt hat, um die Existenz zu erklären (in Indien, Griechenland, China), hat er Spiele entwickelt. Wenn du den ersten Schritt als wahr annimmst, funktioniert das ganze Spiel perfekt; aber wenn du den ersten Schritt ablehnst, fällt das ganze Gebäude in sich zusammen. Das Ganze ist eine Übung in Einbildungskraft. Es ist gut, poetisch, schön. Sobald das System aber darauf besteht, daß seine Version der Existenz die absolute Wahrheit ist, wird es gewalttätig und destruktiv. Solche Systeme der Wahrheit sind Dichtungen. Sie sind schön, aber sie sind nur Dichtungen. Die Lücken darin sind von der Einbildung geschlossen worden.
Gurdjieff deutete gewisse Bruchstücke der Wahrheit an, weil es jedoch nicht einfach ist, eine Theorie auf ein oder zwei Fragmente aufzubauen, sammelte er viele Fragmente. dann versuchte er, aus diesen Fragmenten ein zusammenhängendes System zu machen. Er fing an, die Lücken zu füllen. Aber je mehr man Lücken füllt, desto mehr Realität geht verloren. Und am Schluß fällt deshalb alles zusammen.
Wer von der Persönlichkeit eines Lehrers angetan ist, dem entgehen leicht die Lücken in seiner Theorie, während diejenigen, die von dem Lehrer nicht beeindruckt sind, nur die Lücken und nicht die wahren Punkte sehen. Buddha ist für seine Anhänger ein Buddha, ein Erleuchteter; andere sind jedoch von ihm verwirrt, weil sie nur die Unstimmigkeiten sehen. Wenn du alle Unstimmigkeiten Buddhas zusammenfaßt, wirkt es destruktiv; faßt du jedoch alles zusammen, was wahr ist, dann kann es der Grundstein zu deiner Verwandlung werden.
Wahrheit kann nur als Fragment erscheinen. Sie ist so unbegrenzt, daß du mit deinem beschränkten Verstand niemals zum Ganzen gelangen kamnst. Und wenn du darauf bestehst, zur

ganzen Wahrheit zu kommen, verlierst du deinen Verstand, mußt du über seine Grenzen hinausgehen. Wenn du jedoch ein System baust, kommst du nie von deinem Verstand los, weil dein Verstand die Lücken ausfüllt. Das System wird klar und logisch, eindrucksvoll, rational, verständlich, aber niemals mehr. Und es wird mehr gebraucht: die Kraft, die Energie, die dich verwandelt. Aber diese Kraft kann nur kommen, wenn du schon Funken der Wahrheit hast aufblitzen sehen.

Der Verstand ersinnt Unmengen von Systemen und Methoden. Er denkt: „Wenn ich aus dem Leben, das ich führe, aussteige, finde ich etwas Tieferes." Das ist absurd. Aber der Verstand stellt sich weiterhin vor, daß irgendwo in Tibet, irgendwo in Meru Pravat oder sonstwo „die wahre Sache" läuft.

Der Geist ist in Konflikt: Wie dorthin kommen? Wie mit den Meistern in Kontakt kommen, die dort arbeiten? Der Verstand hält immer nach etwas Ausschau, das woanders ist, aber niemals hier und jetzt. Der Intellekt ist niemals *hier*. Und jede Theorie zieht Leute an: „Auf Mt. Meru ist gerade wirklich was los. Geh dorthin, nimm mit den Meistern dort Kontakt auf, und du wirst ein neuer Mensch sein."

Laß dich von solchen Dingen nicht einfangen. Selbst wenn etwas dafür spricht, fall nicht darauf rein. Es kann dir jemand etwas Wahres erzählen, aber das Motiv für dein Interesse ist verkehrt. Das Wirkliche ist hier und jetzt; es ist jetzt in dir. Du brauchst nur an dir zu arbeiten. Selbst wenn man zu jedem Meru-Berg gereist ist, muß man zu sich selbst zurückkommen. Letzten Endes entdeckt man, daß Meru hier ist, daß Tibet hier ist: „Hier, in mir. Und ich bin die ganze Zeit umhergereist, war überall."

Je rationaler das System, desto leichter fällt es auseinander, und etwas Irrationales muß hinzugefügt werden. Aber sobald du ein irrationales Element einführst, beginnt der Verstand, in Trümmer zu fallen. Kümmere dich also nicht um Systeme. Wage einfach den Sprung ins Hier und Jetzt.

DIE PSYCHOLOGIE DER TRÄUME

Kannst du erklären, was du unter Träumen verstehst?

Wir haben sieben Körper: den physischen, den ätherischen, den astralen, den mentalen, den spirituellen, den kosmischen, den nirvanischen.

Jeder dieser Körper hat seine eigene Art zu träumen. Der physische Körper ist in der Psychologie des Westens als das Bewußte, der ätherische Körper als das Unbewußte und der Astralleib als das kollektive Unbewußte bekannt.

Der physische Körper erzeugt seine eigenen Träume. Wenn dein Magen verstimmt ist, entsteht eine bestimmte Art von Traum. Wenn du krank bist, Fieber hast, entsteht eine bestimmte Art von Traum. Eines ist dabei gewiß: Der Traum stammt aus einer Unausgewogenheit, einem Unwohlsein.

Physisches Unwohlsein, physische Krankheit erzeugen einen eigenen Traumbereich; er kann sogar von außen stimuliert werden. Wenn dir im Schlaf ein nasses Tuch auf die Beine gelegt wird, fängst du an zu träumen, daß du z.B. durch einen Fluß gehst. Legt man ein Kissen auf deine Brust, dann träumst du vielleicht, daß jemand auf dir sitzt oder daß ein Stein auf dich gefallen ist. Das sind Träume, die durch den physischen Körper bedingt sind.

Der zweite, der Ätherkörper, träumt auf seine eigene Weise. Diese ätherischen Träume haben viel Verwirrrung in der westlichen Psychologie angerichtet. Freud hielt ätherische Träume fälschlicherweise für Träume, die aus verdrängten Begierden kommen. Es gibt zwar solche Träume, aber sie gehören zum ersten, zum physischen Körper. Wenn du ein physisches Verlangen unterdrückt hast – wenn du z.B. gefastet hast –, dann ist es leicht möglich, daß du vom Frühstück träumst. Oder wenn du den Sex unterdrückt hast, besteht jede Möglichkeit, daß du sexuelle Phantasien hast. Aber das gehört zum ersten Körper. Der ätherische Körper ist psychologisch unerforscht, daher hält man seine Träume für Träume des ersten Körpers. Das führt zu großer Verwirrung.

Der ätherische Körper kann im Traum reisen. Es ist sehr leicht für ihn, deinen Körper zu verlassen. Wenn du dich daran erinnerst, scheint es ein Traum zu sein, aber es ist nicht ein Traum wie die Träume des physischen Körpers. Der ätherische Körper kann sich selbständig machen, wenn du schläfst. Dein physischer Körper bleibt, wo er ist, dein Ätherkörper jedoch kann aus ihm aussteigen und im Raum reisen. Es gibt keine räumliche Begrenzung für ihn, keine Frage der Entfernung. Wer das nicht versteht, wer die Existenz des zweiten Körpers nicht zur Kenntnis nimmt, mag es als den Bereich des Unbewußten interpretieren. Man teilt den menschlichen Geist in bewußt und unbewußt ein. Physiologisches Träumen wird „bewußt" genannt, und ätherisches Träumen „unbewußt". Es ist nicht unbewußt. Es ist genauso bewußt wie physiologisches Träumen, aber auf einer anderen Ebene. Wenn du dir des ätherischen Körpers bewußt wirst, wird das Träumen, das mit diesem Körper zusammenhängt, auch bewußt.

Genauso wie man physiologische Träume von außen erzeugen kann, kann man auch ätherische Träume stimulieren. *Mantra* ist eine Methode, ätherische Visionen, ätherische Träume anzuregen. Ein bestimmtes *mantra* oder ein bestimmtes *nada*, ein bestimmtes Wort, das wiederholt gesungen wird, wobei man sich auf ein bestimmtes Körperzentrum konzentriert, kann ätherische Träume erzeugen. Dafür gibt es eine Menge Methoden. Klangschwingung ist eine davon.

Sufis haben Riechstoffe benutzt, um ätherische Visionen zu erzeugen. Mohammed selbst war sehr von Parfums angetan.

Ein bestimmtes Parfum kann einen bestimmten Traum auslösen. Farben können auch helfen. Leadbeater, eine führende Figur in der theosophischen Bewegung und Krishnamurtis Erzieher, hatte einmal einen ätherischen Traum in reinem Blau, in einem ganz bestimmten Farbton. Er suchte in allen Geschäften nach dieser Blauschattierung, reiste deswegen durch die ganze Welt. Nach einigen Jahren fand er einen Samtstoff in einem italienischen Laden – dessen Farbe genau dem Blau entsprach. Dieses Samttuch wurde dann verwendet, um auch in anderen ätherische Träume hervorzurufen.

Wenn man also tief in die Meditation eindringt und Farben sieht, völlig unbekannte Wohlgerüche, Klänge und Musik erfährt, dann sind das auch Träume, Träume des Ätherkörpers.

Sogenannte spirituelle Visionen gehören zum Ätherkörper; sie sind ätherische Träume. Gurus, die ihren Schülern erscheinen – das geschieht auf ätherischen Reisen, in ätherischen Träumen. Weil wir den Geist jedoch nur auf einer einzigen Existenzebene untersucht haben, auf der physiologischen Ebene, werden diese Träume entweder interpretiert, oder man schenkt ihnen keine Beachtung und läßt sie einfach unter den Tisch fallen.

Oder man schiebt sie auf das Unbewußte. Zu sagen, daß etwas zum Unbewußten gehört, heißt, daß wir in Wirklichkeit nichts darüber wissen. Es ist ein technischer Trick. Nichts ist unbewußt, aber alles, was erst auf einer tieferen Ebene bewußt wird, ist auf der vorhergehenden noch unbewußt. Deshalb ist die ätherische Ebene von der physischen aus gesehen unbewußt, auf der ätherischen Ebene ist die astrale unbewußt, auf der astralen Ebene ist die mentale unbewußt. „Bewußt" bedeutet das, was bekannt ist; „unbewußt" bedeutet einfach das, was noch nicht bekannt ist, das Unbekannte.

Dann gibt es die astralen Träume. In astralen Träumen gehst du in deine früheren Leben zurück. Das ist die dritte Dimension eurer Träume.

Manchmal mischen sich in einem gewöhnlichen Traum ätherische und astrale Traumphasen. Dann wird aus dem Traum ein Kuddel-Muddel, ein Wirrwarr, du kannst ihn nicht verstehen. Weil deine sieben Körper gleichzeitig existieren, können sie sich teilweise überlagern. Deshalb tauchen manchmal selbst in gewöhnlichen, Träumen ätherische oder astrale Traumfragmente auf.

Im ersten Körper kannst du weder in Zeit noch Raum reisen. Du bist an deinen physischen Standort und an die Zeit – zum Beispiel zehn Uhr nachts – gebunden. Dein physischer Körper kann in diesem Zeitraum träumen, aber nicht darüber hinaus. Im ätherischen Körper kannst du im Raum, aber nicht in der

Zeit reisen. Du kannst überall hin, aber die Zeit wird immer noch zehn Uhr nachts bleiben. Im astralen Bereich, im dritten Körper, kannst du nicht nur im Raum, sondern auch in der Zeit reisen. Der astrale Körper kann die Zeitbarriere überschreiten – aber nur in die Vergangenheit, nicht in die Zukunft. Der Astralleib kann ungehindert in die Phasen der Vergangenheit eintauchen, von der Amöbe bis zum Menschen. In Jungs Psychologie nennt man den astralen Geistkörper das kollektive Unbewußte. Es ist die individuelle Chronik all deiner Leben. Manchmal dringt etwas davon in gewöhnlichen Träumen durch, aber öfter in pathologischen als in gesunden Zuständen. In einen geisteskranken Menschen verlieren die ersten drei Körper ihre normale Abgrenzung voneinander. Ein Geisteskranker kann von seinen vergangenen Leben träumen, aber niemand wird ihm Glauben schenken. Er wird es selbst nicht glauben und sagen, es sei nur ein Traum gewesen.

Solches Träumen geschieht nicht auf der physischen Ebene. Es ist astrales Träumen. Und astrales Träumen hat große Bedeutung; aber der dritte Körper kann nur von der Vergangenheit träumen, nicht von dem, was noch bevorsteht.

Der vierte Körper ist mental. Er kann in die Vergangenheit *und* in die Zukunft greifen. In einem akuten Notfall kann manchmal selbst ein gewöhnlicher Mensch einen Blick in die Zukunft werfen. Wenn jemand stirbt, der dir nahe und teuer ist, kann die Botschaft davon in einem gewöhnlichen Traum auftauchen. Weil du die anderen Dimensionen des Träumens nicht kennst, wird die Botschaft in deinen gewöhnlichen, Träumen auftauchen.

Aber der Traum wird nicht klar sein, weil die Botschaft viele Hindernisse überwinden muß, bevor sie in den gewöhnlichen Traum eingeblendet werden kann. Jede Barriere nimmt etwas weg, verändert etwas. Jeder Geistkörper hat seine eigene Symbolik, deswegen wird jeder Traum, wenn er von einem Körper in den anderen geht, in die Symbolik dieses Körpers übertragen, und alles vermischt sich.

Wenn du aber direkt und klar im vierten Körper träumst – nicht gebrochen durch einen anderen Körper, sondern im vierten Körper selbst –, dann kannst du in die Zukunft eindringen. Aber nur in deine eigene Zukunft. Es bleibt immer noch individuell; du erhältst keinen Einblick in die Zukunft eines anderen.

Für den vierten Körper ist die Vergangenheit genauso gegenwärtig wie die Zukunft. Vergangenheit, Zukunft und Gegenwart werden eins. Alles wird zu einem Jetzt; ein Jetzt, das die Vergangenheit, und ein Jetzt, das die Zukunft durchdringt. Es gibt keine Vergangenheit und Zukunft, aber es gibt immer noch Zeit. Selbst als „Gegenwart" ist Zeit immer noch ein Fließen. Du mußt deinen Geist immer noch in eine bestimmte Richtung lenken. Du kannst in die Vergangenheit sehen, aber du mußt immer noch deine Aufmerksamkeit dorthin richten. Zukunft und Gegenwart bleiben dann im Dunkeln. Konzentrierst du dich auf die Zukunft, sind die anderen zwei – Vergangenheit und Gegenwart – ausgeschlossen. Du kannst Vergangenheit, Gegenwart und Zukunft sehen, aber nicht als Eines. Und du kannst nur deine eigenen Träume sehen, Träume, die zu dir als Individuum gehören.

Der fünfte Körper, der spirituelle Körper, ist jenseits von Individuum und Zeit. Jetzt bist du in der Ewigkeit. Der Traum kommt nicht von dir als Individuum, sondern vom Bewußtsein des Ganzen. Jetzt kennst du die gesamte Vergangenheit der ganzen Existenz, aber nicht ihre Zukunft. Durch diesen fünften Körper haben sich alle Schöpfungsmythen entwickelt. Sie sind sich alle gleich. Die Symbole sind verschieden, die Geschichten weichen leicht voneinander ab, aber ob Sie christlich oder hinduistisch, jüdisch oder ägyptisch sind, alle Schöpfungsmythen der Welt gleichen sich, sie haben Parallelen. Es gibt zum Beispiel ähnliche Geschichten von der großen Flut in der ganzen Welt. Es gibt keine historischen Aufzeichnungen davon, und trotzdem gibt es eine Aufzeichnung. Diese Aufzeichnung gehört zum fünften, dem spirituellen Körper. Der fünfte Körper kann davon träumen.

Je mehr du nach innen dringst, desto näher kommt der Traum an die Realität heran. Physiologische Träume sind nicht annähernd so real. Sie haben ihre eigene Realität, aber es ist nicht weit her damit. Das ätherische Träumen ist wirklicher, das astrale Träumen ist noch wirklicher, das mentale ist *ungefähr* mit der Realität identisch, und im fünften Körper endlich wird dein Träumen authentisch und real. Das ist der Weg, die Realität zu erkennen. Von „Träumen" zu sprechen, ist nicht angemessen. Aber in gewisser Weise sind es doch Träume, weil das Wirkliche noch nicht objektiv vorhanden ist. Sie haben einen großen Grad an Objektivität, aber kommen noch als subjektive Erfahrung.

Zwei Personen, die den fünften Körper verwirklicht haben, können gleichzeitig dasselbe träumen, was vorher nicht möglich war. Gewöhnlich gibt es keine Möglichkeit für gemeinsame Träume, aber vom fünften Körper an kann ein Traum von mehreren gleichzeitig geträumt werden. Deshalb sind diese Träume in gewisser Weise objektiv. Man kann seine Traumerfahrungen austauschen. So kommt es, daß viele Menschen, die im fünften Körper träumen, dieselben Mythen erfahren. Diese Mythen waren keine Schöpfungen einzelner Individuen. Sie wurden von bestimmten esoterischen Schulen, bestimmten Traditionen, in gemeinsamer Arbeit geschaffen.

Die fünfte Form von Träumen ist der Realität sehr viel näher. Die vier vorangehenden Formen sind unwirklich in dem Sinn, daß sie individuell sind. Es gibt keine Möglichkeit, die Erfahrung mit einem anderen zu teilen, keine Möglichkeit, ihren Wert zu beurteilen – ob sie eine Phantasie ist oder nicht. Eine

Phantasie ist etwas Projiziertes; ein Traum ist etwas, was an sich nicht existiert, aber was du gesehen hast. In dem Maße, wie du nach innen gehst, wird das Träumen weniger fantastisch, weniger subjektiv – objektiver, echter.

Alle theologischen Konzepte stammen aus dem fünften Körper. Sie unterscheiden sich in Sprache, Terminologie, Strukturierung, aber sie sind im Grunde gleich: Träume des fünften Körpers.

Im sechsten Körper, dem kosmischen Körper, überschreitest du die Schwelle zwischen Bewußtem und Unbewußtem, zwischen Materie und Geist. Du verlierst alle Unterscheidungen. Der sechste Körper träumt vom Kosmos. Du überquerst die Schwelle des Bewußtseins, und was vorher unbewußt war, wird jetzt ebenfalls bewußt. Jetzt ist alles lebendig und bewußt. Selbst das, was wir Materie nennen, ist jetzt Teil des Bewußtseins. Im sechsten Körper werden die Träume kosmischer Mythen erfahren. Du bist über das Individuum hinausgewachsen, über das Bewußte hinausgegangen, hast Zeit und Raum hinter dir gelassen, aber die Sprache ist immer noch möglich. Sie deutet auf etwas hin, als Wegweiser. Alle Theorien von Brahma, Maya, die Theorien der Einheit, des Unendlichen, sind im sechsten Körper verwirklicht worden. Diejenigen, die in der kosmischen Dimension geträumt haben, waren die Schöpfer großer Systeme, der großen Religionen.

In dieser sechsten Körperform haben die Träume noch eine Qualität des Seins, sie sind noch nicht im Bereich des Nicht-Seins: Sie treten als positive Existenz, nicht als Nicht-Existenz auf. Es gibt immer noch ein Festhalten am Sein und eine Furcht vor dem Nicht-Sein. Materie und Geist sind zu Einem verschmolzen, Existenz und Nicht-Existenz jedoch sind immer noch getrennt. Das ist die letzte Barriere.

Der siebente Körper, der nirvanische, überschreitet die Grenze des Seins und fällt ins Nichts. Er hat seine eigenen Träume;

Träume des Nicht-Seins, Träume des Nichts und der Leere. Das Ja ist überschritten und selbst das Nein ist jetzt kein Nein mehr: Das Nichts ist nicht nichts. Es ist vielmehr unbegrenzter als das Sein. Dem Sein sind Grenzen gesetzt, es kann nicht unbegrenzt sein; nur das Negative ist grenzenlos.

Der siebente Körper hat also seine eigenen Träume. Jetzt gibt es keine Symbole, keine Formen mehr. Alles ist formlos. Jetzt gibt es keinen Klang, keinen Ton, nur das Tonlose, es herrscht absolute Stille. Diese Träume der Stille sind allumfassend, ohne Ende.

Das sind die sieben Körper. Jeder von ihnen hat seine eigenen Träume. Aber diese sieben Traumdimensionen können ein Hindernis werden, die sieben Arten von Realität zu erkennen.

Dein physischer Körper kann einerseits die Realität erkennen und andererseits davon träumen. Wenn du Nahrung zu dir nimmst, ist das eine Realität; aber wenn du träumst, daß du ißt, dann ist das nicht real. Der Traum ist ein Ersatz für die wirkliche Nahrung. So hat der physische Körper seine eigene Realität und seine eigene Art zu träumen. Das sind zwei Funktionsweisen des physiologischen Körpers, und sie sind weit entfernt voneinander.

Je mehr du zum Zentrum gehst – je höher die Ebene, auf der du bist –, desto näher kommen sich Traum und Realität. Genau wie sich die Speichen eines Rades näherkommen, je näher sie dem Zentrum zulaufen, oder sich voneinander entfernen, je mehr sie nach außen laufen, so kommen sich Traum und Realität zum Mittelpunkt hin immer näher und entfernen sich immer weiter voneinander, je mehr sie an der Peripherie liegen. Was also den physiologischen Körper angeht, sind Traum und Realität weit voneinander entfernt. Die Entfernung zwischen ihnen ist groß. Träume sind nur Phantasien. Diese Trennung ist im ätherischen Körper nicht so groß. Wirklichkeit und Traum kommen sich näher, daher kann man sie nicht so leicht voneinander unterscheiden, wie im physiologischen Körper. Aber man kann den Unterschied immer noch feststellen. Wenn deine ätherische Reise eine wirkliche Reise war, wird sie geschehen, während du wach bist. Wenn sie ein Traum war, wird sie im Schlaf geschehen. Um den Unterschied zu kennen, muß dein ätherischer Körper erweckt werden.

Es gibt Methoden, im zweiten Körper bewußt zu sein. Alle Methoden der inneren Arbeit, wie zum Beispiel *japa*, die Wiederholung eines *mantra*, trennen dich von der Außenwelt. Wenn du dabei einschläfst, kann die ständige Wiederholung einen hypnotischen Schlaf erzeugen; dann träumst du. Aber wenn du dir deines *japas* bewußt bleiben kannst, und es keinen hypnotischen Effekt in dir erzeugt, dann wirst du das Wirkliche der ätherischen Dimension erkennen.

Im dritten Körper, dem astralen, ist es noch schwieriger, den Unterschied zwischen Traum und Wirklichkeit zu erkennen, weil sich beide noch näher gekommen sind. Wenn du den wirklichen Astralleib und nicht nur astrales Träumen erlebt hast, dann verlierst du alle Furcht vor dem Tod. Von da an kennt man die Unsterblichkeit. Aber wenn das Astrale nur Traum ist und nicht Wirklichkeit, wirst du von Todesangst gepeinigt. Das ist der springende Punkt, der Prüfstein: die Todesangst.

Jemand, der glaubt, daß die Seele unsterblich ist und sich das dauernd vorsagt, es sich einredet, kann den Unterschied zwischen Astral-Leib und Astral-Traum nicht erkennen. Man darf nicht an Unsterblichkeit glauben; man muß sie *kennen*. Aber bevor es dazu kommt, muß man Zweifel und Ungewißheit darüber haben. Nur dadurch wird dir klar, ob du sie wirklich *kennst* oder ob du sie nur projizierst. Wenn es dein Glaube ist, daß die Seele unsterblich ist, wird dieser Glaube in deine astrale Vorstellungswelt dringen. Dann wirst du zu träumen anfangen, aber es wird nur beim Träumen bleiben. Aber wenn du keinen

Glauben hast, nur einen Wissensdurst, wenn du auf der Suche bist – ohne zu wissen, nach was du suchen sollst oder was du finden wirst, ohne Vorstellungen und Vorurteile –, wenn du nur in einem leeren Raum suchst, dann erkennst du den Unterschied. Leute, die an die Unsterblichkeit der Seele oder an vergangene Leben glauben und für bare Münze nehmen, was sie nur vom Hörensagen kennen, träumen nur auf der Astralebene, ohne eine Ahnung von der Realität zu haben.

Im vierten Körper, dem mentalen Leib, werden Traum und Wirklichkeit zu Nachbarn. Ihre Gesichter ähneln sich so sehr, daß man sie ohne weiteres miteinander verwechseln kann. Der mentale Körper kann Träume haben, die so wirklich scheinen wie die Realität. Und es gibt Methoden, solche Träume zu erzeugen: Yoga, Tantra und andere Methoden. Jemand, der fastet, sich in Einsamkeit und Dunkelheit zurückzieht, erzeugt die vierte Art von Traum, den mentalen Traum. Er ist so real – realer als die Realität, die uns umgibt.

Im vierten Körper ist der Geist vollkommen schöpferisch – ungehindert vom Objekt, ungehindert von materiellen Begrenzungen. Jetzt ist er völlig frei, sich schöpferisch zu verwirklichen. Dichter, Maler, alle leben sie in der vierten Art von Traum, alle Kunst stammt aus mentalen Träumen. Jemand, der im vierten Bereich träumt, kann ein großer Künstler werden. Aber nicht, wer die Wirklichkeit davon kennt. Im vierten Körper muß man sich vor jeder Art von mentaler Schöpfung in acht nehmen. Man darf nichts projizieren, nichts wünschen, sonst wird es projiziert, und es besteht jede Möglichkeit, daß der Wunsch in Erfüllung geht. Nicht nur in der Innenwelt, auch in der Außenwelt kann der Wunsch in Erfüllung gehen. Im vierten Körper ist der Geist so mächtig, so kristallklar, weil der vierte Körper die letzte Festung des Geistes ist. Jenseits davon beginnt das Niemands-Land. Der vierte Körper ist die ursprüngliche Quelle des Geistes, daher kann man alles Mögliche erschaffen. Man muß ständig auf der Hut sein, daß man keinem Wunsch, keiner Imagination, keinem Bild Aufmerksamkeit schenkt, keinen Guru und keinen Gott zuläßt. Sonst entstehen sie alle aus dir. Du bist ihr Schöpfer. Solche Bilder machen so glückselig, daß du dich danach sehnst, sie zu erzeugen. Das ist die letzte Barriere für den *sadhaka*, den Sucher. Das ist die letzte, die höchste Hürde, danach kommt keine mehr.

Wenn du bewußt bist, nur ein Beobachter im vierten Körper bleibst, dann erkennst du das Wirkliche. Sonst träumst du weiter. Und keine Realität kann sich mit diesen Träumen vergleichen. Sie sind ekstatisch, keine Ekstase kommt ihnen gleich. Man muß also deshalb auf Ekstase, Glück und Seligkeit ein Auge haben und ständig auf der Hut vor irgendeiner Art von Bild sein. Sobald es eine bildhafte Vorstellung gibt, beginnt der Geist in den Traumkanal zu fließen. Ein Bild führt zum nächsten, und du träumst weiter.

Dieser vierten Art von Traum kann man sich nur dann entziehen, wenn man ein unbeteiligter Zuschauer bleibt. Alles kommt auf das Zuschauen, das Beobachten an, weil man sich sonst mit den Träumen identifiziert. Identifikation ist Traum, was den vierten Körper betrifft. Im vierten Körper sind Bewußtsein und Beobachtung der Weg zum Wirklichen.

Im fünften Körper werden Traum und Wirklichkeit eins. Jede Art von Dualität verschwindet. Bewußt oder unbewußt ist nicht mehr die Frage. Selbst, wenn du unbewußt bist, bist du dir deines Unbewußtseins bewußt. Jetzt ist das Träumen nur eine Spiegelung der Wirklichkeit. Es gibt einen Unterschied, aber keine Trennung. Wenn ich mich im Spiegel sehe, gibt es keinen trennenden Unterschied zwischen mir und der Spiegelung, aber ich weiß, daß ich das Wirkliche bin, während die Spiegelung unwirklich ist.

Der fünfte Körper kann, wenn man ein bestimmtes Konzept kultiviert hat, die Illusion haben, sich zu kennen, weil er sich im Spiegel gesehen hat. Er *kennt* sich auch, aber nicht wie er ist – sondern nur als Spiegelung. Das ist der einzige Unterschied. Aber es ist in einer Hinsicht gefährlich. Die Gefahr ist, daß du mit der Spiegelung zufrieden bist und spiegelhafte Bilder für Wirklichkeit nimmst.

Für den fünften Körper selbst ist das keine wirkliche Gefahr, aber es ist eine Gefahr, was den sechsten Körper angeht. Wenn du dich nur vom Spiegel her kennst, kannst du die Grenze vom fünften zum sechsten Körper nicht überschreiten. Du kannst im Spiegel keine Grenze überqueren. Es hat immer Menschen gegeben, die im fünften Körper steckengeblieben sind. Diejenigen, die sagen, daß es unendlich viele Seelen gibt und daß jede Seele ihre eigene Individualität hat – diese Menschen sind im fünften Körper geblieben. Sie haben sich gesehen, aber nicht unmittelbar, nicht direkt – nur durch das Medium eines Spiegels.

Wo kommt dieser Spiegel her? Er kommt durch die Kultivierung von Konzepten: „Ich bin die Seele. Ewig, unsterblich. Jenseits von Geburt und Tod." Wer sich als eine Seele versteht, ohne sie zu kennen, schafft sich einen Spiegel. Dann kennst du dich nicht, wie du bist, sondern wie du durch deine Konzepte gespiegelt wirst. Der einzige Unterschied ist: Wenn das Wissen durch einen Spiegel kommt, ist es ein Traum, und wenn es direkt, unvermittelt, ohne Spiegel kommt, ist es wirklich. Das ist der einzige Unterschied, aber es ist ein großer – nicht in Hinsicht auf die Körper, durch die du schon gegangen bist, jedoch in Hinsicht auf die Körper, die du erst noch durchdringen mußt.

Wie kann man sich darüber bewußt werden, ob man im fünften Körper träumt oder das Wirkliche erlebt? Es gibt nur einen Weg: Alle Schriften und alle Philosphien über Bord zu werfen. Jetzt darf es keinen Guru mehr geben, weil sonst der Guru zum Spiegel wird. Von hier an bist du total allein – niemand kann als Wegweiser dienen, sonst wird der Wegweiser zu einem Spiegel.

Von jetzt an ist das Alleinsein total und allumfassend. Nicht Einsamkeit, sondern Alleinsein; Einsamkeit sucht dauernd nach anderen, im Alleinsein hast du es mit dir selbst zu tun. Ich fühle mich einsam, wenn es keine Verbindung zwischen mir und jemand anderem gibt; aber ich fühle mich allein, wenn ich *bin*.

Von da an muß man in jeder Dimension allein sein: frei von Worten, Konzepten, Theorien, Philosophien, Ideologien, Gurus, Schriften; Christentum, Hinduismus, Buddha, Christus, Krishna, Mahavir. Man muß jetzt allein sein, weil sonst alles, was einem begegnet, selbst wenn es Buddha ist, zum Spiegel wird. Du magst ihn noch so sehr lieben – er ist dir gefährlich.

Wenn du absolut allein bist, gibt es nichts, was dich spiegelt. Deshalb ist „Meditation" das treffende Wort für den fünften Körper. Es bedeutet, total allein und von jeder Art von geistiger Aktivität frei zu sein. Es bedeutet, ohne Verstand zu sein. Wenn es irgendeine Art von geistiger Aktivität gibt, wird sie zu einem Spiegel, sie reflektiert dich. Man muß jetzt einen leeren Kopf haben: ohne Denken, ohne Kontemplation.

Im sechsten Körper gibt es keinen Spiegel mehr. Jetzt gibt es nur das Kosmische, du bist darin verloren gegangen. Es gibt dich nicht mehr; es gibt keinen Träumer mehr. Aber der Traum kann weiterbestehen, selbst ohne Träumer. Und wenn es einen Traum ohne Träumer gibt, schaut es wie die Realität selber aus. Es gibt keinen Verstand, keinen, der denkt, alles „Gewußte" wird direkt gewußt. Es wird deine direkte Erkenntnis. Schöpfungsmythen dämmern herauf und ziehen vorbei. Es gibt dich nicht. Dinge ziehen einfach nur vorbei. Es gibt niemanden, der urteilt; es gibt niemanden, der träumt.

Aber ein Geist, der nicht ist, ist immer noch. Ein Geist, der vernichtet ist, existiert immer noch – nicht als Individuum, sondern als das kosmische Ganze. Du bist nicht, aber Brahma ist. Deshalb heißt es, daß die ganze Welt ein Traum Brahmas ist. Diese ganze Welt ist ein Traum, *maya*. Nicht der Traum irgendeines Individuums, sondern ein Traum des Totalen, des Ganzen. Nicht du, sondern das Ganze träumt. Jetzt ist die letzte Unterscheidung, ob er einen Keim positiven Seins enthält oder nicht. Enthält er einen solchen Keim, dann ist es noch *maya*, dann ist es noch Traum, weil es letzten Endes nur das Nichts gibt. Wenn alles in das Formlose eingegangen ist, zum Ursprung zurückgekehrt ist, dann ist alles und ist gleichzeitig *nicht*. Positives Sein ist der einzige Faktor der übrigbleibt. Das ist die Hürde, über die du springen mußt.

Wenn also im sechsten Körper das positive Sein verlorengeht, dringst du in den siebenten ein. Das Wirkliche des sechsten ist die Türe zum siebenten Körper. Wenn es nichts Positives gibt, d.h. keinen Mythos, kein Bild, keinen Inhalt, dann ist der Traum vorbei. Dann gibt es nur das *was ist*: So-sein. Jetzt existiert nichts außer Existenz. Es gibt keine Dinge, sondern nur noch die Quelle. Es gibt nicht den Baum, aber immer noch seinen Samen.

Die Weisen haben dieses Stadium des Geistes *samadhi* mit Saat, *samadhi sabeej*, genannt. Alles ist verlorengegangen, zum Ursprung der kosmischen Saat zurückgekehrt. Es gibt keinen Baum, aber das Samenkorn. Der Samen birgt jedoch immer noch eine Möglichkeit zum Träumen, deshalb muß auch er zerstört werden.

Im siebenten Körper gibt es weder Traum noch Realität. Du kannst etwas Wirkliches nur bis zu dem Punkt verfolgen, wo Traum möglich ist. Wenn es keine Möglichkeit zum Träumen gibt, dann existiert weder das Wirkliche, noch das Illusionäre. Daher ist der siebente Körper das Zentrum. Jetzt sind Traum und Realität zu Einem geworden. Es gibt keinen Unterschied. Entweder du träumst vom Nichts oder du kennst das Nichts, aber das Nichts bleibt dasselbe.

Wenn ich von dir träume, ist es illusionär. Wenn ich dich sehe, ist es wirklich. Aber ob ich von deiner Abwesenheit träume oder deine Abwesenheit *sehe*, das spielt keine Rolle. Wenn du die Abwesenheit von etwas träumst, dann ist der Traum dasselbe wie die Abwesenheit selbst. Tatsächliche Unterschiede gibt es nur in Hinsicht auf positives Sein. Daher gibt es bis zum sechsten Körper eine Unterscheidungsmöglichkeit. Im siebenten Körper bleibt nur das Nichts. Es gibt nicht einmal ein Samenkorn. Das ist *nirbeej samadhi*, saatloses Samadhi. Jetzt gibt es keine Möglichkeit zu träumen.

Es gibt also sieben Traumtypen und sieben Arten von Realität. Sie durchdringen einander. Deshalb gibt es viel Verwirrung. Aber wenn du sie unterscheiden kannst, mit ihnen klar kommst, kann das sehr viel nutzen. Die Psychologie ist immer noch weit von einem tatsächlichen Einblick in die Traumwelten entfernt. Sie weiß nur etwas über den physiologischen Traum und ein klein wenig über den ätherischen. Aber selbst der ätherische wird als physiologisch interpretiert.

Jung ist ein bißchen tiefer in dieses Gebiet eingedrungen als Freud, aber seine Analyse des menschlichen Geistes wird als mythologisch, als religiös eingestuft. Trotzdem, er hat den richtigen Ansatz. Wenn sich die westliche Psychologie weiterentwickeln soll, muß sie von Jung ausgehen, nicht von Freud. Freud war der Bahnbrecher, aber jede Pionierleistung wird zu einem Hindernis, wenn man wie besessen daran festhält. Obwohl Freud mittlerweile veraltet ist, klebt die westliche Psychologie immer noch an ihren Freudschen Anfängen. Freud muß jetzt zu den Akten der Geschichte gelegt werden. Die Psychologie muß weiter fortschreiten.

In Amerika versucht man, dem Traum durch Labormethoden auf die Spur zu kommen. Es gibt viele Traumlaboratorien, aber die Methoden, die zum Einsatz kommen, decken nur den physiologischen Anteil ab. Es wird Zeit, daß auch Yoga, Tantra und andere Methoden esoterischer Schulung eingeführt werden, wenn man die ganze Welt der Träume erforschen will. Jede Traumebene hat eine parallele Realitätsebene, und wenn die ganze *maya*, die ganze Welt der Illusion, nicht bewußt gemacht werden kann, dann ist es möglich, die Wirklichkeit zu erfahren. Denn nur durch das Unwirkliche kann man das Wirkliche erkennen.

Nehmt jedoch das, was ich gesagt habe, nicht als Theorie oder als System. Macht es lediglich zu einem Ausgangspunkt und fangt an, eure Träume aufmerksamer zu beobachten. Nur wenn du in deinen Träumen bewußt wirst, kannst du das Wirkliche erfahren.

Wir sind uns nicht einmal unseres physischen Körpers bewußt. Wir bleiben selbst da unbewußt. Nur wenn ein Teil erkrankt, nehmen wir Notiz davon. Man muß sich seines Körpers bewußt werden, während man gesund ist. Das Körperbewußtsein, das mit Krankheit kommt, ist nur eine Notmaßnahme. Es ist ein natürlicher, eingebauter Prozeß. Dein Geist muß aufwachen, wenn irgendein Teil des Körpers von Krankheit befallen wird, damit für Abhilfe gesorgt wird; aber sobald alles wieder heil ist, ist es aus mit der Wachheit, und die Schläfrigkeit kommt zurück.

Du mußt dir deines eigenen Körpers bewußt werden: seiner Funktionen, seiner feinen Gefühle, seiner Musik, seines Schweigens. Manchmal ist der Körper still, manchmal ist er aufgebracht, laut, manchmal entspannt. Die Gefühle sind in jedem Stadium so verschieden, daß wir viel verpassen, wenn wir sie unbeachtet lassen. Wenn du schlafen gehst, geschieht eine subtile Veränderung in deinem Körper. Wenn du am Morgen aufwachst, gibt es wieder Veränderungen. Man muß sich dessen bewußt werden.

Wenn du am Morgen aufwachst, dann öffne die Augen nicht sofort. Wenn du merkst, daß der Schlaf zu Ende ist, dann richte deine Aufmerksamkeit auf deinen Körper. Was passiert in ihm?

Eine große Veränderung findet in dir statt. Der Schlaf verläßt dich, und du kommst zu Sinnen. Du hast die Morgensonne aufgehen sehen, aber niemals deinen Körper aufgehen sehen. Das hat seinen eigenen Zauber. Es gibt einen Morgen und einen Abend in deinem Körper. Es wird *sandhya* genannt. Der Moment der Transformation, der Umstellung.

Wenn du schlafen gehst, dann beobachte still, was geschieht. Der Schlaf ist nah, gleich ist er da. Sei bewußt! Nur so kannst du dir wirklich deines physischen Körpers bewußt werden. Und sobald du dir des Körpers bewußt wirst, weißt du, was physiologisches Träumen ist. Dann wirst du dich am Morgen erinnern können, was ein physiologischer Traum war und was nicht. Wenn du die inneren Gefühle kennst, die inneren Bedürfnisse, den inneren Rhythmus deines Körpers, dann kannst du ihre Sprache erkennen, wenn sie sich in deinen Träumen widerspiegeln.

Wir haben die Sprache unseres eigenen Körpers noch nicht gelernt. Der Körper hat seine eigene Weisheit, er hat eine jahrtausendealte Erfahrung. Mein Körper hat die Erfahrung meiner Eltern, der Eltern meiner Eltern und so fort durch viele Jahrhunderte, während denen das Saatkorn meines Körpers sich zu seinem jetzigen Stand entwickelt hat. Er hat seine eigene Sprache. Und diese muß man zuerst verstehen. Wenn du sie verstehst, dann weißt du, was ein physiologischer Traum ist. Und dann kannst du am Morgen physiologische Träume von nichtphysiologischen Träumen unterscheiden.

Nur dann öffnet sich eine neue Möglichkeit: Jetzt kann der ätherische Körper bewußt werden. Nur dann, nicht vorher. Dein Gespür wird feiner. Du kannst subtilere Ebenen von Tönen, Gerüchen, Licht wahrnehmen. Dann weißt du beim Gehen, daß der physiologische Körper geht, nicht aber der ätherische Körper. Der Unterschied ist kristallklar. Du ißt: Der physische Körper ißt, nicht der ätherische. Es gibt einen ätheri-

schen Durst, einen ätherischen Hunger, ätherische Sehnsucht, aber diese Dinge kann man erst sehen, wenn du dich im physischen Körper völlig auskennst.
Dann werden nach und nach auch die anderen Körper erfahrbar.
Die Welt der Träume ist riesig. Sie ist immer noch unentdeckt, unbekannt und verschleiert. Sie ist immer noch Geheimwissenschaft. Aber jetzt ist die Zeit gekommen, in der alles Geheimgehaltene zugänglich gemacht werden muß. Jetzt ist der Moment gekommen, alles, was bis jetzt verborgen gehalten wurde, offen und zugänglich zu machen. Diese Geheimnisse dürfen nicht länger zurückgehalten werden, oder es kann eine Gefahr daraus werden.
In der Vergangenheit war es notwendig, daß einige Dinge geheim blieben, weil Wissen in den Händen von Ignoranten gefährlich werden kann. Das ist es, was mit den Naturwissenschaften im Westen geschieht. Jetzt fällt es den Wissenschaftlern auf, wie sehr sich die Lage zugespitzt hat, und sie wollen geheime Wissenschaften ins Leben rufen. Man hätte den Politikern keine nuklearen Waffen überantworten dürfen. Weitere Entdeckungen müssen geheim bleiben; wir müssen erst auf die Zeit warten, in der der Mensch so reif ist, daß das Wissen frei zugänglich gemacht werden kann, ohne daß es zur Bedrohung wird.
Auf ähnliche Weise gab es im Osten auf spirituellem Gebiet viel Wissen; aber der Schlüssel dazu wurde versteckt, damit machthungrige Leute keinen Gebrauch davon machen konnten. Das Wissen wurde geheim, esoterisch. Es wurde unter großen Absicherungen von Person zu Person weitergegeben. Aber jetzt, angesichts des wissenschaftlichen Fortschritts, ist der Moment gekommen, den Zugang dazu freizugeben. Die Naturwissenschaft wird sich als gefährlich erweisen, wenn spirituelle, esoterische Erkenntnisse weiterhin vorenthalten werden. Sie

müssen ans Tageslicht, um den objektiven Wissenschaften die Waage zu halten.

Die Welt des Traums ist einer der größten Bereiche des Esoterischen. Ich habe nur Andeutungen gemacht, damit ihr anfangen könnt, euch etwas bewußter zu werden, aber ich habe euch nicht die ganze Wissenschaft enthüllt. Das ist weder nötig noch hilfreich. Ich habe Lücken gelassen. Wenn ihr weiter vordringt, schließen sich diese Lücken ganz von selbst. Was ich gesagt habe, ist nur die äußere Verpackung. Es ist gerade so viel, daß du keine Theorie daraus schmieden kannst, aber es genügt als Anstoß für dich, einen Anfang zu machen.

DER WEG DURCH DIE SIEBEN KÖRPER

Du hast gesagt, daß wir sieben Körper haben: einen ätherischen, einen mentalen usw. Manchmal ist es schwierig, die indische Sprache in westliche Terminologie zu übertragen. Wir haben keine Theorie für so etwas im Westen, wie können wir diese sieben Körper in unsere Sprache übersetzen? Der spirituelle ist bekannt, aber was ist der ätherische, der astrale, der mentale? Wir können das nicht sagen. Was kann man da tun?

Die Worte können übersetzt werden, aber aus Quellen, in denen du noch nicht gesucht hast. Jung hat sich in tiefere Tiefen des Bewußtseins begeben als Freud, aber auch er ist nur ein Anfang. Eine bessere Vorstellung von der Bedeutung dieser Dinge kann man aus Steiners Anthroposophie oder aus den theosophischen Schriften gewinnen: Madame Blavatskys „Geheimlehre", „Entschleierte Isis" und andere Werke, oder aus den Schriften Annie Besants, Leadbeaters, Colonel Alcotts. Du kannst in den Lehren der Rosenkreuzer nachschauen. Es gibt eine lange Tradition der Geheimgesellschaften im Westen; oder schau in die Geheimschriften der Essener, der hermetischen Bruderschaft, in die Jesus eingeweiht wurde. Aus jüngerer Vergangenheit können Gurdjieff und Ouspensky Fingerzeige geben. Man kann also Bruchstücke finden und sie zusammensetzen.

Und was ich gesagt habe, habe ich in eurer Terminologie gesagt. Ich habe nur ein Wort benützt, das nicht zur westlichen Terminologie gehört: „nirvanisch". Die anderen sechs Bezeichnungen – physisch, ätherisch, astral, mental, spirituell und kosmisch – sind nicht indisch. Sie gehören genauso zum Westen. Im Westen hat man nie über das Siebente gesprochen, nicht, weil es niemand gekannt hat, sondern weil man darüber nichts mitteilen kann.

Wenn du diese Begriffe schwierig findest, dann gebrauche einfach „das Erste", „das Zweite" usw. Benütze keine Fachausdrücke, sondern beschreibe sie einfach nur. Beschreibung reicht aus, welche Namen du gibst, spielt keine Rolle. Man kann aus vielen Richtungen zu diesen Sieben kommen. Soweit es um das Träumen geht, kann man die Begriffe Freuds, Jungs und Adlers verwenden. Was sie das „Bewußte" nennen, ist der erste Körper. Das „Unbewußte" ist der zweite – nicht genau dasselbe, aber sehr ähnlich. Was sie das „kollektive Unbewußte" nennen, ist der dritte – wiederum nicht genau, aber annähernd dasselbe.

Und wenn es keine allgemein gebräuchlichen Begriffe gibt, können neue Begriffe gemünzt werden. Das ist sowieso immer besser, weil sie keine alten Assoziationen hervorrufen. Wenn ein neuer Begriff benutzt wird, bringt er mehr zum Ausdruck und wird tiefgreifender verstanden, weil du nichts Vertrautes damit assoziierst. Man kann also neue Begriffe prägen.

Das Ätherische bedeutet das, was mit dem Himmel und mit Raum zu tun hat. Das Astrale ist das Winzigste, *sukshma*, das Letzte, das Atomare; jenseits davon gibt es keine Materie mehr. Das Mentale ist kein Problem, ebenso wenig das Spirituelle. Auch was mit „kosmisch“ gemeint ist, ist verständlich.

Dann kommst du zum Siebenten, zum „Nirvanischen“. „Nirvanisch“ bedeutet völliges Erlöschen, das absolut Leere. Es gibt nicht einmal Ansätze für irgend etwas; alles ist verschwunden. Wörtlich bedeutet es „Das Erlöschen der Flamme“. Die Flamme ist erloschen, das Licht ist ausgeschaltet. Man kann nicht mehr fragen, wohin es gegangen ist. Es hat einfach aufgehört zu existieren.

„Nirvana“ bedeutet, daß die Flamme erloschen ist. Jetzt ist sie nirgendwo oder überall. Sie hat keine festgelegten Koordinaten und keine bestimmte Zeit, keinen Impuls zu existieren. Jetzt ist sie der Raum selbst, die Zeit selbst. Sie ist Existenz oder Nicht-Existenz, es macht keinen Unterschied. Weil sie überall ist, kannst du beides sagen. Wenn sie irgendwo, an einem bestimmten Ort ist, kann sie nicht überall sein, und wenn sie überall ist, dann kann sie nicht irgendwo sein, deshalb bedeuten nirgendwo und überall dasselbe. Den siebten Körper muß man „nirvanisch“ nennen, weil es kein anderes Wort dafür gibt. Worte an sich haben überhaupt keine Bedeutung. Nur Erfahrungen zählen. Nur, wenn du etwas von diesen sieben Körpern erfahren hast, haben sie Bedeutung für dich. Um dir dazu zu verhelfen, gibt es verschiedene Methoden, die auf der jeweiligen Ebene angewandt werden.

Fange beim Physischen an. Dann fällt dir jeder weitere Schritt leicht. Wenn du am ersten Körper arbeitest, gewinnst du Einblick in den zweiten Körper. Geh also vom Physischen aus. Nimm deinen Körper von Moment zu Moment bewußt wahr; und nicht nur von außen, du kannst deinen Körper auch von innen her kennenlernen. Ich kann mir meiner Hand bewußt werden, so wie ich sie von außen sehe, aber es gibt auch ein inneres Gefühl dazu. Wenn ich meine Augen schließe, sehe ich die Hand nicht, aber es gibt immer noch ein inneres Gefühl, daß da etwas ist. Sei dir deines Körpers also nicht von außen her bewußt. Das führt dich nicht nach innen. Das innere Gefühl ist etwas ganz anderes.

Wenn du den Körper von innen fühlst, wird dir zum ersten Mal klar, was das heißt, in einem Körper zu sein. Wenn du ihn nur von außen betrachtest, kannst du seine Geheimnisse nicht erforschen. Du kennst nur die Oberfläche, weißt nur, wie er anderen erscheint. Wenn ich meinen Körper von außen betrachte, weiß ich zwar, wie andere ihn sehen, aber nicht, *wie er für mich ist.* Ich kann meine Hand von außen anschauen. Sie ist ein Objekt. Du kannst die gleichen Beobachtungen anstellen wie ich. Aber auf diese Weise betrachtet, bleibt meine Hand im Inneren unbekannt. Sie ist öffentliches Eigentum geworden. Du weißt genauso gut Bescheid über sie wie ich.

Nur wenn ich sie von innen erfahre, gehört sie auf unteilbare Weise zu mir. Du kannst sie nicht kennen; du kannst nicht wissen, wie ich sie von innen fühle. Das kann nur ich wissen. Der Körper, den wir kennen, ist nicht unser Körper. Es ist der Körper, den alle als Objekt kennen, der Körper, den ein Arzt im Laboratorium analysieren kann. Es ist nicht der Körper, der ist. Nur deine eigene, persönliche Erfahrung kann dich nach innen führen, kein allgemeines Wissen. Aus diesem Grunde haben Physiologie und Psychologie, die von außen beobachten, nicht zu einem Wissen über unseren inneren Körper geführt. Sie haben nur Daten über den physischen Körper angesammelt.

Das hat zu vielen Schwierigkeiten geführt. Jemand mag sich innerlich schön fühlen, aber wir können solange auf ihn einreden, bis er selbst glaubt, daß er häßlich ist. Wenn wir uns als Kollektiv darauf geeinigt haben, daß er häßlich ist, kann er seine Zustimmung kaum verweigern. Aber niemand fühlt sich

im Inneren häßlich. Das innere Empfinden ist immer ein Gefühl von Schönheit.
Dieses äußere Gefühl ist überhaupt kein wirkliches Empfinden. Es ist nur eine Mode, ein von außen auferlegter Maßstab. Wer in einer Gesellschaft als schön gilt, kann in einer anderen Gesellschaft als häßlich gelten. Aber das Gefühl im Innersten ist immer ein Schönheitsgefühl; Häßlichkeit gibt es nur, wenn von außen Kriterien angelegt werden. Wir haben alle eine festgefahrene Vorstellung von Schönheit – und nur deshalb gibt es Häßlichkeit und Schönheit überhaupt. Würden alle blind, wäre niemand mehr häßlich, dann wäre jeder schön.
Das innere Körperempfinden ist also der erste Schritt. In verschiedenen Situationen fühlt sich der Körper von innen verschieden an. Wenn du verliebt bist, hast du eine bestimmte innere Körpererfahrung, beim Haß dagegen eine ganz andere. Wenn du Buddha fragst, wird er sagen: „Liebe ist Schönheit", weil er von seinem inneren Empfinden weiß, daß ihn seine Liebe schön macht. Haß, Wut, Eifersucht rufen im Inneren das Gefühl von Häßlichkeit hervor. Verschiedene Situationen und Momente, verschiedene Gemütsverfassungen führen zu verschiedenen Körpererfahrungen. Wenn du dich träge fühlst, dann fühlt sich das anders an, als wenn du aktiv bist. Wenn du schläfrig bist, ist es wieder anders. Diese Unterschiede muß man genau kennenlernen, nur dann wirst du mit dem inneren Leben deines Körpers vertraut. Dann kennst du die innere Geschichte, die innere Geographie deiner Kindheit, deiner Jugend und deines Alters.
Sobald man seinen physischen Körper durch und durch kennt, tritt automatisch der zweite Körper in Erscheinung. Diesen zweiten Körper lernt man jetzt von außen kennen. Wenn du den ersten Körper von innen kennst, kommst du mit dem zweiten von außen in Berührung.
Wenn du noch nicht einmal in deinem ersten Körper bist,

kannst du den zweiten nie kennenlernen, aber von innen her kannst du die Außenseite des zweiten erkennen. Jeder Körper hat zwei Dimensionen: Die äußere und die innere. Genau wie eine Wand zwei Seiten hat – die Außen- und die Innenwand –, hat jeder Körper eine Begrenzung, eine Wand. Und daher lernst du die äußere Begrenzung des zweiten kennen, sobald du den ersten von innen kennst.

Du bist jetzt in einem Zwischenstadium: im ersten, aber noch außerhalb des zweiten Körpers. Dieser zweite, der ätherische Körper, ist wie ein dichter Rauch. Du kannst ihn ohne Schwierigkeiten durchdringen, aber er ist nicht transparent, du kannst ihn von außen betrachten. Der erste Körper ist fest. Der zweite Körper hat genau dieselbe Form wie der erste, aber er ist nicht fest.

Wenn der erste Körper stirbt, lebt der zweite dreizehn Tage lang weiter. Er begleitet dich. Dann, nach dreizehn Tagen stirbt auch er. Er zerstreut sich, verdunstet. Wenn du den zweiten Körper kennenlernst, während der erste noch lebt, kannst du diesen Vorgang bewußt verfolgen.

Der zweite Körper kann deinen ersten Körper verlassen. In Meditation löst er sich manchmal ab und steigt in die Höhe, auf und ab, und du hast das Gefühl, als ob die Gravitation keine Macht mehr über dich hat; du hast die Erde verlassen. Aber wenn du deine Augen öffnest, sitzt du auf dem Boden und weißt, daß du die ganze Zeit dort warst. Dieses Gefühl, daß du nach oben geschwebt bist, kommt vom zweiten, nicht vom ersten Körper. Für den zweiten Körper gibt es keine Gravitation, deshalb fühlst du, sobald du den zweiten kennst, eine gewisse Freiheit, die es für den physischen Körper nicht gibt. Jetzt kannst du aus deinem Körper aussteigen und wieder zurückkommen.

Das ist der zweite Schritt, wenn du den Erfahrungsbereich deines zweiten Körpers kennenlernen willst. Und die Methode ist nicht schwierig. Wünsch dir einfach, außerhalb deines Körpers zu sein, und du bist draußen. Der Wunsch selbst ist die Erfüllung. Für den zweiten Körper ist keine Anstrengung notwendig, weil es für ihn keine Schwerkraft gibt. Wenn ich zu deinem Haus gehen will, muß ich mich mit der Schwerkraft abmühen. Aber ohne Schwerkraft reicht der einfache Wunsch schon aus. Es geschieht von selbst. Der ätherische Körper ist der Körper, der in Hypnose aktiviert wird. Hypnose arbeitet nicht mit dem ersten Körper, sondern mit dem zweiten. Darum kann jemand mit perfekter Sehkraft erblinden, nur weil er es glaubt, wenn der Hypnotiseur sagt, er sei blind. Sein Ätherleib wird beeinflußt, die Suggestion geht direkt zum zweiten Körper. In tiefer Trance kann dein zweiter Körper beeinflußt werden. Jemand, dem es ausgezeichnet geht, kann gelähmt werden, wenn man ihm einfach suggeriert: „Du bist gelähmt." Ein Hypnotiseur darf keine Formulierungen verwenden, die Zweifel erzeugen. Wenn er sagt: „Es könnte sein, daß du blind bist", funktioniert es nicht. Er muß sich mit absoluter Gewißheit ausdrücken; nur dann hat die Suggestion Erfolg.

Du sagst deshalb also im zweiten Körper einfach nur: „Ich bin nicht mehr im Körper." Wünsch dir einfach, draußen zu sein, und du bist es. Gewöhnlicher Schlaf gehört zum ersten Körper. Es ist der erste Körper, der sich ausruht – erschöpft von der Arbeit des Tages, von der Mühe und Anspannung. In Hypnose wird der zweite Körper zum Schlafen gebracht. Wenn er schläft, kannst du mit ihm arbeiten. Krankheiten kommen zu fünfundsiebzig Prozent aus dem zweiten Körper und greifen auf den ersten über. Der zweite Körper ist so beeinflußbar, daß Medizinstudenten im ersten Jahr oft genau die Krankheit bekommen, mit der sie gerade theoretisch beschäftigt sind. Sie bekommen dieselben Symptome. Wenn Kopfweh studiert wird, geht jeder unwillkürlich in sich und fragt sich: „Habe ich Kopfweh? Habe ich diese Symptome?" Weil das Nachforschen in sich selbst auf den zweiten Körper einwirkt, wird die Suggestion aufgefangen, und Kopfweh wird projiziert, erzeugt. Die Geburtswehen gehören zum zweiten Körper. Deshalb kann Geburt durch Hypnose absolut schmerzlos geschehen – einfach durch Suggestion. Es gibt primitive Gesellschaften, in denen die Frauen keine Wehen kennen, weil ihnen diese Möglichkeit noch nie in den Sinn gekommen ist. Aber jede Zivilisation erzeugt ein Klima von Suggestionen; und jeder hat die entsprechenden Erwartungen oder Befürchtungen.

In Hypnose gibt es keinen Schmerz. Selbst Operationen können schmerzfrei durchgeführt werden, wenn es dem zweiten Körper entsprechend suggeriert wird. Von meiner Warte aus gesehen, geht jede Art von Schmerz und Vergnügen vom zweiten Körper aus und greift auf den ersten über. Deshalb kann sich etwas Schmerzvolles durch eine entsprechende Suggestion in etwas Angenehmes verwandeln oder umgekehrt.

Ändere die Suggestion, ändere den ätherischen Geist, und alles ändert sich. Wünsch dir etwas aus ganzem Herzen, und es geschieht. Totalität ist der einzige Unterschied zwischen Wunsch und Willen. Wenn du total wünschst, restlos, mit jeder Faser deines Wesens, dann wird es Willenskraft.

Wenn du *aus ganzem Herzen* wünschst, aus deinem physiologischen Körper auszusteigen, wird es möglich. Dann gibt es eine Möglichkeit, den zweiten Körper von innen her zu kennen, sonst nicht. Wenn du aus deinem physischen Körper aussteigst, bist du nicht länger zwischen dem ersten und dem zweiten. Jetzt bist du *im* zweiten. Es gibt den ersten Körper nicht mehr. Jetzt kannst du dir den zweiten Körper von innen her bewußt machen, genauso wie du den ersten von innen her erforscht hast. Beobachte sein inneres Arbeiten, seinen inneren Mechanismus, sein inneres Leben. Wenn du es das erste Mal versuchst, ist es schwierig; aber bald wirst du immer in zwei Körpern sein: dem ersten und dem zweiten. Dein Augenmerk gilt jetzt zwei Bereichen, zwei Dimensionen.

Im Moment, wo du in den zweiten Körper gelangst, bist du außerhalb des dritten, des Astralleibs. Für den Astralleib brauchst du nicht einmal einen Willen. Es genügt der Wunsch, in ihm zu sein, Totalität ist keine Bedingung mehr. Wenn du hineingehen willst, kannst du es. Der Astralleib ist ein Dunst, ein Nebel wie der zweite, aber er ist durchsichtig. Du brauchst dir nur zu wünschen, in ihm zu sein. Du wirst nicht einmal merken, ob du außerhalb oder innerhalb des dritten Körpers bist, weil die Grenze durchsichtig ist.

Der Astralleib hat dieselbe Größe, wie die ersten beiden Körper. Bis zum fünften Körper ist der Umfang derselbe. Die Inhalte verändern sich, aber die Größe bleibt – bis zum fünften – dieselbe. Mit dem sechsten Körper wird die Größe kosmisch. Und im siebten gibt es überhaupt keine Größe – nicht einmal die kosmische.

Der vierte Körper ist frei von jeder Eingrenzung. Vom dritten Körper aus gesehen, gibt es nicht einmal eine durchsichtige Wand. Es ist nur eine Grenzlinie, und deshalb gibt es keine Schwierigkeiten, hineinzugehen, man braucht keinerlei Methode dazu. Deshalb kann jemand, der zum dritten gelangt ist, sehr leicht in den vierten eindringen.

Aber über den vierten Körper hinauszugehen, ist genauso schwierig, wie es beim ersten war, weil jetzt der mentale Bereich aufhört. Der fünfte ist der spirituelle Körper. Bevor man ihn erreicht, stößt man wieder auf eine Wand, aber nicht wie zwischen dem ersten und dem zweiten. Die Wand ist jetzt, daß man in eine andere Dimension eindringen muß. Sie ist auf einer ganz anderen Ebene. Die vier ersten Körper liegen alle auf einer Ebene. Die Trennung ist horizontal. Jetzt ist sie vertikal. Daher ist die Wand zwischen dem vierten und fünften größer als zwischen allen niedrigeren Körpern – weil wir gewöhnlich horizontal orientiert sind, nicht vertikal. Wir schauen von einer Seite zur anderen, nicht auf und nieder.

Aber die Abgrenzung vom vierten zum fünften Körper ist von einer niedrigeren zu einer höheren Ebene. Der Unterschied ist nicht zwischen außen und innen, sondern zwischen hoch und tief. Du kannst nicht in den fünften Körper gelangen, bevor du nicht nach oben schaust.

Der Intellekt schaut immer nach unten. Deshalb ist Yoga gegen den Intellekt. Er fließt nach unten, wie Wasser. Wasser war nie das Symbol eines spirituellen Systems, weil es seiner inneren Natur gemäß nach unten fließt. Feuer war das Symbol vieler Systeme. Feuer steigt nach oben; es geht niemals nach unten. Daher ist Feuer das Symbol für die Bewegung vom vierten zum fünften Körper. Man muß nach oben blicken, man darf nicht mehr nach unten schauen.

Wie soll man nach oben schauen, wie geht das? Ihr habt sicher gehört, daß in der Meditation die Augen nach oben zum *ajna chakra* schauen. Die Augen müssen nach oben gerichtet sein; als ob du in deinen Schädel schauen willst.

Die Augen sind hier symbolisch. In Wirklichkeit geht es um Einsicht, innere Schau. Unsere Fähigkeit zu sehen, wird mit den Augen assoziiert, und so werden hier die Augen zum Mittel, durch das die innere Schau selbst geschieht. Wenn du deine Augen nach oben richtest, wendet sich auch deine innere Schau nach oben. *Raja*-Yoga beginnt mit dem vierten Körper. Nur *Hatha*-Yoga beginnt beim ersten Körper, andere Yogas beginnen jeweils an einem anderen Punkt. Die Theosophie geht vom zweiten Körper aus und andere Systeme beginnen mit dem dritten. In einem Maß, in dem sich die Zivilisation auf den vierten Körper zubewegt, können viele Leute von dort aus anfangen, aber nur, wenn sie sich in vergangenen Leben durch die drei niedrigeren Körper gearbeitet haben. Wer *Raja*-Yoga aus den Büchern von Swamis und Gurus lernt, ohne zu wissen, ob er sich die drei niedrigeren Körper schon erarbeitet hat, wird eine Enttäuschung erleben, weil man nicht vom vierten aus beginnen kann. Die drei ersten Körper müssen zuerst durchquert werden. Nur dann kommt der vierte Bereich. Der vierte ist der letzte Körper, von dem aus man beginnen kann. Es gibt vier Yogas: *Hatha*-Yoga für den ersten; *Mantra*-Yoga für den zweiten; *Bhakti*-Yoga für den dritten und *Raja*-Yoga für den vierten. In alter Zeit mußte jeder mit dem ersten Körper beginnen, aber jetzt gibt es so viele Arten von Personen: Einer ist in einem vorherigen Leben zum zweiten Körper vorgedrungen, einer zum dritten usw. Was allerdings das Träumen betrifft, muß man beim ersten Körper anfangen; nur dann kann man die ganze Reichweite, das ganze Spektrum davon kennenlernen. Im vierten Körper muß dein Bewußtsein also wie Feuer sein – es muß nach oben steigen. Es gibt viele Wege, das zu überprüfen. Wenn der Geist z.B. zum Sex fließt, ist er wie Wasser, das nach unten fließt, weil das Sexzentrum unten liegt. Im vierten Körper muß man die Augen nach oben richten, nicht nach unten.

Wenn Bewußtsein nach oben steigen soll, muß es von einem Zentrum ausgehen, das oberhalb der Augen liegt, nicht darunter. Es gibt nur ein Zentrum oberhalb der Augen, von dem aus das möglich ist: das *ajna chakra*. Die Augen müssen sich nach oben zum dritten Auge richten. Auf viele Weisen hat man immer wieder die Aufmerksamkeit auf das dritte Auge gelenkt. In Indien wird die Unterscheidung zwischen einer Jungfrau und einer verheirateten Frau durch eine Farbmarkierung auf dem dritten Auge der Ehefrau zum Ausdruck gebracht. Eine Jungfrau schaut natürlicherweise nach unten, zum Sexzentrum, aber sobald sie verheiratet ist, muß sie nach oben blicken. Der Sex muß sich verwandeln, sie muß zu einer Mutter werden. jetzt beginnt ihre Reise zur Nicht-Sexualität oder über die Sexualität hinaus. Ein *tika*, ein farbiger Punkt auf dem dritten Auge, soll ihr dabei helfen, sich zu erinnern, nach oben zu schauen. Alle Arten von Menschen haben *tika*-Markierungen benützt: z.B. Sannyasins und Gläubige aller Art haben Farbmarkierungen des dritten Auges oder auch *chandan*, Sandelholzpaste, verwendet. Sobald deine Augen zum dritten Auge hinaufschauen, wird in diesem Zentrum ein großes Feuer entfacht; es fühlt sich wie Brennen an. Das dritte Auge beginnt sich zu öffnen und muß kühl gehalten werden. In Indien verwendet man Sandelholzpaste. Sie ist nicht nur kühl, sondern hat auch einen bestimmten Geruch, der mit dem dritten Körper und seiner Überwindung zusammenhängt. Die Kühle des Riechstoffes und der Punkt, wo er aufgetragen wird, lenken deine Aufmerksamkeit nach oben, zum dritten Auge.

Wenn du deine Augen schließt und ich dann meinen Finger auf die Stelle deines dritten Auges lege, berühre ich nicht wirklich dein drittes Auge, aber du wirst es trotzdem fühlen; selbst ein schwacher Druck, eine ganz sanfte Berührung reichen dafür aus. Deshalb reicht Riechstoff aus, seine leichte Berührung und seine Kühle – das genügt, damit sich deine Aufmerksamkeit von deinen Augen zum dritten Auge richtet.

Deshalb gibt es nur eine Methode, den vierten Körper zu durchqueren, und die ist, nach oben zu schauen. *Shirshasan*, Kopfstand, die umgekehrte Position des Körpers wurde dafür als Hilfsmittel benützt, weil unsere Augen gewöhnlich nach unten schauen. Wenn du auf dem Kopf stehst, schaust du immer nach unten, nur daß unten jetzt oben ist. Deine Energie fließt in die entgegengesetzte Richtung. Einige Leute nehmen in der Meditation, ohne es zu wissen, die Kopfstand-Haltung ein, weil sich der Energiefluß verändert hat. Ihr Bewußtsein ist so sehr an das Abwärtsfließen gewöhnt, daß sie sich unwohl fühlen, wenn die Energie die Richtung wechselt. Wenn sie Kopfstehen, fühlen sie sich wieder beruhigt, weil die Energie wieder nach unten fließt. Das stimmt natürlich nicht, denn die Energie steigt, was deine Zentren betrifft, immer noch nach oben.

Deshalb wurde *shirshasan* als Methode benützt, dich vom vierten zum fünften Körper zu bringen. Die Hauptsache dabei ist, nach oben zu schauen. Das kann durch *tratak*, das Anstarren fester Gegenstände, praktiziert werden – durch Konzentration etwa auf die Sonne oder auf andere Zielobjekte. Aber es ist besser, es innerlich zu tun. Schließe einfach deine Augen.

Zuerst jedoch müssen die vier Körper durchquert werden. Nur dann hat es Zweck, sonst nicht. Sonst kann diese Methode zu Störungen führen und geistige Verwirrungen hervorrufen, weil das gesamte Gleichgewicht des Systems erschüttert wird: Die Energie der ersten vier Körper ist noch nach unten gerichtet, aber mit deinem Bewußtsein schaust du nach oben. Dann besteht die große Gefahr, daß Schizophrenie dabei entsteht.

Für mich ist Schizophrenie das Resultat einer solchen Situation. Die gewöhnliche Psychologie hat keinen tiefen Einblick in das Wesen der Schizophrenie. Der schizophrene Geist arbeitet in zwei verschiedenen Richtungen gleichzeitig: Er steht draußen und schaut nach innen, und er steht draußen und schaut nach oben. Dein ganzes System muß in Harmonie sein. Wenn du deinen physischen Körper nicht von innen kennst, muß sich dein Bewußtsein nach unten richten. Das ist dann gesund; die Anpassung, die Ausrichtung ist entsprechend. Du darfst niemals versuchen, den Geist, der nach außen strömt, nach oben zu richten, oder es kommt Schizophrenie, Spaltung dabei heraus.

Unsere Zivilisation, unsere Religionen sind der Hauptgrund für die menschliche Persönlichkeitsspaltung. Es ging ihnen nicht um die totale Harmonie. Es gibt Yoga-Lehrer, die Leuten, die nicht einmal in ihrem ersten Körper sind, Methoden beibringen, die die Energie nach oben wenden. Die Methoden beginnen zu wirken, und ein Teil der Person bleibt außerhalb des Körpers, während sich ein zweiter Teil nach oben bewegt. Damit kommt es zur Spaltung zwischen beiden. Es entstehen zwei Personen: Manchmal dies, manchmal jenes, Jekyll und Hyde.

Es ist nicht einmal ausgeschlossen, daß jemand sieben Personen zugleich sein kann. Dann ist die Spaltung vollkommen. Es haben sich sieben verschiedene Energien gebildet. Ein Teil geht nach unten, wo er sich mit dem ersten Körper identifiziert, ein anderer hält am zweiten fest, wieder ein anderer am dritten. Ein Teil steigt nach oben; ein anderer woandershin. Ein solcher Mensch hat überhaupt kein Zentrum.

Gurdjieff pflegte zu sagen, daß ein solcher Mensch genau wie ein Haus sei, in dem der Hausherr fehlt, und jeder Diener behauptet, der Hausherr zu sein. Und niemand kann das abstreiten, weil der Hausherr selbst nicht da ist. Wenn ein Besucher an die Türe klopft, wird der nächstbeste Diener zum Herrn. Am nächsten Tag ist ein anderer Diener an der Türe und behauptet, der Herr zu sein.

Ein Schizophrener hat überhaupt kein Zentrum. Und so sind wir alle. Wir haben uns der Gesellschaft angeglichen, das ist alles. Der eine mehr, der andere weniger. Der Herr jedenfalls ist nicht da oder schläft, und jeder unserer Bestandteile erhebt Besitzansprüche. Wenn der Sex-Drang vorherrscht, wird der Sex zum Meister. Moral, Familie, Religion – alles wird im Stich gelassen, Sex wird zum alleinigen Besitzer des Hauses. Und wenn der Sex vorbei ist, folgt die Frustration. Deine Vernunft gewinnt die Oberhand und sagt: „Ich bin der Herr im Haus." Jetzt erhebt die Vernunft ihren Anspruch auf das ganze Haus und verweigert dem Sex den Zutritt.

Jeder beansprucht das Haus für sich. Wenn Wut aufkommt, ergreift sie die Macht. Jetzt ist alle Vernunft, alles Bewußtsein vom Tisch gewischt. Die Wut diktiert. Das ist der Grund, warum wir andere nicht verstehen können. Jemand, der eben noch liebevoll war, wird wütend, und plötzlich ist alle Liebe verschwunden. Wir verlieren jetzt das Gefühl dafür, ob dieser Mensch liebt oder nicht. Die Liebe war nur ein Diener, und Wut oder Ärger sind jetzt auch nur Diener. Der Hausherr ist nicht da. Deshalb kann man sich gewöhnlich auf niemanden verlassen. Niemand ist sein eigener Herr, jeder beliebige Diener kann das Steuer an sich reißen. Es herrscht keine Einheit.

Was ich damit sagen will, ist dies: Man sollte nicht mit diesen Techniken experimentieren, bevor man die ersten vier Körper durchschritten hat. Sonst erzeugt man eine Spaltung, die unmöglich überbrückt werden kann, und man muß auf ein neues Leben warten, um wieder von vorne anzufangen. Es ist besser, Techniken zu praktizieren, die vom Anfang ausgehen. Wenn du schon in früheren Leben die ersten drei Körper verwirklicht hast, kannst du sie in einem einzigen Moment wieder durchqueren. Es macht keine Schwierigkeit. Du kennst das Gelände; du kennst den Weg. In einem einzigen Moment erscheinen sie dir; du erkennst sie wieder – und läßt sie hinter dir! Dann kannst du weitergehen. Ich bestehe also immer darauf, beim ersten Körper zu beginnen; für jeden.

Von dem vierten Körper aus weiterzugehen ist das Allerschwerste. Bis zum vierten Körper bist du menschlich. Jetzt wirst du übermenschlich. Im ersten Körper bist du nur ein Tier. Das Menschsein tritt erst mit dem zweiten Körper ins Dasein und gelangt erst im vierten zu vollkommener Blüte. Keine Zivilisation ist je über den vierten hinausgekommen. Jenseits des vierten Körpers beginnt das Übermenschliche. Wir können einen Christus, Buddha, Mahavir oder Krishna nicht als Menschen einordnen. Sie sind jenseits davon. Sie sind übermenschlich.

Der Blick nach oben ist ein Sprung aus dem vierten Körper. Wenn ich meinen ersten Körper von außen betrachte, bin ich nur ein Tier mit der Möglichkeit zum Menschentum. Der einzige Unterschied ist, daß ich ein Mensch werden kann, aber das Tier nicht. Im gegebenen Augenblick sind wir, das Tier und ich, beide auf einer Vorstufe zum Menschentum. Aber ich habe die Möglichkeit weiterzugehen. Und vom zweiten Körper an blüht das eigentliche menschliche Wesen auf.

Selbst einer, der im vierten Körper ist, kommt uns übermenschlich vor. Er ist es nicht. Ein Einstein oder ein Voltaire erscheinen als Übermenschen, aber sie sind keine. Sie stellen die Blüte des Menschenmöglichen dar, und da wir uns unterhalb des Menschlichen befinden, sind sie uns überlegen. Aber sie stehen nicht über dem Menschlichen an sich. Nur ein Buddha, ein Christus oder ein Zarathustra ist mehr als ein Mensch. Indem sie den Blick nach oben richteten, ihr Bewußtsein vom vierten Körper aufwärts richteten, gingen sie über die Grenze des Geistes hinaus und ließen den mentalen Körper hinter sich.

Es gibt Geheimnisse, die es wert sind, daß wir sie verstehen. Mohammed fand, als er den Blick nach oben richtete, daß etwas von oben zu ihm herunterkam. Wir interpretieren das örtlich, daher wird für uns der Himmel zum Reich der Götter. Für uns bedeutet „aufwärts" der Himmel; „abwärts" bedeutet die Schicht unter der Erde. Wenn wir jedoch auf diese Weise interpretieren, wird das Symbol nicht verstanden. Wenn Mohammed nach oben schaut, schaut er nicht in den Himmel; er schaut zum *ajna chakra*. Wenn er sagt, daß etwas von oben zu ihm gekommen ist, ist sein Gefühl richtig. „Oben" hat jedoch für uns eine andere Bedeutung. Zarathustra wird immer nach oben blickend dargestellt. Seine Augen schauen nie nach unten. Er schaute nach oben, als er das Göttliche zum ersten Mal sah. Das Göttliche kam als Feuer zu ihm; daher wurden die Parsen Feueranbeter. Dieses Gefühl des Feuers kommt vom *ajna chakra*. Wenn du nach oben blickst, fühlt sich diese Stelle feurig an, als ob sie brennt. Dieses Brennen verwandelt sich. Das niedere Wesen wird verbrannt, es verschwindet aus dem Dasein, und das höhere Wesen wird geboren. Das ist die Bedeutung des alchemistischen Symbols der „Feuertaufe".

Nach dem fünften Körper kommst du in einen wiederum anderen Bereich, eine andere Dimension. Vom ersten zum vierten

Körper geht die Bewegung von außen nach innen; vom vierten zum fünften geht sie von unten nach oben; vom fünften geht sie vom Ego zum Nicht-Ego. Das ist eine völlig neue Dimension. Es gibt weder Außen noch Innen, weder Hoch noch Tief. Es geht um „Ich" oder „Nicht-Ich". Es geht jetzt darum, ob es ein Zentrum gibt oder nicht.

Bis zum fünften ist man ohne Zentrum, in verschiedene Teile gespalten. Nur für den fünften Körper gibt es ein Zentrum: eine Einheit, ein Eins-Sein. Aber dieses Zentrum wird zum Ego. Das wird jetzt zum Hindernis für ein weiteres Fortschreiten. Jeder Schritt, der vorher eine Hilfe war, wird jetzt zu einem Hindernis für deine weitere Entwicklung. Du mußt auch die letzte Brücke hinter dir zerstören. Sie hat nur den Übergang ermöglicht, aber sie hält dich fest, wenn du an ihr hängst. Bis zum fünften Körper geht es darum, ein Zentrum zu errichten. Gurdjieff sagt, daß es Kristallisation bedeutet, dieses Zentrum zu erreichen. Jetzt gibt es keine Diener mehr; der Meister ist für alles da. Jetzt ist der Meister der Meister. Er ist erwacht; er ist zurückgekommen. Wenn der Meister da ist, ordnen sich die Diener unter, sie werden still.

Wenn du also in den fünften Körper eintrittst, kommt es zur Kristallisierung des Egos. Aber jetzt mußt du diese kristallisierte Form wieder auflösen, wenn du weiter vorankommen willst. Sie löst sich ins Kosmische auf, verliert sich in Leere. Nur jemand, der *hat*, kann verlieren, deshalb ist es unsinnig und absurd, vor dem fünften Körper von Egolosigkeit zu sprechen. Du hast gar kein Ego, wie sollst du es dann verlieren? Oder, anders ausgedrückt, du hast viele Egos, jeder deiner Diener hat sein Ego. Du bist multi-egoistisch, eine Multi-Persönlichkeit, multi-psychisch, aber kein vereinigtes Ego.

Du kannst das Ego nicht verlieren, weil du es nicht hast. Ein reicher Mann kann seinen Reichtum aufgeben, aber ein armer Mann kann das nicht. Er hat nichts aufzugeben, nichts zu verlieren. Aber es gibt arme Leute, die von der Weltabkehr träumen. Ein Reicher hat Angst davor, weil er etwas zu verlieren hat, aber ein Armer ist immer dazu bereit. Er ist bereit, aber er hat nichts aufzugeben.

Der fünfte Körper ist am vielfältigsten, am reichsten. Er ist der Höhepunkt des Menschenmöglichen, der Gipfel der Individualität, der Gipfel der Liebe, des Mitgefühls, alles dessen, was zählt. Die Dornen sind schon abgefallen. Jetzt muß auch die Blume vergehen. Dann bleibt nur noch ihr Duft. Die Blume selbst ist dahin.

Der sechste Körper ist der Bereich des Wohlgeruchs, des kosmischen Duftes. Keine Blume, kein Zentrum. Ein Umkreis ohne Zentrum. Du kannst entweder sagen, daß alles zum Zentrum geworden ist oder daß es kein Zentrum gibt. Es gibt nur ein vages Gefühl davon. Es gibt keine Spaltung, keine Teilung – nicht einmal die Spaltung des Individuums in das „Ich" und das „Nicht-Ich", das „Ich" und das „andere". Es gibt keinerlei Spaltung mehr. Das Individuum kann sich also auf zwei Weisen auflösen: die eine ist, schizophren zu werden, sich in viele Unterpersönlichkeiten aufzuspalten, und die andere Möglichkeit ist, kosmisch zu werden – ins Höchste verloren zu gehen. Dorthin, wo es keine Blume mehr, sondern nur noch ihren Duft gibt.

Die Blume stellt immer noch eine Störung dar, aber wenn es nur noch den Duft gibt, ist alles vollkommen. Jetzt gibt es keinen Ursprung mehr dafür, deshalb auch keinen Tod. Alles was einen Anfang hat, wird vergehen, aber jetzt gibt es keine Blume mehr, daher gibt es auch keine Ursache für den Duft. Er ist einfach da, unverursacht, und somit gibt es weder Tod noch Grenzen. Eine Blume hat noch Begrenzungen; ihr Duft aber ist unbegrenzt. Er breitet sich unbeschränkt aus – immer weiter, ins Jenseits.

Im fünften gibt es also kein Auf oder Ab, kein seitwärts, innen oder außen. Die Frage ist jetzt: Ich oder Nicht-Ich. Aber das

Ego aufzugeben, ist das Schwierigste. Bis zum fünften Körper macht das Ego keine Probleme, weil das Ego zunehmend erfüllt wird, wenn du in Neuland vorstößt. Niemand will schizophren sein; jeder hätte gerne eine kristallisierte Persönlichkeit. Deshalb kann jeder Wahrheitssucher, jeder *sadhaka* bis zum fünften Körper vordringen.

Es gibt keine Methode, den fünften Körper hinter sich zu lassen, weil jede Methode an das Ego anknüpft. Sobald du eine Methode verwendest, wird das Ego gestärkt. Deshalb sprechen diejenigen, die über den fünften hinausgehen wollen, von der Nicht-Methode, von Nicht-Technik. Jetzt gibt es kein *wie* mehr. Vom fünften Körper an ist keine Methode notwendig.

Du kannst eine Methode bis zum fünften benützen, aber nicht danach, weil es dann niemanden mehr gibt, der sie benützen könnte. Wenn etwas benutzt wird, wird der Benützer gestärkt. Sein Ego kristallisiert sich noch mehr, es wird ein Kristallisationskern. Deshalb sagen diejenigen, die im fünften Körper geblieben sind, daß es unbegrenzt viele Seelen gibt, unzählige Geistwesen. Sie stellen sich jedes Geistwesen als Atom vor. Zwei Atome können sich nicht treffen. Sie haben keine Fenster, keine Türen, schließen sich gegen alles ab, was außerhalb ihrer selbst ist.

Das Ego hat keine Fenster. Man kann es mit dem Wort von Leibniz beschreiben: *Monaden*. Diejenigen, die im fünften Körper bleiben, werden zu Monaden: fensterlose Atome. Jetzt bist du allein und allein, immer allein.

Aber du mußt dieses kristallisierte Ego wieder loswerden. Wie soll das ohne Methode möglich sein? Wie soll man es überwinden, wenn es keinen Weg dazu gibt? Wie sollst du ihm entkommen? Es gibt keinen Durchlaß. Zenmönche sprechen vom torlosen Tor. Jetzt gibt es kein Tor, und trotzdem muß man weitergehen.

Was tun? Das wichtigste: Sei mit dieser Kristallisation nicht identifiziert. Nimm einfach dieses verschlossene Haus des „Ichs" zur Kenntnis. Nimm es nur wahr, tu nichts – und es kommt zur Explosion. Plötzlich bist du jenseits davon.

Im Zen gibt es eine Parabel. Ein Gänseei wird in eine Flasche gelegt. Das Kücken schlüpft aus dem Ei und fängt an zu wachsen, aber weil der Flaschenhals zu klein ist, kann es nicht aus der Flasche. Es wächst immer weiter, und die Flasche wird zum Leben zu klein. Jetzt muß die Flasche zerstört werden, wenn die Gans nicht sterben soll. Einem Sucher wird die Frage gestellt: „Was soll man tun. Wir wollen keines von beiden verlieren. Gans und Flasche müssen erhalten bleiben. Was soll man also tun?" Das ist die Kernfrage des fünften Körpers. Wenn es keinen Ausweg gibt und die Gans weiter wächst, wenn Kristallisation zum Dauerzustand wird, was soll man dann tun?

Der Sucher geht in einen Raum und fängt an, die Sache auszuknobeln. Was tun? Die einzig möglichen Lösungen scheinen zu sein, entweder die Flasche zu zerbrechen und die Gans zu retten oder die Gans aufzugeben und die Flasche heil zu erhalten. Der Sucher denkt und grübelt, knobelt Lösungen aus, die er wieder aufgeben muß, weil sie keinen Ausweg darstellen. Der Meister schickt ihn jedesmal zurück, noch mehr darüber nachzudenken.

Viele Tage und Nächte lang denkt und sucht er weiter, aber es gelingt ihm nicht. Schließlich kommt das Denken zum Stillstand. In diesem Moment rennt er hinaus und schreit: „Heureka. Die Gans *ist* draußen." Der Meister fragt niemals nach dem „Wie", weil die ganze Sache von vornherein absurd ist.

Das Problem, aus dem fünften Körper herauszukommen, wird zu einem Zen-*Koan*. Man muß sich nur die Kristallisierung bewußt machen, und die Gans ist draußen. Es kommt ein Moment, wo du draußen bist: Es *gibt* kein „Ich". Man hat seine Kristallisation erreicht und wieder verloren. Für den fünften Körper war die Kristallisation, das Zentrum, das Ego unent-

behrlich. Es war als Durchgang, als Brücke notwendig; sonst könnte man den fünften Körper nicht durchqueren. Aber jetzt braucht man es nicht länger.
Es gibt Personen, die den fünften erreicht haben, ohne durch den vierten zu gehen. Ein Reicher ist in gewisser Weise kristallisiert. Jemand, der zum Präsidenten eines Landes geworden ist, hat sich in gewisser Weise kristallisiert. Auf ihre Weise waren sogar Hitler und Mussolini kristallisierte Persönlichkeiten. Aber die Kristallisation findet im fünften Körper statt, und wenn die vier ersten Körper nicht im Einklang mit ihm sind, wird die Kristallisierung zur Krankheit. Mahavir und Buddha sind auch kristallisiert, aber ihre Kristallisierung ist harmonisch.
Wir alle sehnen uns aus einem inneren Drang heraus danach, den fünften Körper zu erreichen – das Ego zu erfüllen. Aber wenn wir eine Abkürzung wählen, sind wir am Ende verloren. Der kürzeste Weg führt durch Reichtum, Macht und Politik. Man kann damit ein Ego aufbauen, aber es ist eine falsche Kristallisierung; sie ist nicht im Einklang mit deiner gesamten Persönlichkeit. Es ist wie ein Hühnerauge, das sich an deinem Fuß geformt, „kristallisiert" hat. Es ist eine „Fehl-Kristallisation", ein Auswuchs, eine Krankheit.
Wenn die Gans aus dem fünften heraus ist, bist du im sechsten. Vom fünften zum sechsten erstreckt sich das Reich der Mysterien. Bis zum fünften können wissenschaftliche Methoden benutzt werden, deshalb hilft Yoga. Aber danach ist es bedeutungslos, weil Yoga eine Methodik ist, eine wissenschaftliche Technik.
Im fünften ist Zen sehr hilfreich. Es ist eine Methode, vom fünften zum sechsten zu gehen. Zen gelangte in Japan zur Blüte, aber es begann in Indien. Es hat seine Wurzeln im Yoga; Zen ist die Blüte des Yoga.
Zen übt auf den Westen so große Anziehung aus, weil das westliche Ego in gewissem Sinn kristallisiert ist. Der Westen ist der

Herr der Welt, er hat alles. Aber das Ego hat sich dort durch den falschen Prozeß kristallisiert. Es ist nicht durch Transzendenz der ersten vier Körper entstanden. Daher ist Zen so attraktiv im Westen, aber es kann zu nichts führen, weil diese Kristallisierung künstlich ist. Gurdjieff kann dem Westen eher helfen, weil er konsequent vom ersten bis zum fünften hin arbeitet. Darüber hinaus kann er nichts ausrichten, nur bis zum fünften, bis zur Kristallisierung. Durch seine Techniken kann man zu einer wahrhaften Kristallisierung gelangen.

Zen kann nur eine Modeerscheinung im Westen sein, denn es hat dort keine Wurzeln. Zen hat sich im Osten durch einen sehr langen Prozeß entwickelt, der mit *Hatha*-Yoga anfing und in Buddha seinen Höhepunkt fand. Tausende von Jahren in Bescheidenheit und Demut gingen voraus: Nicht-Ego, sondern Passivität; nicht positive Aktion, sondern Empfänglichkeit – eine lange Tradition des weiblich-empfänglichen Geistes. Der Osten war seit je weiblich, während der Westen männlich ist: aggressiv, positiv. Der Osten war immer offen, aufnahmebereit. Zen konnte im Osten weiterhelfen, weil andere Methoden, andere Systeme an den vier niedrigeren Körpern gearbeitet haben. Diese vier wurden die Wurzeln, und Zen konnte zur Blüte gelangen.

Heutzutage ist Zen in Japan fast bedeutungslos. Der Grund dafür ist, daß Japan absolut westlich geworden ist. Die Japaner waren einmal die bescheidensten Menschen, aber jetzt ist es nur noch Schauspielerei. Es ist nicht länger Teil ihres innersten Wesens. Deshalb hat Zen seine Wurzeln in Japan verloren und ist jetzt im Westen beliebt. Aber die Beliebtheit hängt nur mit der Schein-Kristallisierung des westlichen Egos zusammen.

Vom fünften zum sechsten ist Zen sehr hilfreich. Aber nur dann, weder vorher noch nachher. Es ist absolut bedeutungslos für die anderen Körper. Und wenn man Universitätskurse im Kindergarten abhält, kann das Schaden anrichten.

Wenn Zen vor dem fünften Körper eingesetzt wird, kannst du ein *satori* erfahren, aber das ist nicht *samadhi*. Satori ist ein falsches Samadhi. Es ist ein Funken davon, aber nur ein Funken. Ein Satori im vierten Körper, im mentalen Körper, macht dich künstlerischer, ästhetischer. Es wird einen Sinn für Schönheit in dir öffnen, ein Gefühl des Wohlbefindens. Aber es verhilft nicht zur Kristallisierung. Es hilft dir nicht, vom vierten zum fünften Körper zu gelangen.

Nur jenseits der Kristallisierung ist Zen eine Hilfe. Die Gans ist aus der Flasche, ohne jedes „Wie". Aber nur an diesem Punkt, nachdem viele andere Methoden praktiziert worden sind, ist Zen anwendbar. Ein Maler kann mit geschlossenen Augen malen; er kann malen, als sei es ein Spiel. Ein Schauspieler kann spielen, als ob er sich nicht verstellt. Schauspielerei ist erst dann perfekt, wenn sie nicht als Schauspielerei erkennbar ist. Aber viele mühevolle Jahre der Übung waren dazu nötig. Jetzt ist der Schauspieler völlig gelassen, aber diese Gelassenheit kommt nicht über Nacht. Sie hat ihre Voraussetzungen.

Wir gehen, aber ohne je zu wissen, wie wir das machen. Wenn dich jemand fragt, wie du gehst, sagst du: „Ich gehe einfach. Es gibt da kein ‚Wie'". Aber das „Wie" spielt durchaus eine Rolle für ein Kind, das zu laufen anfängt. Es lernt erst. Solltest du dem Kind sagen, daß es zum Gehen keine Methode braucht – „Geh einfach" –, wäre das unsinnig. Das Kind würde es nicht verstehen. Krishnamurti redet in dieser Weise mit Erwachsenen, die in ihrer geistigen Entwicklung auf der Stufe von Kindern sind, er sagt: „Du kannst gehen, geh einfach." Die Leute hören zu, sie fühlen sich geschmeichelt. Wie einfach! Man kann ohne Methode laufen? Dann kann ja jedermann laufen!

Krishnamurti ist im Westen beliebt geworden, und zwar nur deswegen. Wenn man sich *Hatha*-Yoga, *Mantra-*, *Bhakti-*, *Raja-*Yoga oder Tantra anschaut, kommt es einem so langwierig und beschwerlich, so schwierig vor! Jahrhunderte von Arbeit sind nötig, Leben für Leben. Wer kann schon so lange warten? Es muß eine Abkürzung, einen direkten Zugang geben. Deshalb kommt Krishnamurti gut an. Er sagt: „Du gehst einfach – gehst ins Göttliche ein. Es gibt keine Methode." Aber es ist die schwierigste Aufgabe von allen, ohne Methode zu gehen. Zu handeln, als ob man nicht handelt, zu sprechen, als ob man nicht spricht, so mühelos zu gehen, als ginge man gar nicht – dazu braucht man eine lange Vorbereitung.

Arbeit und Anstrengung sind notwendig; es geht nicht ohne sie. Aber sie haben ihre Grenzen. Man braucht sie bis zum fünften Körper, aber vom fünften zum sechsten sind sie unnütz. Du kommst nirgendwohin, die Gans kommt niemals heraus.

Das ist das Problem mit indischen Yogis. Sie haben es schwer, den fünften Körper zu überschreiten, weil sie von ihren Methoden so eingenommen sind, von ihnen hypnotisiert sind. Sie haben immer mit einer Methode gearbeitet. Bis zum fünften war es eine klar umrissene Wissenschaft, und man kam leicht voran. Man mußte sich anstrengen – aber man konnte es *tun*. Wieviel Anstrengung dazu nötig war, war kein Problem für sie, sie konnten die Kraft dazu aufbringen.

Aber jetzt, im fünften Körper müssen sie sich von Methoden lösen, zur Nicht-Methode gelangen. Jetzt sind sie mit ihrer Weisheit am Ende. Sie setzen sich hin und stagnieren. Und für viele Sucher wird der fünfte Körper zur Endstation. Deshalb reden sie von fünf und nicht von sieben Körpern. Dienigen, die nur bis zum fünften Körper gekommen sind, denken, daß er das Ende ist. Er ist nicht das Ende, sondern ein neuer Anfang. Jetzt muß man vom Individuellen zum Nicht-Individuellen gehen. Zen oder ähnliche Methoden können hilfreich sein, wenn man sie mühelos anwenden kann.

Zazen bedeutet einfach nur sitzen, nichts tun. Jemand, der viel getan hat, kann sich nichts darunter vorstellen. Einfach nur sitzen und nichts tun? Das ist unvorstellbar. Einem Gandhi geht hier die Luft aus. Er sagt: „Ich spinne mein Garn weiter. Man muß etwas tun. Das ist mein Gebet, meine Meditation." Nicht-Tun bedeutet für ihn, nichts zu tun. Das Nicht-Tun hat sein eigenes Reich, sein eigenes Glück, seine eigene Ordnung, aber es kommt nach dem fünften, wenn es in den sechsten geht. Man kann es nicht vorher verstehen.

Vom sechsten zum siebten Körper gibt es nicht einmal „Keine Methode". Methoden verschwinden im fünften, und „Keine Methode" im sechsten Körper. Eines Tages findest du dich einfach im siebten. Selbst der Kosmos ist verschwunden; es gibt nur die Leere. Es passiert einfach so. Der Übergang zum siebten geschieht unvermittelt, unverursacht, unvorhergesehen.

Nur wenn der Übergang keine Ursache hat, sind die Brücken abgebrochen. Wenn er verursacht wird, bliebe eine Verbindung und das Sein könnte nicht verloren gehen – selbst im siebten Körper. Er ist totales Nicht-Sein: Nirvana, Leere, Nicht-Existenz.

Es gibt keine Möglichkeit für irgendeine Kontinuität, wenn man von der Existenz in die Nicht-Existenz geht. Es ist ein unverursachter Sprung. Wenn er eine Ursache hätte, gäbe es Kontinuität, und es wäre kein Unterschied zum sechsten Körper. Deshalb kann man nicht einmal davon sprechen, daß man vom sechsten zum siebten Körper geht. Es ist eine Diskontinuität, eine Kluft. Es war etwas da, und jetzt ist etwas anderes – aber es gibt keine Verbindung dazwischen. Da war etwas, was gerade aufgehört hat, und jetzt ist etwas, was gerade eingesetzt hat. Es gibt keinen Zusammenhang zwischen den beiden. Es ist, als ob ein Gast aus einer Türe gegangen ist und ein anderer durch einen anderen Eingang hereinkommt. Sie stehen in keiner Verbindung.

Der siebente Körper ist der Höchste, weil du jetzt selbst die kausale Welt verlassen hast. Du bist zum Ursprung zurückgekommen, der besteht, bevor etwas erschaffen wurde und nachdem es vernichtet wird. Es gibt also vom sechsten zum siebten Körper nicht einmal „Keine-Methode". Nichts hilft irgendwie weiter, alles kann ein Hindernis sein. Vom Kosmischen zum Nichts gibt es nur einen Sprung: unverursacht, unvorbereitet, ohne Begehren.

Es geschieht aus heiterem Himmel. Man muß nur im Sinn behalten, daß man nicht am sechsten festhalten darf. Festhalten wird dir den Sprung ins Siebte verwehren. Es gibt keinen positiven Weg, ins Siebte zu gehen, aber es kann negative Hindernisse geben. Du kannst *brahma* am Kosmos festhalten. Du kannst sagen: „Ich hab's geschafft." Wer sagt, er habe das Ziel erreicht, kann nicht zum Siebten weiter. Wer sagt: „Ich weiß", bleibt im Sechsten. Diejenigen, die die Veden schrieben, blieben im Sechsten. Nur ein Buddha geht darüber hinaus, indem er sagt: „Ich weiß nicht." Er weigert sich, Antworten auf die allerletzten Fragen zu geben. Er sagt: „Niemand weiß. Niemand hat es gewußt." Buddha wurde nicht verstanden. Die, die ihn hörten, sagten: „Nein, unsere Lehrer wissen es besser. Sie sagen, daß es Brahma gibt." Aber Buddha spricht vom siebten Körper. Kein Lehrer kann sagen, daß er den siebten Körper gekannt hat, weil du in dem Moment, in dem du etwas sagst, den Kontakt damit verlierst. Wenn du es kennst, kannst du nichts sagen. Bis zum sechsten Körper kann man Symbole verwenden, aber für den siebten gibt es kein Symbol. Es ist nur eine Leere.

Es gibt einen Tempel in China, der vollkommen leer ist. Es gibt nichts darin: kein Heiligenbild, keine Schriften, nichts. Er besteht nur aus blanken, nackten Wänden. Selbst der Priester bleibt draußen. Er sagt: „Ein Priester kann nur vor dem Tempel sein, nicht innen drin." Wenn du ihn fragst, wo die Gottheit des Tempels ist, sagt er: „Sieh doch!" – und da ist nur Leere, da ist niemand. Er sagt: „Sieh! Hier! Jetzt!", und da ist nur ein nackter, leerer Tempel, bar jeden Inhalts.

Wenn du nach Objekten Ausschau hältst, kannst du nicht

vom Sechsten zum Siebten springen. Deshalb gibt es negative Vorbereitungen. Es braucht einen negativen Geist, der sich nach nichts sehnt – nicht einmal nach *moksha*, nicht einmal nach Erlösung, Nirvana, Wahrheit, einen Geist, der auf nichts wartet – nicht auf Gott, nicht auf Brahma. Er *ist* einfach nur da, ohne jede Sehnsucht, ohne irgendein Verlangen, ohne jeden Wunsch. Das ist pures Dasein. Und dann geschieht es ... und selbst der Kosmos verschwindet. Deshalb kannst du nach und nach ins Siebte überwechseln. Fang vom Physischen aus an und dringe zum Ätherischen vor. Dann zum Astralen, Mentalen und zum Spirituellen. Bis zum Fünften kannst du dich vorbereiten und dann, vom Fünften an, sei einfach nur bewußt. Tun ist dann nicht mehr wichtig; jetzt kommt es auf Bewußtsein an. Und schließlich, vom Sechsten zum Siebten wird selbst Bewußtsein überflüssig. Sei einfach nur da. Alles steckt als Anlage, als Vermögen, als Samenkorn schon in uns.

DIE SPANNUNG ZWISCHEN SEIN UND WERDEN

Sage uns bitte etwas über Spannung und Entspannung in den sieben Körpern.

Der Ursprung aller Spannung ist das Werden. Man versucht immer, etwas anderes zu werden als man ist, niemand ist mit sich zufrieden, so wie er ist. Das Sein wird nicht akzeptiert, sondern verleugnet, und etwas anderes wird zum Ideal gemacht, das man erreichen muß. Die grundlegende Spannung besteht also zwischen dem, was du bist, und dem Ziel deiner Sehnsucht.
Du sehnst dich danach, etwas zu werden. Spannung bedeutet,

daß dir einerseits das, was du bist, unangenehm ist und daß du dich auf der anderen Seite nach etwas sehnst, was du nicht bist. Zwischen beidem entsteht ein Spannungsfeld. Wonach du dich sehnst, spielt keine Rolle. Ob du reich, berühmt oder einflußreich werden willst oder ob du frei, erlöst, göttlich oder unsterblich sein willst, selbst wenn du dich nach Erlösung sehnst, nach *moksha* – auch dann entsteht Spannung.

Alles, was du als zukünftiges Ziel erreichen möchtest, steht im Gegensatz zu dem, was du bist und führt zu Verspannungen. Je unmöglicher das Ideal ist, desto mehr verspannst du dich. Deshalb ist ein Materialist gewöhnlich nicht so angespannt wie ein religiöser Mensch, weil sich der religiöse Mensch nach dem Unmöglichen sehnt, nach etwas, das nicht einmal in Aussicht ist. Die Entfernung ist so groß, daß nur eine Spannung den Zwischenraum füllen kann.

Spannung bedeutet eine Kluft zwischen dem, was du bist, und dem, was du sein willst. Wenn die Kluft groß ist, ist die Spannung auch groß; ist sie klein, ist die Spannung auch geringer. Und wenn es überhaupt keine Lücke gibt, bedeutet das, daß du zufrieden bist mit dem, was du bist. Dann bist du geistesgegenwärtig, im Moment. Es gibt nichts, was dich verspannt; du bist mit dir im klaren, bist gelassen und ruhig. Du bist im *tao*. Für mich bist du religiös, wenn es keine innere Kluft gibt – dann bist du im *dharma*, in der natürlichen Harmonie, lebst nach dem universellen, spirituellen Gesetz. Die Kluft kann auf vielen Ebenen bestehen. Hast du ein körperliches Verlangen, ist auch die Spannung körperlich. Wenn du einen bestimmten Körper, eine bestimmte Form und Figur haben willst, dich nach etwas anderem sehnst, als du auf der körperlichen Ebene bist, dann entsteht Spannung in deinem physischen Körper. Du willst schöner sein. Jetzt verspannt sich dein Körper. Diese Spannung fängt im physischen Körper an; wenn sie aber dauernd aufrecht erhalten wird, kann sie tiefer gehen und sich auf deine anderen Wesensebenen ausbreiten.

Wenn du nach psychischen Kräften verlangst, entsteht die Spannung in der psychischen Ebene und breitet sich von dort aus. Die Spannung breitet sich aus wie Wellen, wie wenn du einen Stein in den See wirfst. Er fällt an eine bestimmte Stelle, aber die Wellen, die dadurch entstehen, breiten sich ins Unbegrenzte aus. Die Spannung kann deshalb von jedem beliebigen Körper ausgehen, aber die Ursache ist immer dieselbe: die Kluft zwischen einem bestehenden Zustand und einem ersehnten Zustand.

Wenn du den dir eigenen Intellekt verändern, transformieren willst – du möchtest klüger, intelligenter sein –, entsteht Spannung. Nur wenn man sich total akzeptiert, gibt es keine Spannung. Vollkommene Bejahung ist ein Wunder, das einzige Wunder, das es gibt. Einen Menschen zu finden, der sich selbst völlig akzeptiert, ist die einzige wirkliche Überraschung. Das Sein an sich ist entspannt. Spannung entsteht immer aus hypothetischen, noch nicht verwirklichten Möglichkeiten. In der Gegenwart gibt es keine Spannung; Spannung kommt immer aus einer Zukunftsorientierung, aus deiner Vorstellung. Du kannst dir vorstellen, daß du anders bist als du bist. Aus dieser vorgestellten Möglichkeit entsteht die Spannung. Es ist also wahrscheinlich, daß jemand um so angespannter ist, je stärker seine Vorstellungskraft ist. Dann wirkt sich die Vorstellungskraft zerstörerisch aus.

Phantasie kann auch aufbauend, schöpferisch sein. Wenn sich dein ganzes Vorstellungsvermögen auf die Gegenwart richtet, auf den gegenwärtigen Moment, nicht auf die Zukunft, fängst du an, dein Dasein als Poesie wahrzunehmen. Deine Phantasie geht dann nicht in Sehnsüchte, sondern wird für das Leben eingesetzt. Lebst du in der Gegenwart, bist du jenseits von Spannung.

Tiere sind nicht verspannt, Bäume sind nicht verspannt, weil sie keine Vorstellungskraft haben. Aber sie sind unterhalb, nicht oberhalb der Spannungszone. Ihre Spannung ist nur eine Möglichkeit, sie ist noch nicht verwirklicht. Sie sind auf dem Weg der Evolution. Es wird ein Moment kommen, in dem Spannung in ihnen explodiert und sie sich nach der Zukunft sehnen. Das kommt zwangsläufig, die Phantasie erwacht. Die Vorstellungskraft fließt als erstes in die Zukunft. Du erzeugst Bilder, und weil es keine Wirklichkeit gibt, die damit in Verbindung steht, erzeugst du immer mehr Bilder. In der Gegenwart kannst du normalerweise mit deiner Phantasie nichts anfangen. Wie kannst du die Gegenwart erfinderisch verändern? Das scheint nutzlos. Diesen Punkt muß man verstehen.

Wenn du bewußt in der Gegenwart sein kannst, lebst du nicht in der Vorstellung. Dann ist die Vorstellungskraft frei, im Augenblick selbst schöpferisch zu sein. Man braucht nur den richtigen Brennpunkt. Ist diese Energie aufs Wirkliche gerichtet, wird sie kreativ. Die Schöpfung kann jede Form annehmen. Wenn du ein Dichter bist, explodiert sie als Poesie. Aber diese Dichtung wird keine Zukunftssehnsucht, sondern ein Ausdruck der Gegenwart.

Wenn du ein Maler bist, wird die Energie als Malerei explodieren. Und das Bild wird kein Phantasiebild sein, sondern aus deinen Erfahrungen, aus deinem Leben heraus entstehen.

Lebst du nicht in der Phantasie, hast du den gegenwärtigen Moment zur Verfügung. Du kannst ihn ausdrücken oder Schweigen bewahren. Aber das Schweigen ist jetzt kein totes, angelerntes Schweigen. Dieses Schweigen ist auch ein Ausdruck des Augenblicks. Der Moment ist so tief, daß er nur durch Schweigen ausgedrückt werden kann. Nicht einmal Poesie ist angemessen; du kannst kein Bild davon malen. Kein Ausdruck ist möglich. Schweigen ist der einzige Ausdruck. Das Schweigen ist nichts Negatives, sondern vielmehr ein positives Aufblühen. Es ist etwas in dir zur Blüte gelangt, die Blüte der Stille, und durch diese Stille wird alles, was du lebst, ausgedrückt.

Man muß noch einen weiteren Punkt verstehen. Wenn die Gegenwart durch die Vorstellungskraft zum Ausdruck kommt, ist es weder eine Zukunftsvorstellung noch eine Reaktion auf die Vergangenheit. Es ist nicht Ausdruck irgendeiner Erfahrung, die man gemacht hat. Es ist die Erfahrung des Erfahrens – wie du es lebst, wie es in dir geschieht. Es ist keine gelebte Erfahrung, sondern ein lebendiger Erfahrungsprozeß.

Erfahrung und erfahren sind nicht mehr zwei verschiedene Dinge. Sie sind ein und dasselbe. Es gibt keinen Maler mehr, sondern die Erfahrung selber ist zum Bild geworden; das Erfahren selbst hat sich zum Ausdruck gebracht. Du bist kein Schöpfer; du bist die Schöpfung, bist lebendige Energie. Du bist kein Dichter; du bist Dichtung. Die Erfahrung kommt weder aus der Zukunft noch aus der Vergangenheit. Der Moment selbst ist zur Ewigkeit geworden, und alles entspringt aus ihm. Es ist ein Aufblühen.

Dieses Aufblühen kann auf sieben Ebenen geschehen, genauso wie die Spannung sieben Ebenen hat. Es findet in jedem Körper statt. Geschieht es zum Beispiel auf der physiologischen Ebene, wirst du plötzlich schön, und zwar in einem ganz neuen Sinn. Diese Schönheit hat keine Form, sie ist formlos und unsichtbar. Kannst du diesen spannungslosen Augenblick mit deinem Körper empfinden, lernst du ein positives Wohlsein, ein Wonnegefühl kennen, das du noch nie zuvor erlebt hast.

Wir kennen nur verschiedene Stadien von Wohlbefinden, die negativ sind: negativ, weil wir sagen, wir seien gesund und damit lediglich meinen, daß wir nicht krank sind. Diese Gesundheit ist nur eine Verneinung von Krankheit, sie hat nichts Positives an sich; sie ist nur die Abwesenheit von Krankheit. Die medizinische Definition von Gesundheit sagt, daß du gesund bist, wenn du nicht krank bist. Aber Gesundheit hat auch eine positive Dimension. Sie ist nicht nur die Abwesenheit von Krankheit, sondern die Anwesenheit von Gesundheit.

Dein Körper kann nur entspannt sein, wenn du von Moment zu Moment lebst. Ißt du, und wird der Moment dabei zur Ewigkeit, gibt es weder Zukunft noch Vergangenheit. Der Vorgang des Essens ist alles, was es gibt. Du tust nichts; du bist das Tun selbst. Es gibt keine Spannung, dein Körper ist befriedigt. Oder wenn du in sexueller Vereinigung bist und Sex nicht nur eine Freisetzung sexueller Spannung ist, sondern ein positiver Ausdruck von Liebe und du gehst total darin auf, dann kannst du ebenfalls ein positives Wohlbefinden in deinem Körper kennenlernen. Du kannst auch laufen, und zwar so, daß es nichts anderes mehr gibt; du bist nur noch die Empfindungen, die dich durchströmen, du bist nicht getrennt, sondern eins mit ihnen, es gibt keine Zukunft, kein Ziel zu erreichen, sondern das Rennen, das Laufen selbst ist das einzige Ziel – auch dann erlebst du ein positives Wohlsein. Dein Körper ist unverspannt. Du hast auf der physiologischen Ebene einen Moment entspannten Daseins kennengelernt.

Und dasselbe trifft auf jeden der sieben Körper zu. Es fällt uns leicht, einen Moment der Entspannung im ersten Körper wahrzunehmen, weil wir bereits zwei Dinge kennen, die wir körperlich empfinden können – Krankheit, das positive Unwohlsein, und ein negativ definiertes Wohlbefinden, die Abwesenheit von Krankheit. Das kennen wir bereits, deshalb können wir uns eine dritte Möglichkeit vorstellen: positives Wohlbefinden, Gesundheit. Was Spannungslosigkeit im zweiten, dem ätherischen Körper bedeutet, ist ein bißchen schwieriger zu verstehen, weil du nichts über ihn weißt. Trotzdem kann man sich gewisse Zusammenhänge verdeutlichen.

Träume spielen sich hauptsächlich im zweiten, im ätherischen Körper ab. Wenn wir also normalerweise über Träume sprechen, dann sprechen wir über ätherische Träume. Hast du in dir starke physische Spannungen angesammelt, dann führt auch das zu vielen Träumen. Es entsteht zum Beispiel ein bestimmter Traum, wenn du hungrig warst oder gefastet hast. Das ist physiologisches Träumen. Es hängt nicht mit dem ätherischen Körper zusammen.

Der Ätherleib hat seine eigenen Spannungen. Auf der Traumebene äußern sich Spannungen des Ätherleibs als Alpträume. Selbst in deinen Träumen bist du jetzt angespannt; die Spannung verfolgt dich.

Die hauptsächliche Spannung im Ätherleib hängt mit der Erfüllung deiner Wünsche zusammen. Wir träumen alle von Liebe. Sex ist etwas physiologisches, Liebe nicht. Liebe gehört nicht zum physischen, sondern zum ätherischen Körper; wenn sie aber nicht gelebt wird, nicht zur Erfüllung gelangt, kann selbst dein physischer Körper darunter leiden. Beide Körper haben Bedürfnisse, die erfüllt werden müssen. Der zweite Körper hat seinen eigenen Hunger; er braucht auch Nahrung. Diese Nahrung ist Liebe.

Jeder Mensch träumt von Liebe, aber keiner liebt jemals wirklich. Jeder träumt von Liebe – wie sie sein sollte und mit wem –, findet sich jedoch darin enttäuscht. Entweder träumen wir von der Zukunft oder, wenn wir frustriert sind, von der Vergangenheit, aber liebevoll sind wir nie.

Es gibt noch andere Spannungen im Ätherleib, aber am Beispiel der Liebe kann man sie am leichtesten verstehen. Wenn du in der Gegenwart, im Moment lieben kannst, dann entspannt sich der ätherische Körper. Aber du kannst nicht in der Gegenwart lieben, wenn du Forderungen und Bedingungen stellst, Erwartungen an deine Liebe hast, denn das zielt alles auf deine Zukunft ab.

Die Gegenwart läßt sich von dir nichts vorschreiben. Sie ist, wie sie ist. Aber du kannst Zukunftserwartungen haben: wie es sein sollte. Auch Liebe ist zu einem „sollte“ geworden; es geht immer darum, was „sein sollte“. Du kannst nur dann im Jetzt liebevoll sein, wenn deine Liebe keine Erwartung oder

Forderung ist, nur, wenn sie keine Bedingungen kennt.
Auch wenn du nur einen Menschen liebst und sonst niemanden, kannst du niemals in der Gegenwart lieben. Ist deine Liebe auf eine Beziehung beschränkt, ist sie nicht deine eigentliche Gemütsverfassung, kannst du nicht in der Gegenwart lieben, weil diese Ausschließlichkeit auf unmerkliche Weise auch eine Bedingung darstellt.
Sage ich, daß ich nur dich liebe, hieße es, daß ich keine Liebe empfinde, wenn du nicht da bist. Dann bin ich dreiundzwanzig Stunden lang in einem lieblosen Zustand und nur eine Stunde lang liebevoll, nur, wenn ich mit dir zusammen bin. Das ist nicht möglich. Du kannst nicht in einem Moment lieben und im nächsten nicht.
Wenn ich gesund bin, bin ich vierundzwanzig Stunden lang gesund. Es ist nicht möglich, nur eine Stunde gesund und dreiundzwanzig Stunden lang krank zu sein. Gesundheit ist keine Beziehung, sondern ein Seins-Zustand. Liebe ist keine Beziehung zwischen zwei Personen. Sie ist ein Gemütszustand. Bist du liebevoll, bist du es zu jedermann. Und nicht nur Personen, sogar Dingen gegenüber. Deine Liebe strömt auch zu Gegenständen. Selbst wenn du allein bist, wenn niemand da ist, bist du liebevoll. Es ist genau wie Atmen. Schwöre ich dir, nur zu atmen, wenn ich mit dir zusammen bin, bedeutet das meinen Tod. Atmen ist keine Beziehung, es ist nicht an eine Beziehung gebunden. Und Liebe ist für den ätherischen Körper genau wie Atmen.
Du bist also entweder voller Liebe oder du bist es nicht. Die Art von Liebe, die sich auf dieser Welt eingebürgert hat, ist sehr gefährlich. Selbst Krankheit hat nicht zu so viel Unsinn geführt wie diese sogenannte Liebe. Die ganze Menschheit ist angeschlagen, ist von dieser falschen Einstellung zur Liebe verseucht.
Wenn du lieben kannst, liebevoll sein kannst, egal zu wem,

dann kann dein zweiter Körper einen Sinn für Wohlbefinden entwickeln, eine positive Gelöstheit, Gelassenheit. Dann gibt es keine Alpträume, sondern deine Träume werden zu Poesie. Es geschieht etwas in deinem zweiten Körper, und der Duft davon erfüllt nicht nur dich, sondern auch andere. Egal, wo du bist, bist du vom Flair der Liebe umgeben. Und natürlich hat das seine eigene Antwort, sein eigenes Echo.

Wirkliche Liebe ist keine Funktion des Egos. Ego verlangt immer nach Macht, deshalb kann deine Liebe nur gewalttätig sein – sie ist keine wirkliche Liebe, sie ist ein Teil deines Egos, sie kann nur eine Art von Kampf, von Krieg sein. Vater und Sohn, Mutter und Tochter, Ehemann und Ehefrau – sie lieben einander nicht; sie sind zu Feinden geworden. Sie kämpfen ununterbrochen, und wenn sie einmal nicht kämpfen, meinen wir, das sei Liebe. Die Definition ist negativ. Zwischen zwei Gefechten ist eine Pause, ein Waffenstillstand.

Aber zwischen zwei Kriegen kann es keinen wirklichen Frieden geben. Der sogenannte Frieden ist nur eine Vorbereitung für den kommenden Krieg. Es gibt keinen Frieden, keine Liebe zwischen Mann und Frau. Die Atempause, die wir Liebe nennen, ist nur eine Vorbereitung für das kommende Gefecht. Wir denken, daß wir gesund sind, wenn wir zwischen zwei Krankheiten sind, und nennen die Schnaufpause zwischen zwei Kämpfen „Liebe". Sie ist es nicht. Es ist nur eine Pause. Du kannst nicht vierundzwanzig Stunden lang kämpfen, deshalb fängst du an irgendeinem Punkt an, deinen Feind zu „lieben".

Liebe ist nie als Beziehung, sondern nur als Gemütszustand möglich. Wenn Liebe zu deiner geistigen Verfassung wird, dann kommt dein Ätherleib zur Ruhe und entspannt sich. Es gibt noch andere Spannungsursachen im zweiten Körper, aber ich spreche erst einmal über den Grund, der am leichtesten verständlich ist. Weil wir glauben zu wissen, was Liebe ist, können wir darüber sprechen.

Der dritte Körper ist der Astralkörper. Er hat seine eigenen

Spannungen. Sie hängen nicht mit diesem, sondern mit deinen vorherigen Leben zusammen. Spannung im dritten Körper ist die Summe von allem, was du warst, und von allem, nach dem du dich gesehnt hast. Deine gesamten Sehnsüchte und Ambitionen, Tausende von Leben und ihre immer gleichen Sehnsüchte stecken im dritten Körper. Und du hast immer Sehnsüchte gehegt. Egal, nach was: Du warst ständig mit Sehnsucht geladen, von Begierden getrieben. Der Astralleib ist die Vorratskammer all deiner Sehnsüchte und Begierden. Deshalb ist er der verspannteste Teil deines Wesens. Wenn du zu meditieren anfängst, werden dir diese astralen Spannungen bewußt, weil Meditation beim dritten Körper einsetzt. Viele, die durch Meditation auf diese Spannungen aufmerksam wurden, kommen zu mir und sagen: „Seit ich angefangen habe zu meditieren, haben die Spannungen zugenommen." Sie haben nicht zugenommen, sondern du wirst jetzt auf sie aufmerksam. Du bemerkst jetzt etwas, was dir vorher entgangen war. Das sind die astralen Spannungen. Weil sie die Essenz so vieler Leben sind, kann man sie nicht genau beim Namen nennen. Man kann nichts Genaues über sie sagen. Man kann sie nur erleben und erkennen.

Begehren an sich ist die Spannung. Wir sind niemals ohne Verlangen nach diesem oder jenem. Es gibt sogar Leute, die Wunschlosigkeit begehren. Das ist total absurd. Im dritten Körper kannst du dich nach Wunschlosigkeit sehnen, und das ist tatsächlich einer der stärksten Wünsche überhaupt. Dieser Wunsch kann eine riesige Kluft zwischen dem, was ist, und dem, was du sein willst, erzeugen.

Akzeptiere deshalb deine Wünsche, wie sie sind, und sei dir darüber klar, daß du in unzähligen Leben unglaublich viele Wünsche gehabt hast. Du hast so viele Dinge begehrt, und all die Wünsche haben sich aufgestaut. Finde dich also im dritten Körper mit den gegebenen Tatsachen ab, so wie sie sind.

Kämpfe nicht mit deinen Begierden; erzeuge kein Verlangen nach Wunschlosigkeit. Akzeptiere deine Wünsche. Sei dir klar, daß du voll von Sehnsucht und Ambitionen bist, und nimm es leicht. Dann entspannt sich dein Astralleib.

Wenn du die unendliche Menge von Wünschen in dir akzeptieren kannst, ohne ein Verlangen gegen die Wünsche zu richten, wenn du in der Flut von Wünschen sein kannst – sie sind deine gesammelte Vergangenheit – und sie akzeptieren kannst, wie sie sind, wenn diese Bejahung lückenlos ist – dann verschwindet der ganze aufgestaute Wust in einem einzigen Augenblick. Es gibt ihn nicht länger, weil Spannung nur gegen den Hintergrund des Begehrens, eines ständigen Begehrens dessen, was nicht ist, bestehen kann. Der Gegenstand der Begierde spielt keine Rolle; er ist unwichtig. Selbst wenn du Wunschlosigkeit willst, erzeugst du den notwendigen Hintergrund; die ganze Meute von Begierden tritt auf den Plan. Wenn du deine Wünsche akzeptierst, entsteht ein Moment von Wunschlosigkeit. Du findest dich mit dem Gegebenen ab. Es gibt nichts mehr zu begehren; es gibt keinen Wunsch. Du akzeptierst alles, wie es ist, selbst deine Begierden. Die Wünsche verdunsten, obwohl du nichts gegen sie unternommen hast. Der Astralleib kommt zur Ruhe; er entspannt sich in einen Zustand positiven Wohlbefindens. Nur dann kannst du zum vierten Körper vorrücken.

Der vierte Körper ist der mentale Körper. Was im astralen Körper Begierden sind, sind im mentalen Körper Gedanken: gegensätzliche Gedanken, eine ganze Masse davon, und jeder einzelne Gedanke führt sich als das Ganze auf, nimmt dich in Beschlag, als ob er das Ganze wäre. Die Spannung im vierten Körper wird also von den Gedanken erzeugt. Ohne Gedanken zu sein – nicht im Schlaf, nicht unbewußt, sondern ein gedankenfreies Bewußtsein –, das ist die Gesundheit, das Wohlbefinden des vierten Körpers. Aber wie soll man bewußt und frei von Gedanken sein?

Jeden Moment werden neue Gedanken erzeugt. Jeden Moment versucht ein Teil deiner Vergangenheit auf deine Gegenwart überzugreifen, sie mitzubestimmen – das führt zu Konflikten. Erst warst du ein Katholik, aber jetzt bist du ein Kommunist; du glaubst an etwas anderes, aber die Vergangenheit ist immer noch da. Du kannst Kommunist werden, aber du kannst deine katholische Erziehung nicht abschütteln. Sie bleibt in dir. Du kannst deine Gedanken ändern, aber die unliebsamen, ausgeschlossenen Gedanken warten immer im Hintergrund. Du kannst sie nicht aus deiner Erinnerung streichen. Sie weichen in deine Tiefen zurück, bis ins Unbewußte. Sie geben sich dir nicht zu erkennen, weil du sie ausgeschlossen hast, aber sie bleiben da und warten auf ihre Chance. Und die Chance kommt irgendwann. In einer Zeitspanne von vierundzwanzig Stunden gibt es Momente, in denen du Katholik bist und dann wieder Kommunist. Das geht so weiter, hin und her, und das Endergebnis ist Verwirrung.

Spannung tritt im mentalen Körper als Verwirrung in Erscheinung – gegensätzliche Gedanken, gegensätzliche Erfahrungen, gegensätzliche Erwartungen; das führt letztlich zu Ratlosigkeit und Verstörung. Und die Verwirrung nimmt nur noch mehr zu, wenn man versucht, sie abzuschütteln, weil man aus Verwirrung heraus nicht zu Klarheit kommen kann.

Du bist verwirrt. Spirituelle Suche wird eine neue Dimension für deine Verwirrung eröffnen. All deine anderen Fragezeichen sind noch da, und jetzt wird noch ein neues hinzugefügt. Du triffst diesen Guru, dann den, dann den nächsten, und jeder fügt eine neue Verwirrung zum Berg der alten dazu. Du bist in einem Irrenhaus. Das ist es, was im vierten, dem mentalen Körper geschieht. Dort ist Verwirrung die Spannung.

Wie kommt man aus dieser Verwirrung heraus? Du wirst diesen Berg von kreuz und quer schießenden Gedanken nur dann los, wenn du nicht Gedanken, die dir unliebsam sind, verleugnest und andere, dir angenehme Gedanken, bevorzugst, nur wenn du überhaupt nichts verleugnest: Du verdammst Kommunismus nicht zu Gunsten einer Religion, du verleugnest Gott nicht zu Gunsten einer atheistischen Philosophie. Wenn du alles, was du denkst, akzeptierst, gibt es keine Wahl zu treffen, und Spannungen verschwinden. Wählst du weiterhin, nimmt die Spannung ständig zu.

Bewußtheit muß frei von Wahl sein. Du mußt dir deines gesamten Gedankenprozesses bewußt sein, den ganzen Irrgarten überblicken. Im Moment, in dem du dir dessen bewußt wirst, weißt du, daß alles nur Verwirrung ist. Du darfst dich nicht für etwas Bestimmtes entscheiden; du mußt das ganze Haus im Stich lassen. Erkennst du, daß es nur Verwirrung ist, kannst du das Gedankengebäude jederzeit verlassen; das ist ganz leicht.

Fang also damit an, alle deine geistigen Bewegungen, dein ganzes Denken, bewußt wahrzunehmen. Wähle nicht aus, sei wahllos. Sage nicht „Ich bin Theist“ oder „Ich bin Atheist“ oder „Ich bin Christ“, „Ich bin Hindu“. Wähle nicht. Nimm einfach zur Kenntnis, daß du manchmal ein Theist und manchmal ein Atheist, ein Christ oder ein Kommunist, manchmal ein Heiliger und manchmal ein Sünder bist. Manchmal gefällt dir eine Ideologie, ein andermal eine andere; aber sie kommen und gehen wie Modeerscheinungen.

Mach dir das in all seinen Auswirkungen bewußt. Sobald du Übersicht über den ganzen Ablauf deines Denkens gewinnst, verlierst du deine Identität. Dann bist du nicht mit deinem Intellekt identifiziert. Zum ersten Mal erkennst du dich als Bewußtsein und nicht als Intellekt. Du siehst deinen Intellekt zum ersten Mal als Objekt. Genauso, wie du andere Menschen oder die Möbel in deinem Haus sehen kannst, nimmst du deinen Intellekt, deinen geistigen Prozeß bewußt wahr. Jetzt bist du selbst dieses Wahrnehmen – losgelöst von deinem Intellekt.

Die Schwierigkeiten im vierten, im mentalen Körper, ist unsere Identifikation mit dem Intellekt. Wenn dein Körper krank ist und jemand sagt: „Du bist krank", dann fühlst du dich nicht angegriffen; aber wenn dein Geist krank ist und jemand sagt: „Du bist nicht bei vollem Verstand, du scheinst verrückt zu werden", dann bist du beleidigt und fühlst dich brüskiert. Warum?

Wenn jemand sagt: „Dein Körper sieht krank aus", legst du das als Sympathie aus. Sagt jemand etwas über mentale Krankheit, zum Beispiel, daß du dein geistiges Gleichgewicht verloren zu haben scheinst, neurotisch bist, dann bist du angegriffen, weil die Identifikation mit dem Geist größer ist als mit dem Körper.

Du kannst dich also vom Körper getrennt empfinden. Du kannst sagen: „Das ist meine Hand." Aber du kannst nicht sagen: „Das ist mein Verstand", weil du glaubst, daß du dein Verstand bist. Wenn ich deinen Körper operieren will, erlaubst du es; eine Operation an deinem Geist jedoch läßt du nicht zu. Du sagst: „Nein, das geht zu weit. Meine Freiheit geht dabei drauf." Der Intellekt ist die tiefere Identifikation. Er ist, was wir sind. Wir kennen nichts, was darüber hinaus geht, deshalb halten wir daran fest.

Wir kennen etwas, das über den Körper hinausgeht – den Intellekt. Deshalb besteht die Möglichkeit, nicht mit dem Körper identifiziert zu sein. Aber jenseits des Geistes kennen wir nichts. Erst wenn du dir deiner Gedanken bewußt wirst, kommst du zur Einsicht, daß Verstand nichts als ein Prozeß, eine Anhäufung von Gedanken ist: ein Mechanismus, ein Vorratshaus, ein Computer, der mit deinen vergangenen Erfahrungen gefüttert ist, mit allem, was du gelernt hast, mit deinem alten Wissen – alles kalter Kaffee. Du bist nicht der Verstand, du kommst ohne ihn aus. Auch der Geist kann operiert werden. Er kann verändert werden; du kannst dich von ihm trennen.

Und jetzt gibt es neue Möglichkeiten: Eines Tages kann auch

dein Gehirn verpflanzt werden. Genauso wie man ein Herz verpflanzen kann, kann man früher oder später den Mechanismus des Gedächtnisses verpflanzen. Dann wird jemand, der stirbt, nicht gänzlich sterben. Zumindest sein Gedächtnis kann aufbewahrt werden und auf ein Kind übertragen werden. Das Kind hat dann das gesamte Gedächtnis dieses Menschen zur Verfügung. Es kann über Erlebnisse sprechen, die es nicht selbst gehabt hat, aber es wird sagen: „Ich weiß." Alles, was der Tote wußte, weiß jetzt das Kind, weil ihm der geistige Computer des Toten eingepflanzt wurde.

Das scheint gefährlich zu sein, und man wird es verbieten, weil unsere „Identität" dabei verlorengeht. „Wir sind, was wir denken." Für mich birgt diese Möglichkeit jedoch große Chancen. Es kann eine neue Menschheit daraus erwachsen.

Wir können uns geistiger Vorgänge bewußt sein, weil wir nicht mit ihnen identisch sind, sie sind nicht „Ich". Mein Gehirn, mein Intellekt ist genauso ein Teil meines Körpers wie meine Nieren. Genau wie ich eine neue Niere erhalten kann und nichts verändert sich, so kann ich mit einem verpflanzten Gehirn leben und bleibe derselbe Mensch. Ich kann weiterhin bleiben, wer ich bin, aber mit einem neuen Intellekt versehen. Der Intellekt ist ein Mechanismus. Aber weil wir mit ihm identifiziert sind, entstehen Spannungen.

Der vierte Körper wird also nur durch Bewußtsein gesund; Zerstreutheit und Unbewußtheit sind seine Krankheiten. Bewußtheit ist Entspannung und Unbewußtheit ist Verspannung. Weil du dich mit deinen Gedanken identifizierst, lebst du weiterhin in den Gedanken, und es entsteht eine Barriere zwischen dir und deinem eigentlichen Wesen.

Wenn eine Blume in deiner Reichweite wächst, wirst du sie nie bemerken, solange du über sie nur nachdenkst. Die Blume wird sterben, aber du wirst weiter über sie nachdenken. Denken hat eine Trennschicht zwischen dir und deiner Erfahrung gebildet

– durchsichtig, aber nicht sehr durchsichtig; es ist nur eine Illusion von Transparenz.

Du hörst mir zum Beispiel zu. Aber es kann sein, daß du nicht wirklich zuhörst. Wenn du über meine Worte nachdenkst, hast du aufgehört, zuzuhören. Dann bist du vorausgeeilt oder zurückgegangen; du bist nicht wirklich bei mir. Du streifst entweder geistig durch die Vergangenheit oder du projizierst die Zukunft aus dem Gedächtnis heraus, aber du bist nicht bei dem, was ich sage.

Es ist sogar möglich, daß du wortwörtlich wiederholen kannst, was ich gesagt habe. Dein Mechanismus nimmt es auf. Er kann reproduzieren, was ich gesagt habe. Dann wirst du sagen: „Wie könnte ich denn deine Worte wiederholen, wenn ich dir nicht zugehört hätte?" Aber ein Kassettenrekorder hört mir auch nicht zu. Dein Verstand kann wie eine Maschine weiterarbeiten, ob du anwesend bist oder nicht. Du wirst nicht gebraucht. Du kannst weiterdenken und trotzdem zuhören. Der Intellekt – der vierte, der mentale Körper – ist zur Barriere geworden.

Zwischen dir und Dem-was-ist gibt es ein Hindernis. Du kommst kaum auf Tuchfühlung und entfernst dich schon von der Erfahrung. Sobald du freie Sicht hast, läufst du weg. Ich nehme deine Hand in meine Hand. Das ist eine existentielle Sache. Aber vielleicht bist du nicht da. Dann hast du es verpaßt. Du hattest die Möglichkeit, sie zu erfühlen, zu begreifen, zu erfahren – aber du warst in deinen Gedanken.

Man muß sich also im vierten Körper über seinen Gedankenprozeß als ein Ganzes bewußt werden, ohne auszuwählen, ohne zu entscheiden, ohne zu beurteilen; man muß nur bewußt wahrnehmen. Wenn du bewußt wirst, identifizierst du dich nicht mehr. Und Nicht-Identifikation mit dem Mechanismus des Intellekts ist Nicht-Spannung.

Der fünfte Körper ist der spirituelle Körper. Im spirituellen Körper ist die einzige Spannung, daß man sich selbst nicht kennt.

Solange du bist, weißt du ganz genau, daß du dich selbst nicht kennst, nicht weißt, wer du bist. Du wirst durchs Leben gehen, dies und das unternehmen und erreichen, aber ständig von dem Gefühl begleitet sein, daß du nicht weißt, wer du bist. Dieses Gefühl wird dich im Hintergrund ständig begleiten, egal, wie sehr du dich anstrengst, es zu vergessen, ihm zu entkommen. Du kannst deiner Unwisssenheit nicht entkommen. Du weißt, daß du nichts weißt. Das ist die Unzufriedenheit, die Ruhelosigkeit der fünften Ebene.

Diejenigen, die an den Tempel in Delphi „Erkenne dich selbst" schrieben, arbeiteten am fünften Körper. Sokrates wiederholte es dauernd: „Erkenne dich selbst." Es ging ihm um den fünften Körper. Für den fünften Körper ist *atma gyana*, Selbsterkenntnis, das einzige Wissen.

Mahavir sagte: „Wenn man das eigene Selbst kennt, kennt man alles." Das stimmt nicht. Durch Selbsterkenntnis kann man nicht alles kennen, aber die Antithese stimmt. Wenn man das Selbst nicht kennt, kennt man überhaupt nichts. Nur um das auszugleichen, sagte Mahavir, daß man alles erkennt, wenn man das eigene Selbst erkannt hat. Selbst wenn ich alles weiß, jedoch nichts über mein Selbst weiß, zu was soll es dann gut sein? Wie soll ich das Hauptsächliche, das Grundlegende, die höchste Wahrheit erkennen, wenn ich mein Selbst nicht erkannt habe. Es ist nicht möglich.

Die Spannung im fünften Körper besteht also zwischen Erkennen und Unwissenheit. Aber merke dir, ich sage „Erkennen und Unwissenheit", ich sage nicht „Wissen und Unwissenheit". Du kannst dir Wissen aus Büchern aneignen; Erkennen kannst du dir nirgendwo borgen. Es gibt so viele Leute, deren Bemühungen völlig umsonst sind, weil sie von dieser Selbsttäuschung, diesem Mißverständnis zwischen Wissen und Erkennen ausgehen. Erkenntnis stammt immer von dir. Ich kann meine Erkenntnis nicht auf dich übertragen; ich kann dir nur mein Wissen weitergeben. Schriften übertragen Wissen, nicht Erkenntnis. Sie können dir sagen, daß du göttlich bist, daß du *atman*, das Selbst, bist, aber das ist keine Erkenntnis, du hast es nicht in dir selbst verwirklicht.

Hältst du an diesem Wissen fest, kommt es zu großen Spannungen. Unwissenheit ist die Folge, gepaart mit falschem, angeeignetem Wissen und Information – geborgten Weisheiten. Du hast immer noch keine Ahnung, glaubst aber, daß du etwas weißt. Das führt zu großer Spannung. Es ist besser, unwissend zu sein und sich darüber im klaren zu sein, daß „ich nichts weiß". Das birgt zwar auch Spannung, aber sie ist nicht so groß. Läßt du dich nicht mit Wissen ködern, das von anderen stammt, dann kannst du in dir suchen und tasten, und Erkenntnis wird möglich.

Weil du *bist*, ist eines gewiß: Was auch immer du bist, du bist. Das kann man nicht abstreiten. Und noch etwas: Du bist jemand, der erkennt. Es mag sein, daß du andere kennst oder daß du nur Illusionen kennst, es mag sein, daß du nicht genau erkennst, aber du erkennst. Man kann also zwei Dinge als selbstverständlich voraussetzen: deine Existenz und dein Bewußtsein.

Aber die dritte Sache fehlt. Das essentielle Wesen des Menschen umfaßt drei Dimensionen: Existenz, Bewußtsein und Glückseligkeit – *sat-chit-anand*. Wir wissen, daß wir die Existenz selbst sind, daß wir Wesen sind, die erkennen können – Bewußtsein an sich. Was fehlt, ist Glückseligkeit. Wenn du jedoch *in* dir suchst, wirst du auch das Dritte finden. Es ist dort. Die Glückseligkeit, die Ekstase der eigenen Existenz, ist in deinem Inneren verborgen. Und wenn du die Glückseligkeit findest, erkennst du dich selbst vollkommen: deine Existenz, dein Bewußtsein, deine innere Ekstase.

Du kannst dich nicht gänzlich erkennen, bevor du nicht Glückseligkeit erlebst, weil ein Mensch, der innere Ekstase nicht kennt, weiterhin vor sich selbst davonläuft. Unser ganzes

Leben ist nur eine Flucht vor uns selbst. Andere sind für uns von Bedeutung, weil sie uns helfen, uns zu vergessen. Das ist der Grund, warum wir alle am anderen orientiert sind. Selbst wenn man religiös wird, setzt man einen Gott an die Stelle des anderen. Man orientiert sich wiederum am anderen und fällt demselben Trugschluß zum Opfer.

Auf der fünften Stufe muß man also im Inneren suchen. Und das ist keine Suche, sondern ein „auf der Suche sein".

Deine Mitarbeit ist bis zum fünften Körper nötig. Jenseits davon werden die Dinge einfach und spontan.

Der sechste Körper ist kosmisch. Die Spannung herrscht jetzt zwischen dir – deinem Gefühl, ein Individuum zu sein, dem Gefühl der Begrenzung – und dem unbegrenzten Kosmos. Selbst auf der fünften Stufe bist du noch verkörpert, als geistiger Körper. Du bist noch eine Person. Diese Person erzeugt die Spannung im sechsten. Deshalb mußt du, um in ein entspanntes Dasein mit der kosmischen Dimension zu treten, um mit dem Kosmos im Einklang zu sein, deine Individualität preisgeben.

Jesus sagt: „Wer sich verliert, wird sich finden." Diese Aussage gilt nur für den sechsten Körper. Bis zum fünften bleibt sie unverständlich, weil sie völlig antimathematisch ist. Aber vom sechsten an ist das die einzige Mathematik, die einzig rationale Möglichkeit: sich selbst zu verlieren.

Wir haben an uns gearbeitet und sind dadurch gereift, kristallisiert. Bis zum fünften Körper kann man Kristallisation, Selbstheit, Individualität bewahren; aber jeder, der auf seiner Individualität besteht, bleibt im fünften Körper stecken. Deshalb hören viele spirituelle Systeme beim fünften auf. Alle, die sagen, daß die Seele ihre eigene Individualität hat und daß diese Individualität selbst in einem Stadium der Befreiung weiterbesteht – daß du ein Individuum bist, in deiner Selbstheit verkörpert bist –, alle diese Systeme hören mit dem fünften auf. In einem solchen System gibt es kein Gotteskonzept. Es ist überflüssig. Das Konzept eines Gottes entsteht erst mit dem sechsten Körper. Dieser „Gott" bedeutet die kosmische Individualität oder, besser gesagt, die kosmische Nicht-Individualität. Es ist nicht so, daß „ich" im Ganzen existiere, es ist das Gesamte, das Ganze in mir, das es mir ermöglicht hat, überhaupt da zu sein. Ich bin nur ein Punkt, ein Bindeglied unter unzähligen Bindegliedern der Existenz. Geht die Sonne morgen früh nicht auf, gibt es mich nicht mehr. Ich höre auf zu existieren, die Flamme erlischt. Ich bin hier, weil die Sonne da ist. Sie ist so weit weg, und trotzdem ist sie mit mir verbunden. Wenn die Erde stirbt, genau wie unzählige andere Planeten sterben, kann ich nicht leben, weil mein Leben eins mit dem Leben der Erde ist. Alles ist existentiell miteinander verkettet. Niemand ist eine Insel. Wir sind der Ozean.

Im sechsten Körper ist das Gefühl von Individualität die einzige Spannung zum ozeanischen Gefühl – ein Gefühl der Begrenzung, ein Gefühl, das keinen Anfang und kein Ende hat, kein Gefühl von „Ich", sondern von „Wir". Und das „Wir" schließt alles ein. Nicht nur Personen, nicht nur organische Wesen, sondern alles, was besteht. „Wir" bedeutet die Existenz selbst.

„Ich" bedeutet also die Spannung im sechsten. Wie kannst du das „Ich" loswerden, wie kannst du von deinem Ego loskommen? Das ist dir im Augenblick noch unverständlich, aber sobald du die fünfte Ebene verwirklicht hast, wirst du es verstehen. Es ist genau wie ein Kind, das an einem Spielzeug hängt und sich nicht vorstellen kann, es jemals wegzuwerfen. Aber sobald die Kindheit vorbei ist, ist das Spielzeug vergessen. Das Kind kümmert sich nie wieder darum. Bis zum fünften ist das Ego sehr wichtig, aber jenseits des fünften Körpers ist es wie ein Kinderspielzeug, und du wirfst es einfach weg, es ist gar nicht schwierig. Die einzige Schwierigkeit kann darin bestehen, daß du den fünften Körper durch eine langsame Entwicklung und nicht durch plötzliche, unvorhergesehene Erkenntnis erreicht hast.

Dann ist es sehr schwierig, das „Ich" im sechsten völlig abzuschütteln. Nach dem fünften Körper ist alles, was plötzlich geschieht, sehr hilfreich; vor dem fünften scheinen graduelle Prozesse einfacher zu sein; aber jenseits davon werden sie zu einem Hindernis.

Im sechsten Körper gibt es also die Spannung zwischen Individualität und einem ozeanischen Bewußtsein. Der Tropfen muß sich selbst aufgeben, um zum Ozean zu werden. Es ist nicht wirklich Selbstverlust, aber es sieht aus der Sicht des Tropfens erst einmal so aus. Im Gegenteil, sobald der Tropfen seine Begrenzung verliert, erlangt er ozeanische Ausmaße. Es ist nicht wirklich so, daß der Tropfen sich verloren hat. Er ist jetzt zum Ozean geworden.

Der siebte Körper ist nirvanisch. Spannung besteht hier zwischen Existenz und Nicht-Existenz. Im sechsten Körper ist der Suchende sich selbst verlorengegangen, aber noch nicht sein Sein. Er ist, nicht als Individuum, sondern als das kosmische Sein. Das Sein gibt es noch. Es gibt Philosophien und Systeme, die beim sechsten aufhören. Sie kommen mit Gott oder mit *moksha*, Befreiung, zu einem Schlußpunkt. Im siebten löst sich die Existenz in Nicht-Existenz auf. Das ist kein Sich-Verlieren. Es ist nur ein Verlieren. Das Sein hört auf zu sein. Dann kommst du zum Ursprung, zur Quelle, aus der alle Existenz kommt und zu der sie zurückkehrt. Das Sein geht daraus hervor, und das Nicht-Sein kehrt dorthin zurück.

Das Sein selbst ist nur eine Phase. Sie muß sich umkehren. Genau wie der Tag kommt und die Nacht folgt, genau wie die Nacht geht und der Tag kommt, so kommt das Sein, und Nicht-Sein folgt darauf. Nicht-Existenz kommt und Existenz folgt darauf. Wenn man vollständiges Erkennen erlangen will, darf man nicht vor dem Nicht-Sein zurückscheuen. Will man den ganzen Kreis erkennen, muß man ins Nicht-Sein eingehen.

Selbst das Kosmische ist nicht umfassend, weil es jenseits

davon Nicht-Existenz gibt. Daher ist selbst Gott nicht das Totale. Gott ist nur ein Teil des *brahma*; Gott ist nicht *brahman* selbst. *Brahman* bedeutet alles Licht und Dunkelheit zusammengenommen, beides zusammen, Leben und Tod, Sein und Nicht-Sein. Gott ist nicht der Tod; Gott ist nur Leben. Gott ist nicht Nicht-Sein, Gott ist nur das Sein, Gott ist nicht Dunkelheit; Gott ist nur Licht. Er ist nur Teil des großen mystischen Meeres – nicht das Ganze.

Das Totale, das Gesamte zu erkennen, bedeutet, zu Nichts zu werden. Nur das Nichts kann das Ganze erkennen. Ganzheit ist Nichtsheit, und Nichtsheit ist die einzige Ganzheit – im siebten Körper.

Das sind also die Spannungen in den sieben Körpern, angefangen beim physiologischen. Verstehst du die Spannung deines physischen Körpers, seine Entspannung und sein Wohlbefinden, dann kannst du sehr leicht zu allen anderen Körpern vorstoßen. Die Verwirklichung innerer Ruhe im ersten Körper wird die Brücke zum zweiten Körper. Und wenn du im zweiten Körper zur Verwirklichung kommst, wenn du einen entspannten Moment im Ätherleib erlebst – dann hast du den Schritt zum dritten Körper getan. In jedem Körper öffnet sich automatisch die Türe zum nächsten Körper, vorausgesetzt, du hast das Gleichgewicht gefunden, den Mittelpunkt des Wohlbefindens dieses Körpers. Wenn du jedoch schon mit dem ersten Körper nicht zurechtkommst, wird es sehr schwer, wenn nicht unmöglich, weitere Türen zu öffnen.

Fang also beim ersten Körper an und kümmere dich erst gar nicht um die restlichen sechs. Gehe völlig im physischen Körper auf, und du wirst plötzlich erkennen, daß sich eine neue Tür geöffnet hat. Geh mit dem Geschehen, bleibe dabei. Denke nie über die anderen Körper nach, das stört nur und erzeugt Spannungen.

Deshalb, was auch immer ich gesagt habe – vergiß es.

WISSEN IST DER HOLZWEG

Osho, was lehrst du, und was ist deine Doktrin?

Ich lehre keine Doktrin. Das wäre ziemlich sinnlos. Ich bin kein Philosoph, mein Geist ist antiphilosophisch. Philosophie hat nirgendwo hingeführt und kann nirgendwo hinführen. Der Geist, der denkt und fragt, kann nicht erkennen.

Es gibt jede Menge Doktrinen. Aber eine Doktrin ist eine Fiktion, ein Produkt der menschlichen Phantasie. Sie ist keine Entdeckung, sondern eine Erfindung. Der menschliche Verstand kann unzählige Systeme und Doktrinen erfinden, aber es ist unmöglich, die Wahrheit durch Theorien zu erkennen. Ein Geist, der vom Wissen lebt, lügt sich nur in die eigene Tasche. Das Wirkliche offenbart sich in dem Moment, in dem Wissen verschwindet. Es gibt zwei Möglichkeiten: Entweder denken wir über etwas nach, oder wir gehen existentiell in es hinein, erleben es. Je mehr du denkst, desto mehr entfernst du dich vom Hier und Jetzt. Über etwas nachzudenken bedeutet, den Kontakt damit zu verlieren.

Ich lehre eine Art der Erfahrung, die nicht auf Doktrinen, Philosophien und Spekulationen beruht – wie muß man sein, um einfach nur zu sein. Wie kann man in diesem Moment hier und jetzt sein? Offen, empfindsam, eins mit ihm – und genau das ist es, was ich unter Meditation verstehe. Wissen ist fiktiv; man projiziert damit nur. Zur Wahrheit kann man damit nicht gelangen. Aber wenn du die Wahrheit erst einmal kennst, kann das Erkannte, das Wissen, ein Hilfsmittel sein, um sich mitzuteilen; du kannst jemanden daran teilhaben lassen, der selbst keine ähnlichen Erfahrungen gemacht hat. Dann können Sprache, Doktrinen oder Theorien einen Zweck erfüllen. Aber trotzdem sind sie nicht wirklich geeignet; sie bringen immer eine Verfälschung mit sich.

Alles, was du existentiell erkannt hast, kannst du nicht vollständig ausdrücken. Du kannst es nur andeuten. Sobald ich etwas ausdrücke, was ich erfahren habe, kann ich dir zwar Worte sagen, aber sie können die Bedeutung nicht vermitteln. Alles, was bei dir ankommt, sind tote Worte. Sie sind bedeutungslos, weil die Bedeutung in der Erfahrung selbst lag.

Wissen kann also eine Kommunikationsbrücke, ein Ausdrucksmittel sein, aber es kann einem nicht helfen, zur Erkenntnis zu gelangen. Der wißbegierige Verstand ist ein Hindernis, weil du nicht einfach und bescheiden bleibst, wenn du etwas weißt. Wenn du mit Wissen vollgestopft bist, gibt es keinen Raum in dir, der das Unbekannte aufnehmen könnte. Der Geist muß offen und leer sein: ein Schoß, vollkommen aufnahmebereit. Wissen ist deine Vergangenheit. Es besteht aus dem, was du kennengelernt hast. Es ist dein Gedächtnis, dein Datenspeicher, dein Besitz. Diese Anhäufung von Daten wird zu einer Barriere. Sie tritt zwischen dich und das Neue, zwischen dich und das Unbekannte.

Du kannst dich dann für das Unbekannte öffnen, wenn du einfach und bescheiden bist. Man muß sich ständig die eigene Unwissenheit vor Augen halten: Es gibt immer noch etwas Unbekanntes. Ein Geist, der sich auf Erinnerungen, Informationen, Schriften, Theorien, Doktrinen oder Dogmen verläßt, ist egozentrisch und nicht bescheiden. Wissen kann dir nicht zu Demut verhelfen. Nur die Unendlichkeit des Unbekannten kann dir diese Bescheidenheit einflößen.

Das Gedächtnis muß sich also auflösen. Es geht nicht darum, daß du völlig auf dein Gedächtnis verzichtest, aber in einem Moment des Erkennens, in einem Moment des Erfahrens, darf es sich nicht einmischen. In so einem Moment kommt es auf ein offenes, verletzbares Empfinden und Verstehen an. Dieser Moment der Leere, der Weite, ist Meditation, *dhyana*.

Wird nicht die Erfahrung selbst zur Doktrin?

Die Erfahrung kann anderen nur auf negative Weise mitgeteilt werden. Ich kann nicht sagen, was es ist, aber ich kann sagen, was es nicht ist. Sprache kann ein Ausdrucksmittel für das sein, was nicht ist. Wenn ich sage, daß die Erfahrung sprachlich nicht mitteilbar ist, bringe ich trotzdem etwas zum Ausdruck. Wenn ich sage, daß keine Doktrin darüber möglich ist, ist das meine Doktrin. Aber es ist etwas Negatives. Ich stelle keine Behauptungen darüber auf; ich streiche nur das weg, was nicht dazu gehört. Das „Nein“ kann gesagt werden; das „Ja“

kann nicht gesagt werden. Das „Ja" muß verwirklicht werden. Wenn man insgeheim immer noch an Wissen glaubt, ist das ein Hindernis, leer zu werden, zur Meditation zu kommen. Zuerst muß man die Vergeblichkeit erkennen, durch Vergangenheit, durch das Bekannte, durch intellektuelles Wissen weiterzukommen. Für das Unbekannte, für die Wahrheit, ist ein derartiges Wissen nutzlos.

Es gibt zwei Möglichkeiten: Entweder du identifizierst dich mit deinen Erfahrungen oder du schaust ihnen unbeteiligt zu. Wenn du dich damit identifizierst, wirst du eins mit deinem Gedächtnis. Aber wenn du über deinen Erinnerungen stehst, getrennt davon, nicht damit identifiziert bist, nimmst du dich selbst als etwas von deinen Erinnerungen Unabhängiges wahr. Dieses Bewußtsein bahnt dir den Weg zum Unbekannten.

Je mehr du dein angesammeltes Wissen unbeteiligt und unbetroffen aus einer Distanz anschauen kannst, je weniger du dich als jemand fühlst, der über eine Menge Bescheid weiß, desto weniger Möglichkeit besteht für dein Ego, zum Besitzer dieses Wissens zu werden. Wenn du Abstand zu deinen Erinnerungen hast, dann werden deine Erinnerungen zu einem Häufchen Staub. Sie sind durch bestimmte Erfahrungen entstanden und bilden den Hauptbestandteil deines Intellekts; dein Bewußtsein ist jedoch etwas anderes. Derjenige, der die Erinnerung abruft, unterscheidet sich von den abgerufenen Daten. Derjenige, der etwas wahrgenommen und erkannt hat, unterscheidet sich von dem Gegenstand seiner Wahrnehmung. Wenn du mit dieser Unterscheidung zurechtkommst, gelangst du immer näher zur Leere. Nicht identifiziert, kannst du offen sein; du kommst ohne Erinnerungen aus, die zwischen dich und das Unbekannte treten könnten.

Man kann zur Leere kommen, aber man kann sie nicht erzeugen. Wenn du sie herstellst, geschieht das zwangsläufig mit Hilfe deines alten Verstandes, deines alten Wissens. Deshalb gibt es dafür keine Methode. Eine Methode kann nur aus angesammelter Information entstehen, deswegen muß es zu einer Fortsetzung deiner alten Geistesverfassung führen, wenn du irgendwelche Methoden anwendest. Das Unbekannte kann jedoch nicht zu dir kommen, wenn du in der alten Haut steckst. Es kommt nur in dem Zwischenraum, der entsteht, wenn die Kontinuität gebrochen wird. Nur dann bist du jenseits vom Bekannten, jenseits deines Wissens.

Es gibt also keine Methode an sich, keine bestimmte Art vorzugehen, sondern nur die Einsicht: „Ich bin etwas anderes als das, was ich angesammelt habe." Wenn man das versteht, besteht keine Notwendigkeit, die Leere künstlich herbeizuführen. Es ist schon geschehen. Du bist die Leere. Jetzt brauchst du sie nicht zu erzeugen. Du kannst keine Leere erzeugen. Eine künstlich bewirkte Leere ist keine Leere; sie ist nur dein Machwerk. Das Nichts, die Leere, kann niemals deine Schöpfung sein, weil deine Schöpfung Grenzen haben muß. Du hast sie erzeugt, deshalb kann sie nicht mehr sein als der Geist, dessen Kind sie ist.

Du kannst die Leere nicht erzeugen: Sie muß dich erfüllen; du kannst nur der Empfänger sein. Und du kannst dich nur negativ darauf vorbereiten, sie zu empfangen. Vorbereiten in dem Sinn, daß du die Identifikation mit deinem Wissen aufgeben mußt, vorbereiten in dem Sinn, daß du dir die Vergeblichkeit und die Bedeutungslosigkeit von allem, was du jemals gewußt hast, bewußt machst.

Nur diese bewußte Wahrnehmung des Denkprozesses kann dich in den Zwischenraum werfen, in dem dich „Das-was-ist" überwältigt, in dem „Das-was-ist" immer gegenwärtig ist. Jetzt gibt es keine Barriere zwischen dir und ihm. Du bist eins mit dem Moment geworden, eins mit der Ewigkeit, mit dem Grenzenlosen. Sobald man diesen Moment in Wissen überträgt, wird er zu einer typischen Information des Gedächtnisses. Dann ist er verloren. Deshalb kann man niemals sagen: „Ich habe gewußt.“ Das Unbekannte bleibt unbekannt. Egal, wieviel man davon erfahren hat, es bleibt immer noch mehr Unbekanntes übrig, was man erfahren kann. Der Charme, die Schönheit, die Anziehungskraft des Unbekannten bleiben dieselben.

Der Prozeß des Erkennens ist ewig, deshalb kann man nie zu einem Punkt gelangen, an dem man sagen könnte: „Ich hab's geschafft.“ Jemand, der das sagt, fällt wieder in das alte Gedächtnismuster, in das Muster seines Wissens zurück. Dann wird er leblos. Der Moment, in dem du auf altes Wissen zurückgreifst, ist der Moment des Todes; alles Leben verschwindet. Leben geht immer vom Unbekannten zum Unbekannten. Es kommt vom Jenseits und geht zum Jenseits. Deshalb ist für mich niemand religiös, wenn er behauptet, Bescheid zu wissen. Er mag ein Theologe oder ein Philosoph sein, aber niemals ein religiöser Mensch. Ein religiöser Mensch akzeptiert, daß alles letztlich ein Mysterium ist, d.h. die höchste Unkennbarkeit, die höchste Ekstase der Unwissenheit, die höchste Glückseligkeit der Unwissenheit.

Der Moment der Meditation, der Leere, kann nicht erzeugt werden; er kann nicht projiziert werden. Du kannst deinen Verstand nicht abwürgen. Wenn du es fertigbringst, dann nur mit Hilfe von Drogen und Hypnose, aber das ist nicht die Leere. Die Leere kommt von selbst. Sie kann niemals gezüchtet oder kultiviert werden, ihr Kommen kann nicht veranlaßt werden. Deshalb lehre ich keinerlei Methoden. Ich bin kein Lehrer im Sinne von Methoden, Techniken oder Doktrinen.

Du hast mich überzeugt. Wie kann ich diese Überzeugung in eine Erfahrung verwandeln?

Es gibt kein „Wie“, weil „Wie“ eine Methode bedeutet. Es gibt nur ein Aufwachen. Wenn du mir zuhörst und es wacht etwas in dir auf, dann wirst du zu der Erfahrung gelangen; du wirst etwas fühlen. Ich versuche nicht, dich zu überzeugen. Eine intellektuelle Überzeugung ist überhaupt keine Überzeugung. Ich teile dir nur eine Tatsache mit.

Warum bist du von dem, was ich gesagt habe, überzeugt? Es gibt zwei Möglichkeiten: Entweder bist du von meinem Argument überzeugt oder du siehst die Wahrheit dieser Aussage als Tatsache in dir selbst. Wenn mein Argument zu deiner Überzeugung wird, dann wirst du nach einem „Wie" fragen, aber wenn du das, was ich sage, selbst erfahren hast, wenn dir das bewußt wird, daß es auf dich zutrifft, dann stammt diese Erkenntnis nicht von mir. Ich füttere dich nicht mit abgestandenem Wissen. Vielmehr reift die Erkenntnis selbst in dir, während ich rede.

Wenn der Intellekt überzeugt ist, fragt er: „Wie? Wo ist der Weg?" Er will Information. Aber ich gebe dir keine Doktrin. Ich erzähle dir nur aus meiner Erfahrung. Wenn ich sage, daß Gedächtnis eine Speicherung ist, daß es tot ist, ein Anhängsel der Vergangenheit – dann meine ich, daß es ein Teil der Vergangenheit ist, der noch an dir hängt, ohne wirklich zu dir zu gehören. Wenn du ein Gefühl davon bekommst, was ich meine, und du hast eine Idee von dem Abstand zwischen dir und deinem Gedächtnis, dann gibt es kein „Wie". Es ist etwas geschehen, und dieses „Etwas" kann dich von Moment zu Moment durchdringen – nicht durch irgendeine Methode, sondern durch deine Aufmerksamkeit, durch beständige Rückbesinnung auf dein Bewußtsein. Jetzt weißt du, daß sich Bewußtsein von seinen Inhalten unterscheidet. Wenn du dir das von Moment zu Moment erneut ins Bewußtsein rufst – während du gehst, redest, ißt und schläfst –, dann kommt etwas ins Rollen. Werde dir ständig bewußt, daß der Verstand nur ein programmierter Prozeß ist, der wie ein Computer Daten anhäuft. Das ist nicht Teil deines Wesens; allein diese Rückbesinnung, die keine Methode ist, wird helfen, dieses „Etwas" in dir wirksam werden zu lassen.

Niemand kann sagen, wann es geschehen wird oder wie und wo

es dazu kommt, aber wenn du dein Bewußtsein aufrechterhältst, dann schlägt es von selbst immer tiefere Wurzeln. Es ist ein automatischer Prozeß. Es geht vom Intellekt zum Herzen; es geht von deinem Intellekt zur Ebene der Intuition, es geht langsam vom Bewußten zum Unbewußten. Und eines Tages wachst du vollkommen auf. „Etwas" ist geschehen. Nicht aus Eifer und Mühe heraus, sondern als Nebenprodukt deines Erinnerns, deiner Rückbesinnung. Nicht durch die Kultivierung irgendeiner Doktrin, sondern weil du zu einer inneren Einsicht, einer inneren Vision erwacht bist. „Etwas" ist tief in dich gedrungen.
Wenn der Moment kommt, dann kommt er völlig unvorhergesehen, unerwartet – als Explosion. In diesem Moment der Explosion bist du völlig leer. Du bist nicht, du hörst auf zu sein. Es gibt keinen Intellekt, keine Vernunft, kein Gedächtnis. Es gibt nur Bewußtsein: Bewußtsein des Nichts, der Leere. In dieser Leere ist Erkennen. Aber es ist kein objektives Wissen. Jetzt gibt es keinen, der erkennt und kein Erkanntes, kein Wissen. Es gibt einfach nur Erkennen. Es ist existentiell.
Was in der Leere existiert, was die Leere ist, kann nicht mitgeteilt werden. Mitteilbar ist nur der Weg dahin, der Prozeß. Aber man darf den Prozeß nicht als Methode verstehen; es ist nichts, was man praktizieren kann. Es gibt nichts zu tun. Entweder du erinnerst, besinnst dich, oder nicht.

Verlangst du eine bestimmte Lebensführung als Vorbereitung?

In dem Moment, in dem du bewußt wirst, ändert sich dein ganzes Leben, dein ganzer Lebensstil. Aber diese Veränderungen kommen von selbst zu dir; sie dürfen nicht eingeübt werden. In dem Moment, in dem du etwas praktizierst, verliert es alles, was ihm Bedeutung verleiht. Deshalb sollten alle Veränderungen spontan geschehen.
Es geht nicht darum, irgend etwas zu üben, sondern du mußt

einfach verstehen, daß du die Leere nicht herbeiführen kannst. Es ist nicht nur ein innerer Gegensatz, sondern ein existentieller Widerspruch. Du kannst „Leer-Sein" nicht begehren, weil diese Begierde selbst aus deiner alten geistigen Einstellung, aus deinem angesammelten Wissen herstammt. Du kannst dir nur deiner selbst bewußt sein, so wie du bist. Sobald du dich so siehst, wie du bist, dir dessen bewußt wirst, entsteht eine Trennung, ein Abstand. Etwas in dir löst sich vom Rest ab, wird unidentifiziert. Dann gibt es zwei: ich und mich. Das „Mich" ist das Gedächtnis, der Verstand, und das „Ich" ist das Bewußtsein, das *atman*.

Du mußt mir zuhören und gleichzeitig deinem inneren Dialog zuhören. Dieser Prozeß sollte die ganze Zeit weitergehen. Was ich sage, wird zu einem Teil deines „Mich", zu einem Teil deiner Informationsspeicherung, deines Wissens. Dieses Wissen fragt nach weiterem Wissen – nach dem „Wie", der Methode. Und wenn ich dir eine Methode zeige, dann wird auch sie Teil deines Wissens. Dein „Mich" wird gestärkt, es strotzt erst recht von Wissen.

Ich lege keinen Wert auf dein „Mich"; ich rede nicht zu deinem „Mich". Sobald dein „Mich" ins Spiel kommt, kann die Kommunikation nicht zur Vereinigung werden. Dann ist es einfach eine Diskussion, kein Dialog. Es wird nur zum Dialog, wenn es kein „Mich" gibt. Wenn du hier bist und dein „Mich" ist nicht hier, gibt es keine Frage nach dem Wie. Was ich sage, wird entweder als Wahrheit oder als Unwahrheit gesehen, entweder als Tatsache oder als Hokus-Pokus-Doktrin.

Mir geht es nur darum, eine Situation zu erzeugen – entweder durch Reden oder durch Schweigen, oder indem ich dich verwirre. Es geht mir um eine Situation, in der dein „Ich" zum Vorschein kommt, in der dein „Ich" über die Begrenzung durch das „Mich" hinausgeht. Um das zuwege zu bringen, entwerfe ich laufend neue Situationen.

Auch dies hier ist eine Art von Situation – ich sage absurde

Dinge zu dir. Ich spreche darüber, etwas zu erreichen, ohne eine Methode anzuwenden. Das ist absurd. Wie kann ich etwas sagen und gleichzeitig behaupten, daß es nicht gesagt werden kann? Die Situation kann jedoch durch Absurdität selbst hergestellt werden. Überzeuge ich dich, dann führt das keine „Situation“ herbei, sondern was ich sage, wird ein Teil deines „Mich“, deines Wissens. Dein „Mich“ fragt dauernd: „Wie, was ist der Weg?“ Ich streite jedoch ab, daß es einen Weg gibt, und rede trotzdem von Verwandlung. Dann wird die Situation so irrational, daß dein Intellekt nicht befriedigt ist. Nur dann kann etwas von der anderen Realität auf dich überspringen.

Ich stelle die ganze Zeit Situationen her. Für intellektuelle Menschen muß Absurdität als Situation dienen. Bewußtsein kommt nur in einer Situation, in der die Kontinuität unterbrochen wird. Die Absurdität und Unergründbarkeit der Situation an sich muß einen Abstand erzeugen, das Individuum bis zu einem Punkt aufrütteln, aufscheuchen, wo das Bewußtsein einsetzt.

Eines Morgens kam Buddha in ein Dorf. Als er die Dorfstraße entlangging, trat jemand auf ihn zu und sagte: „Ich glaube an den Allerhöchsten. Sage mir bitte, ob es Gott gibt.“

Buddha verneinte es mit größtem Nachdruck, er sagte: „Es gibt keinen Gott. Es hat niemals einen gegeben, und es wird auch nie einen geben. Was redest du denn für einen Unsinn.“ Der Mann war erschüttert, aber die Situation war hergestellt. Am Nachmittag kam ein anderer Mann zu Buddha und sagte: „Ich bin Atheist. Ich glaube nicht an Gott. Gibt es einen? Was sagst du dazu?“

Buddha sagte: „Alles ist Gott. Es gibt nichts außer ihm.“ Der Mann fiel aus allen Wolken.

Dann, am Abend, kam einer zu Buddha und sagte: „Ich glaube an gar nichts; weder glaube ich, noch glaube ich nicht. Was sagst du dazu? Gibt es einen Gott oder nicht?" Buddha sagte gar nichts und ließ den Fragesteller verblüfft stehen. Ein Mönch jedoch, Ananda, der Buddha immer begleitete, war völlig durcheinander geraten. Am Morgen hatte Buddha gesagt: „Es gibt keinen Gott", am Nachmittag dann: „Alles ist Gott", und abends war er still geblieben. In dieser Nacht sagte Ananda zu Buddha: „Bevor du schlafen gehst, beantworte mir bitte eine Frage. Du hast meinen Frieden zerstört, ich weiß nicht mehr weiter. Was meinst du mit diesen absurden, gegensätzlichen Antworten?"

Buddha sagte: „Keine davon war für dich. Warum hast du ihnen Beachtung geschenkt? Jede dieser Antworten galt einem bestimmten Fragesteller. Wenn dich die Antworten verdutzen, gut. Dann ist das deine Antwort."

Es lassen sich also Situationen herstellen, entwerfen. Ein Zen-Mönch schafft auf seine eigene Weise Situationen. Er mag dich aus seinem Zimmer werfen oder dich ins Gesicht schlagen. Es sieht absurd aus. Du fragst etwas, und er antwortet auf etwas anderes. Jemand fragt: „Was ist der Weg?", aber der Zen-Mönch kümmert sich überhaupt nicht um den Weg. Er mag sagen: „Sieh, da, der Fluß" oder „Da, schau dir diesen Baum an, wie großartig er ist!" Das ist absurd.

Der Verstand strebt nach Kontinuität. Er fürchtet sich vor dem Absurden, dem Irrationalen, dem Unbekannten. Aber Wahrheit ist kein Nebenprodukt intellektueller Suche. Wahrheit ist weder deduktiv noch induktiv. Sie ist nicht logisch und geht nicht als Ergebnis aus irgend etwas hervor.

Ich übermittle dir überhaupt nichts. Ich erzeuge nur eine Situation. Wenn die Situation hergestellt ist, dann wird etwas vermittelt, das an sich nicht zu vermitteln ist. Deshalb frage nicht nach einem „Wie". Sei einfach nur da; sei bewußt, wenn du kannst, und wenn nicht, dann nimm dein Unbewußtsein zur Kenntnis. Sei aufmerksam, was vor sich geht. Wenn du es nicht kannst, dann sei auf deine Unaufmerksamkeit aufmerksam. Und dann wird es geschehen. Das Geschehen wird eintreten.

Meinst du mit „eine absurde Situation herstellen", daß man auf irgendeine Weise gestört werden muß? Was kommt dabei heraus?

Die Leute sind schon genügend gestört. Aber weil sie bereits gestört sind, haben sie sich damit identifiziert. Sie haben sich damit eingerichtet. Sie haben sich daran gewöhnt, gestört zu sein. Wir sind bereits gestört. Es ist unmöglich, nicht gestört zu sein und die Wahrheit nicht zu erkennen.

Gestörtheit ist unsere normale Verfassung, deshalb wird deine Störung gestört, wenn ich dich störe. Dann wird die Störung neutralisiert. Du wirst zum ersten Mal ruhig. Eine absurde Situation dient nicht dazu, irgendein Resultat zu erreichen, sie dient als Medium für eine Botschaft, die ihrem Wesen nach unübertragbar ist.

Du fragst: „Was kommt dabei heraus?" Man kann etwas darüber sagen, vorausgesetzt, daß es nicht als Wahrheit genommen wird. Es sollte nur in einem symbolischen, poetischen, mythischen Sinnzusammenhang verstanden werden. Für mich ist jede religiöse Schrift ein Mythos, und alles, was ein Erleuchteter über seine Erfahrung sagen kann, ist in gewisser Weise unwahr. Es ist nicht die Wahrheit, sondern nur ein Fingerzeig. Man muß den Finger vergessen, bevor man die Wahrheit erkennen kann.

Es gibt drei Worte, die die Grenze andeuten, jenseits von der nur noch Schweigen herrscht. Diese Worte sind *sat-chit-anand*: Sein, Bewußtsein, Glückseligkeit. Die Erfahrung ist eins, aber wenn wir ein Konzept daraus machen, teilen wir es in diese drei Aspekte auf. Es wird immer als Eines erfahren, aber als diese drei begrifflich dargestellt.

In dieser totalen Existenz, *sat*, diesem vollkommenen Da-Sein, bist einzig du. Du bist weder dies noch das. Du bist mit nichts identifiziert. Es gibt einfach nur reines Da-Sein.

Das zweite ist Bewußtsein, *chit*. Das bedeutet nicht das Bewußte, den bewußten Geist. Der bewußte Geist ist nur ein Fragment eines größeren Unbewußten, eines unbewußten Geistes. Gewöhnlich sind wir uns, wenn wir bewußt sind, einer Sache bewußt. Dieses „Bewußtsein" ist an Objekte geknüpft; es ist Bewußtsein von etwas. *Chit* jedoch ist pure Bewußtheit, ein Bewußtsein von „nichts". Es gibt kein Objekt. Das Bewußtsein ist auf nichts gerichtet; es hat keinen Brennpunkt, es ist unbegrenzt, rein.

Das letzte ist *anand*, Glückseligkeit. Nicht Fröhlichkeit, nicht Freude, sondern der Zustand tiefen, inneren Beglücktseins. Fröhlichkeit schließt sein Gegenteil, die Traurigkeit, mit ein – eine Spur davon, die als Kontrast in Erscheinung tritt. Freude oder Glück bergen auch eine gewisse Spannung, etwas, was freigesetzt, entladen, zur Ruhe kommen oder abebben muß. Glückseligkeit ist Glück ohne jede Spur von Unglück, es ist Freude, um die herum kein Abgrund gähnt. Es ist Freude ohne irgendeine Spannung.

Glückseligkeit ist der Mittelpunkt zwischen Fröhlichkeit an einem Ende und Betrübtsein am entgegengesetzten Ende. Es ist der Mittelpunkt, der Punkt der Transzendenz. Es hat beides, die Tiefe von Traurigkeit und die Höhe von Freude. Freude hat Höhe, aber keine Tiefe, Traurigkeit hat Tiefe, abgrundtiefe Tiefe, jedoch keine Höhe. Glückseligkeit hat beides, und deshalb geht sie über beides hinaus. Nur der Mittelpunkt kann eine vollständige Überwindung der zwei Extreme sein.

Diese drei Bezeichnungen stellen die Grenze dar: das äußerst möglich Sagbare und das zuallerletzt Erfahrbare. Das ist das letzte, was ausgedrückt werden kann, und die Grenze, von wo aus der Sprung ins Unbeschreibliche möglich wird. Das ist aber nicht das Ende. Es ist nur der Anfang.

Satchitanand ist nur ein Ausdruck, nicht die Wirklichkeit.

Wenn man das in Erinnerung behält, kann er keinen Schaden anrichten. Aber der Intellekt vergißt und nimmt dann den Ausdruck *satchitanand* als Wirklichkeit. Wir bauen ringsherum Theorien auf, Doktrinen, hinter denen wir uns geistig verbarrikadieren. Dann ist kein Sprung möglich. Das ist die Situation in Indien. Die gesamte Hindu-Tradition ist um diese drei Worte herumgewoben worden. Aber die Wirklichkeit ist nicht *satchitanand*, sie ist jenseits davon. Die Worte gelten nur dem Teil, der gerade noch begrifflich angedeutet werden kann und müssen als Metaphern verstanden werden. Alle religiöse Literatur spricht von Gleichnissen, sie ist symbolisch. Es ist eine Verbalisierung dessen, was sich eigentlich überhaupt nicht ausdrücken läßt.

Ich möchte es auch lieber nicht mit dem Ausdruck *satchitanand* bezeichnen, weil der Intellekt, sobald er weiß, was geschehen soll, anfängt, darum zu bitten und zu fordern. Dann verlangt er nach *satchitanand*, und Lehrer treten auf den Plan, die sich anbieten, die Nachfrage mit Mantras, Techniken und Methoden zu decken. Jede Nachfrage kann gedeckt werden, und eine unsinnige Nachfrage wird mit einem absurden Angebot gedeckt. Alle Theologien und alle Guruschaft entstehen auf diese Weise.

Man muß immer in Erinnerung behalten, das Höchste nicht zu einem Wunschziel zu machen. Mach keinen Wunsch, kein Zielobjekt oder Reiseziel daraus. Es ist genau hier-jetzt. Wenn wir bewußt werden, kann die Explosion geschehen. Sie ist bereits ganz nahe, unser engster Nachbar, aber wir begehren weiterhin das weit Entfernte. Es ist neben uns, aber wir gehen auf eine lange Reise. Es folgt uns wie ein Schatten, aber wir sehen es nie, weil unsere Augen aufs weit Entfernte gerichtet sind.

Man kann das Leben nur im Sein finden. Es gibt einen Ausspruch Laotses: „Suche, und du verlierst. Suche nicht, und du findest."

FENSTER ZUM GÖTTLICHEN

In der indischen Philosophie wird die Natur der höchsten Wahrheit als Wahrheit, satyam, *Schönheit*, sundaram, *und das Gute*, shivam, *dargestellt. Sind das die charakteristischen Merkmale, die Eigenschaften Gottes?*

Das sind keine Eigenschaften Gottes, sondern unsere Erfahrungen des Göttlichen. Sie gehören nicht zum Göttlichen an sich; es sind nur unsere Wahrnehmungen. Das Göttliche selbst ist unkennbar. Entweder hat es alle Eigenschaften oder überhaupt keine. Aber der menschliche Geist hat eine innere Struktur, die drei Fenster für die Erfahrung des Göttlichen bereitstellt: Du kannst entweder durch Schönheit, durch Wahrheit oder durch das Gute einen Einblick erhalten. Diese drei Dimensionen gehören zum menschlichen Geist. Sie stellen unsere Begrenzungen dar; der Rahmen ist von uns vorgegeben; das Göttliche selbst ist rahmenlos. Es ist ungefähr so: Wir können durch das Fenster in den Himmel schauen. Durch die Begrenzung, die das Fenster darstellt, kommt es uns vor, als ob der Himmel einen Rahmen hätte, aber der Himmel selbst hat keinen. Er ist unbegrenzt. Nur das Fenster gibt ihm einen Rahmen. Auf dieselbe Weise sind das Schöne, das Gute und das Wahre die Fenster, durch die wir einen Blick ins Göttliche werfen können.

Die menschliche Persönlichkeit ist in drei Schichten aufgeteilt. Überwiegt der Intellekt, dann nimmt das Göttliche die Form von Wahrheit an. Wer vom Intellekt her kommt, schaut durch das Fenster der Wahrheit, den Rahmen der Wahrheit. Ist der Geist gefühlsbetont, gelangt man nicht durch den Kopf, sondern durch das Herz zur Wahrheit, und dann erscheint das Göttliche als Schönheit. Die poetische Note stammt von dir. Sie ist nur der Rahmen. Intellekt stellt den Rahmen der Wahrheit; Emotion verleiht den Rahmen der Schönheit – und wenn die Persönlichkeit weder emotional noch intellektuell angelegt ist, wenn Aktion, Handeln überwiegt, nimmt der Rahmen die Form des Guten an.

So stellt man sich hier in Indien die drei Wege des Göttlichen vor. *Bhakti*-Yoga bedeutet den Weg der Hingabe und entspricht dem emotionalen Typ. Gott wird als Schönheit gesehen. *Inana*-Yoga ist der Weg der Erkenntnis, des Wissens. Gott wird als Wahrheit erkannt. Und *Karma*-Yoga ist der Weg des Handelns. Gott ist das Gute.

Das Wort „Gott" selbst stammt von dem Wort „gut". Dieses Wort hatte den größten Einfluß, weil der größte Teil der Menschheit vorwiegend aktiv ist und nicht intellektuell oder emotional; das bedeutet nicht, daß der Großteil der Menschen keinen Intellekt oder keine Emotion hat, sondern nur, daß Intellekt oder Emotion keinen überwiegenden Anteil ihrer Veranlagung darstellen. Nur sehr wenige Menschen sind intellektuell oder emotional. Die Mehrheit ist überwiegend aktiv. Durch Tun wird Gott zum „Guten".

Aber dazu muß es auch einen Gegenpol geben: Daher setzt man, da Gott für das Gute steht, den Teufel mit dem Schlechten gleich. Der aktive Geist stempelt den Teufel zum Schlechten, der gefühlsbetonte Geist empfindet ihn als das Häßliche, und der intellektuelle als das Unwahre, Illusionäre, Falsche.

Diese drei Wesensmerkmale, das Wahre, Gute, Schöne, sind menschliche Maßstäbe, die dem Göttlichen angelegt sind, obwohl das Göttliche an sich unermeßlich und namenlos ist. Das Göttliche an sich hat keine Eigenschaften. Wenn sich der menschliche Geist vom Göttlichen durch irgendeine vierte Dimension ein Bild machen könnte, dann würde diese vierte Dimension auch zu einer Eigenschaft des Göttlichen. Ich sage damit nicht, daß das Göttliche nicht das Gute ist. Ich sage nur, daß dieses Gute eine von uns gesehene und gewählte Eigenschaft ist. Gäbe es keine Menschen auf der Welt, wäre das Göttliche weder gut noch schön noch wahr. Die Göttlichkeit wäre die gleiche, aber ohne diese von uns gewählten Eigenschaften. Es sind nur menschliche Wahrnehmungen. Wir könnten uns das Göttliche genausogut mit anderen Eigenschaften vorstellen.

Wir wissen nicht, ob Tiere das Göttliche auch wahrnehmen, wir wissen nicht, wie sie die Dinge überhaupt wahrnehmen, aber eines ist sicher: Sie nehmen es anders als die Menschen wahr. Falls sie das Göttliche überhaupt wahrnehmen, werden sie es auf ganz andere Weise fühlen und sehen als wir. Die Eigenschaften, die ihnen auffallen, werden nicht dieselben sein wie für uns.

Ist jemand überwiegend intellektuell veranlagt, kann er sich nicht vorstellen, daß Gott mit Schönheit zu tun haben soll. Diese Vorstellung ist sehr fremd für ihn. Und für einen Dichter oder einen Maler, einen Menschen, der die Welt vom Herzen her sieht, ist Wahrheit eine nackte Sache ohne Schönheit. Sie ist nur eine intellektuelle Kategorie.

Ist ein Mensch also überwiegend intellektuell veranlagt, kann er den emotionalen Blickwinkel nicht verstehen, und jemand, der emotional veranlagt ist, kann den intellektuellen Standpunkt nicht begreifen. Deshalb gibt es so viele Mißverständnisse und so viele Definitionen. Es gibt keine einzige Definition, die allen Menschen verständlich ist. Gott muß in deinen eigenen Begriffen zu dir kommen. Wenn du Gott definierst, bist du selbst Teil der Definition. Die Definition kommt von dir, das Göttliche an sich ist jedoch undefinierbar. Daher haben alle, die durch diese drei Fenster schauen, dem Göttlichen auf gewisse Weise ihren eigenen Stempel, ihre eigenen Definitionen auferlegt.

Für jemand, der diese drei Grundstrukturen seiner Persönlichkeit überwunden hat, gibt es auch die Möglichkeit eines vierten Weges, das Göttliche zu sehen. In Indien haben wir kein Wort für den vierten. Wir nennen es einfach *turiya*, das „Vierte". Es gibt einen Zustand des Bewußtseins, in dem du weder intellektuell noch emotional noch aktiv bist, sondern einfach nur bewußt bist. Dann schaust du nicht durch irgendein Fenster zum Himmel. Du bist aus deinem Haus herausgekommen, und jetzt siehst du den ganzen Himmel, ohne Fensterrahmen; es ist kein Ausschnitt mehr.

Nur diese Art des Bewußtseins kann die Begrenzungen der anderen drei verstehen, kann die Verständigungsschwierigkeiten unter den anderen und auch die verborgenen Ähnlichkeiten zwischen Schönheit, Wahrheit und dem Guten erkennen. Nur diese vierte Art kann alles verstehen und tolerieren. Die anderen drei werden sich immer in den Haaren liegen.

Alle Religionen gehören einer dieser Kategorien an. Und sie haben ständig miteinander gewetteifert. Buddha dagegen konnte an diesem Konflikt nicht teilnehmen. Er gehörte dem vierten Typ an. Er sagt: „Das ist alles Unsinn. Ihr streitet euch über göttliche Eigenschaften, ihr streitet euch um eure Fenster. Der Himmel ist von jedem Fenster aus derselbe."

Deshalb gehören die Eigenschaften nicht zum Göttlichen, sondern zu der *Art und Weise, wie wir das Göttliche wahrnehmen*. Wenn wir bereit sind, unsere Fenster abzureißen, können wir das Göttliche ohne Eigenschaften, als *nirguna* erkennen. Dann schreiben wir ihm keine Attribute mehr zu. Nur dann kommt menschliche Projektion nicht ins Spiel.

Aber dann wird es sehr schwierig, überhaupt etwas zu sagen. Alles, was wir über das Göttliche sagen können, kann nur mit Hilfe von Fenstern gesagt werden; und in Wirklichkeit sagt es nur etwas über die Fenster aus und nicht über den Himmel. Sehen wir über die Fenster hinaus, ist der Himmel weit und unbegrenzt. Man kann ihn nicht einfach definieren. Alle Worte sind unangebracht; alle Theorien unzureichend.

Deshalb hat jeder, der dem vierten Typ angehört, Schweigen bewahrt; alle Definitionen kamen von den ersten drei. Wenn einer des vierten überhaupt gesprochen hat, hat er Begriffe verwandt, die absurd, unlogisch und irrational erscheinen. Er widerspricht sich selbst. Durch Widerspruch versucht er etwas zu zeigen. Er will nicht etwas sagen, sondern etwas zeigen.

Wittgenstein hat diese Unterscheidung gemacht. Er sagte, daß es Wahrheiten gibt, über die man sprechen kann, und andere, unsagbare Wahrheiten, auf die man nur hinweisen kann. Eine Sache ist definierbar, wenn sie mit etwas anderem in Verbindung gebracht, darauf bezogen und verglichen werden kann.

Wir können zum Beispiel sagen, daß ein Tisch kein Stuhl ist. Wir können ihn in Bezug auf etwas anderes definieren. Er hat eine Grenze, bis zu der er sich erstreckt und jenseits derer etwas

anderes beginnt. In Wirklichkeit kann man nur etwas über Begrenzungen sagen. Eine Definition bedeutet die Grenze, nach der etwas anderes beginnt.
Über das Göttliche können wir jedoch nichts sagen. Das Göttliche ist das Ganze, daher hat es keine Begrenzung; es gibt keine Grenzlinie, hinter der etwas anderes beginnt. Es gibt kein „etwas anderes". Das Göttliche ist grenzenlos und undefinierbar. Der vierte kann nur Zeichen, Hinweise, Andeutungen geben. Deshalb ist das Vierte mysteriös geblieben. Aber das Vierte ist am echtesten, weil es nicht von menschlicher Wahrnehmung gefärbt ist. Alle großen Heiligen haben nur Andeutungen gemacht, sie haben nichts Endgültiges gesagt. Ob es Jesus, Buddha, Mahavir oder Krishna ist, spielt keine Rolle. Sie legen nichts fest, sie weisen nur auf etwas hin – sie sind wie Finger, die zum Mond zeigen.
Aber es besteht immer die Gefahr, daß du am Finger festhältst und ihm zu viel Gewicht beimißt. Der Finger hat keine Bedeutung; er weist auf etwas anderes hin. Er darf kein Blickfang werden. Wenn du den Mond sehen willst, mußt du den Finger völlig vergessen.
Das ist das Schwierigste daran. Du siehst den Hinweis und glaubst, daß dieser Hinweis selbst die Wahrheit ist. Dann ist der Zweck verfehlt. Der Finger ist nicht der Mond; sie sind absolut verschieden. Man kann mit dem Finger auf den Mond deuten, aber man darf sich nicht beim Finger aufhalten. Wenn ein Christ die Bibel oder ein Hindu die Gita nicht vergessen kann, dann geht der eigentliche Zweck verloren. Die ganze Sache ist zwecklos, sinnlos und verliert in gewisser Weise das Religiöse, wird antireligiös.
Immer wenn man dem Göttlichen nahe kommt, muß man auf seinen Verstand aufpassen. Wenn man sich dem Göttlichen durch den Intellekt nähert, färbt er darauf ab. Nur ohne Intellekt, ohne dich, ohne das Menschliche, ohne Vorstellungen,

ohne irgendeine Neigung, die Dinge auf eine bestimmte Weise zu sehen, erkennst du die Eigenschaftslosigkeit des Göttlichen. Im übrigen gehören alle Eigenschaften, die wir dem Göttlichen nachsagen, zu unseren menschlichen Fenstern. Wir zwingen sie dem Göttlichen auf.

Meinst du, daß wir kein Fenster brauchen, um den Himmel zu sehen?

Es ist besser, durch ein Fenster zu schauen, als überhaupt nicht zu schauen, aber mit dem fensterlosen Himmel läßt es sich nicht vergleichen.

Aber wie soll man ohne ein Fenster vom Zimmer zum Himmel kommen?

Du kannst das Fenster benutzen, aber du darfst nicht am Fenster Halt machen, sonst bleibt es immer da. Du mußt aus dem Fenster steigen, es hinter dir lassen.

Im Himmel gibt es keine Worte – bis man ins Zimmer zurückkommt. Dann kommt die Geschichte…

Ja, man kann zurückkommen. Aber dann bist du nicht derselbe wie zuvor. Du hast das Formlose, Unbegrenzte erfahren. Dann weißt du, selbst wenn du am Fenster stehst, daß der Himmel keinen Rahmen, kein Fenster hat. Dann läßt du dich nicht davon täuschen. Selbst wenn das Fenster geschlossen ist und es im Raum dunkel wird, weißt du, daß es den grenzenlosen Himmel gibt. Du kannst nicht wieder derselbe sein.
Wenn du das Unbegrenzte erst einmal erfahren hast, *bist* du selbst das Unbegrenzte *geworden*. Wir sind, was wir erkannt und gefühlt haben. Wenn du einmal eine Kostprobe vom Grenzen-

losen bekommen hast, bist du in gewisser Weise selbst grenzenlos geworden. Etwas zu erkennen bedeutet, es zu sein. Liebe zu kennen bedeutet, Liebe zu sein; Gebet zu kennen, bedeutet, Gebet zu sein; das Göttliche zu kennen bedeutet, das Göttliche zu sein; Erkennen ist Verwirklichen, Erkennen ist Sein.

Werden alle drei Fenster eins?

Nein. Jedes Fenster bleibt, wie es ist. Das Fenster hat sich nicht verändert; du hast dich verändert. Wenn jemand emotional ist, wird er durch dieses Fenster ein- und ausgehen, aber er wird dann die anderen Fenster nicht verleugnen; er kämpft nicht gegen sie. Jetzt versteht er die anderen. Er weiß, daß andere Fenster zum selben Himmel führen.

Wenn du einmal unter freiem Himmel warst, weißt du, daß die anderen Fenster Teil desselben Hauses sind. Wenn du willst, kannst du auch zu den anderen Fenstern gehen. Es kommt auf dich an; du kannst, aber du mußt nicht, ein Fenster ist ausreichend. Wenn jemand so ähnlich wie Ramakrishna veranlagt ist, geht er wahrscheinlich zu anderen Fenstern, um zu sehen, ob sie auch zum selben Himmel führen. Es kommt auf den einzelnen an. Der eine schaut durch andere Fenster, der andere nicht.

Und es ist tatsächlich nicht nötig. Es reicht, wenn man den Himmel kennt. Aber man kann nachforschen, neugierig sein. Dann wird man auch durch andere Fenster blicken. Es hat immer Menschen gegeben, die umherwandern, und andere, die es nicht tun. Aber sobald jemand den offenen Himmel gesehen hat, leugnet er andere Fenster nicht mehr, läßt er alle Anfahrtswege gelten und bestätigt, daß alle Fenster zum selben Himmel führen. Jemand, der den Himmel gesehen hat, ist also religiös, nicht sektiererisch. Der sektiererische Geist bleibt vor dem Fenster; der religiöse Geist geht darüber hinaus.

Jemand, der den Himmel gesehen hat, mag umherwandern und

auch zu anderen Fenstern gehen. Es gibt unzählige Fenster. Die drei aufgezählten sind nur die Haupttypen, aber nicht die einzigen. Es gibt viele verschiedene Kombinationen.

Gibt es ein Fenster für jedes Bewußtsein, für jeden Menschen?

Ja. Jeder einzelne gelangt von seinem eigenen Fenster aus zum Göttlichen. Und jedes Fenster ist grundlegend verschieden von irgendeinem anderen. Es gibt unzählig viele Fenster und unzählig viele Sekten. Jede Person hat ihre eigene Sekte. Zwei Christen sind sich nicht gleich. Sie weichen genauso voneinander ab wie das Christentum vom Hinduismus. Wenn du den Himmel einmal gesehen hast, weißt du, daß alle Unterschiede zum Haus gehören. Sie gehören niemals zu dir. Sie gehören zu dem Haus, in dem du gelebt hast, durch das du gesehen hast, gefühlt hast, aber nicht wirklich zu dir.
Wenn du unter freiem Himmel bist, weißt du, daß du seit jeher ein Teil des Himmels warst – nur von Wänden eingeschlossen. Der Himmel im Haus unterscheidet sich nicht von dem Himmel, der draußen ist. Tritt man einmal heraus, weiß man, daß die Hindernisse nicht echt waren. Selbst eine Wand ist kein Hindernis für den Himmel, sie hat ihn nicht im geringsten geteilt. Es entsteht nur der Anschein, als ob der Himmel geteilt sei, daß dies mein Haus ist und jenes deins; aber wenn du den Himmel erst einmal kennst, gibt es keinen Unterschied. Dann gibt es keine Individuen mehr. Die Wellen verlieren sich, und es bleibt nur der Ozean. Du kannst wieder ins Haus hineingehen, aber jetzt gibt es keine Entfremdung, keine Trennung mehr.

Es gibt anscheinend nur wenige Christen, die unter den freien Himmel getreten und mit dieser Auffassung zurückgekommen sind.

Es gibt einige. Franz von Assisi, Eckhart, Böhme.

Sie haben uns nicht gesagt, daß es derselbe Himmel ist, oder?

Sie konnten es nicht tun. Der Himmel war immer derselbe, aber sie konnten darüber nicht in derselben Weise berichten. Berichte müssen voneinander abweichen. Aber das, worüber berichtet wird, bleibt sich gleich.
Für die, die die Sache selbst nicht kennen, ist der Bericht alles. Dann spielen Unterschiede eine Rolle. Aber alles, was berichtet wird, ist nur eine Wahl, eine Auswahl. Das Ganze kann nicht dargestellt oder beschrieben werden; ein Bericht bleibt immer bruchstückhaft, und sobald etwas beschrieben wird, stirbt es. Franz von Assisi kann es nur so beschreiben, wie es Franz von Assisi möglich ist. Er kann es nicht wie Mohammed beschreiben, weil die Mitteilung nicht direkt vom Himmel kommt. Sie ist durch die individuelle Geistesstruktur geprägt: von Gedächtnis, Erziehung, Erfahrung, von den Worten, der Sprache, der Weltanschauung, vom Erleben. Die Beschreibung darf niemals individuell sein. Sie muß allgemeinverständlich sein, oder sie schlägt völlig fehl.
Wenn ich etwas in meiner eigenen individuellen Sprache beschreibe, kann es niemand verstehen. Als mir die Erfahrung des Göttlichen zuteil wurde, geschah diese Erfahrung ohne die Gemeinschaft. Im Moment des Erkennens war ich völlig allein. Es gab keine Sprache, keine Worte. Wenn ich jedoch davon rede, rede ich zu anderen, die nichts davon wissen. Ich muß mich ihrer Sprache bedienen. Ich muß eine Sprache gebrauchen, die mir schon vor der Erkenntnis vertraut war.
Franz von Assisi benutzt christliche Terminologie. Für mich sind Religionen nur verschiedene Sprachen. Für mich ist das Christentum eine bestimmte Sprache, die von Jesus Christus geprägt ist. Hinduismus ist eine andere Sprache; Buddhismus ist eine andere Sprache. Der Unterschied besteht immer in der Sprache. Wenn man jedoch nur die Sprache und nicht

die Erfahrung selbst kennt, muß der Unterschied riesig sein.

Jesus sagte „Das Königreich Gottes“, weil er die Begriffe gebrauchte, die seine Zuhörerschaft verstehen konnte. Das Wort „Königreich“ wurde von einigen verstanden, von anderen mißverstanden. Das Kreuz, die Kreuzigung, waren die Folge davon. Diejenigen, die Jesus verstanden, wußten, was er mit „Königreich Gottes“ meinte, aber diejenigen, die ihn nicht verstehen konnten, dachten, es ginge ihm um ein irdisches Königreich.

Aber Jesus konnte nicht die Worte Buddhas gebrauchen. Buddha hätte das Wort „Königreich“ niemals benutzt. Und dafür gibt es viele Gründe. Jesus kam aus einer armen Familie, seine Sprache war die eines armen Mannes. Für einen Armen sagt das Wort „Königreich“ viel aus, aber einem Buddha bedeutet es nichts, weil er selbst ein Prinz gewesen war. Das Wort war sinnlos für Buddha, aber sinnvoll für Jesus. Buddha wurde zum Bettler, und Jesus zum König. Es muß so sein. Der andere Pol bringt Kontrast, er bringt das Unbekannte zum Ausdruck. Das, was Buddha am wenigsten kannte, war Betteln, daher benutzte er diese ihm unbekannte Form eines Bettlers. Für ihn wurde *bhikkhu*, Bettler, zum bezeichnenden Ausdruck.

Das Wort *bhikkhu* wird in Indien niemals benutzt, weil es hier so viele Bettler gibt. Stattdessen setzen wir das Wort *swami*, Meister, ein. Wird jemand Sannyasin, gibt er seine Vergangenheit auf, dann wird er ein *swami*, ein Meister. Aber als Buddha seine Vergangenheit aufgab, wurde er ein *bhikkhu*, ein Bettler. Für Buddha hatte dieses Wort eine Bedeutung, die es für Jesus nicht haben konnte.

Jesus konnte nur in Begriffen reden, die der jüdischen Kultur entliehen waren. Er konnte hier und dort etwas ändern, aber er konnte nicht die gesamte Sprache verändern, oder es hätte ihn niemand verstanden. Daher war er in gewisser Weise kein Christ. Zu Zeiten Franz von Assisis hatte sich eine christliche

Kultur mit einer eigenen Sprache entwickelt. Daher gehörte Franz von Assisi mehr zum Christentum als Christus. Christus blieb ein Jude; sein ganzes Leben war jüdisch. Es konnte nicht anders sein.

Wirst du als Christ geboren, kann es passieren, daß dir das Christentum nichts sagt, dich unberührt läßt. Je besser du es kennst, desto bedeutungsloser wird es. Das Mysterium geht verloren. Ein Christ mag am Hindu-Weg Gefallen finden; aus der Sicht des Hinduismus kann er deutlichere Hinweise auf das Unkennbare gewinnen.

Aus meiner Sicht ist es besser, wenn ein Mensch nicht an seiner Geburtsreligion festhält. Er muß das Glaubensbekenntnis, das ihm von Geburt an eingeflößt wurde, irgendwann verleugnen, sonst fängt das Abenteuer niemals an. Man sollte nicht an seinem Geburtsort bleiben, sondern in unbekannte Winkel vorstoßen und sich davon anregen lassen.

Manchmal können wir die Sache nicht verstehen, von der wir glauben, wir verstünden sie am besten. Ein Christ denkt, er wüßte, was Christentum bedeutet. Das wird zur Barriere. Ein Buddhist meint, er verstünde Buddhismus, weil er damit vertraut ist, aber genau dieses Gefühl von Vertrautheit wird zu einem Hindernis. Nur das Unbekannte kann zum Magnetischen, zum Okkulten, Esoterischen werden.

Man muß seine Herkunft hinter sich lassen. Als Christ oder Hindu geboren zu werden, ist nur ein äußerer Umstand. Man darf sich nicht von den Bedingungen seiner Geburt in Bann halten lassen. Was die Religion betrifft, muß man ein zweites Mal geboren werden, man muß in unbekannte Regionen vorstoßen. Mit diesem Reiz fängt Forschung an.

Religionen ergänzen sich in gewisser Weise gegenseitig. Sie arbeiten einander in die Hände, sie müssen sich gegenseitig akzeptieren. Ein Christ, ein Hindu oder ein Jude müssen den Reiz des Bekehrtwerdens kennenlernen. Das schafft den Hintergrund für die Verwandlung. Immer wenn jemand vom Westen zum Osten kommt, findet er etwas Neues vor. Die östliche Einstellung ist so verschieden, daß sie nicht zu den vertrauten Denkmustern paßt. Die ganze Einstellung ist dem, was du kennst, so entgegengesetzt, daß du dich selbst verändern mußt, wenn du verstehen willst.

Dasselbe passiert einem, der vom Osten in den Westen geht. Es sollte jedenfalls geschehen; man muß dafür offen sein. Es ist das Unbekannte, das Unvertraute, das die Veränderung bewirkt.

In Indien konnten wir keine organisierte Religion wie das Christentum aufbauen. Wir konnten keine Theologie, keinen Vatikan, keine Kirche in die Welt setzen. Es gibt Tempel, aber keine Kirche. Der östliche Geist ist von Grund auf unlogisch, daher ist er in gewisser Weise chaotisch; er ist zwangsläufig individuell; er organisiert nicht.

Ein katholischer Priester ist etwas ganz anderes. Er ist geschult, Teil einer Organisation zu sein. Er hat seinen Platz in der Hierarchie. Und das funktioniert. Eine hierarchische Gesellschaftsordnung ist etwas Logisches, deshalb konnte sich das Christentum auf der ganzen Welt ausbreiten.

Im Hinduismus hat man niemals versucht, irgend jemanden zu bekehren. Selbst wenn sich jemand von selbst dazu bekehrt, akzeptieren es die Hindus nur unwillig. Es ist eine unmissionarische, unorganisierte Religion. Es gibt keine Priesterschaft wie in der katholischen Kirche. Der Hindu-Mönch ist nur ein wanderndes Individuum – ohne zu irgendeiner Hierarchie, ohne zu irgendeiner Gesellschaftsordung zu gehören. Er hat nirgendwo Wurzeln. In der Außenwelt muß diese Einstellung zu Mißerfolg führen, als Individuum jedoch, das seine innere Tiefe erreichen will, gelangt er damit zum Ziel.

Vivekananda fühlte sich sehr zum Christentum hingezogen. Er gründete den Orden des Ramakrishna nach dem Muster der katholischen Priesterschaft. Das ist dem Osten sehr fremd, sehr unvertraut. Es ist völlig westlich. Vivekanandas Geist war über-

haupt nicht östlich. Und genauso, wie ich sage, daß Vivekanandas Geist westlich war, sage ich, daß Eckhart und Franz von Assisi im Grunde zum Osten gehörten.
Auch Jesus gehörte zum Osten. Das Christentum jedoch ist ein Kind des Westens. Jesus war östlich, war gegen eine organisierte Kirche. Daraus entstand der Konflikt.
Der westliche Geist denkt nach Begriffen der Logik, Vernunft, des Systems, des Arguments. Er kann nicht sehr tief gehen; er bleibt an der Oberfläche. Er dehnt sich in die Breite aus, nicht in die Tiefe.

Organisierte Religionen verbauen uns also die Sicht. Sie müssen verschwinden, damit wir den Himmel sehen können.

Ja, sie verhängen das Fenster. Sie sind Hindernisse.

Muß sich das westliche Bewußtsein genauso wie das östliche erweitern?

Der westliche Geist ist sehr erfolgreich in den Naturwissenschaften, aber er kann nicht zu religiösem Bewußtsein gelangen. Immer wenn ein religiöser Geist geboren wird, selbst wenn es im Westen ist, ist die Qualität des Geistes östlich, wie bei Eckhart, wie bei Böhme. Und immer wenn ein wissenschaftlicher Geist im Osten geboren wird, gehört er zum Westen.
Ost und West sind nichts Geographisches. „West" bedeutet Aristoteles, Gleichgewicht, Ratio; „Ost" bedeutet das Nichtaristotelische, Ungleichgewicht, das Irrationale.
Tertullian war einer der östlichsten Köpfe im Westen. Er sagte: „Ich glaube an Gott, *weil* es unmöglich ist zu glauben. Ich glaube an Gott, *weil* es absurd ist." Das ist die grundlegende östliche Einstellung: „Weil es absurd ist". Niemand kann das im Westen sagen. Im Westen heißt es, du sollst nur etwas glauben,

wenn es vernünftig ist. Sonst ist es nur ein Glaube, ein Aberglaube.
Auch Eckhart war ein östlicher Geist. Er sagt: „Wenn du ans Mögliche glaubst, ist es kein Glaube. Wenn du an das Argument glaubst, ist es keine Religion. Das gehört zur Wissenschaft. Nur wenn du ans Absurde glaubst, dringt etwas, das jenseits des Verstandes ist, zu dir durch." Diese Vorstellung ist nichts Westliches, sie gehört zum Osten.
Konfuzius andererseits gehört zum Westen, wo man ihn, im Gegensatz zu Laotse, verstehen kann. Laotse sagt: „Du bist ein Narr, wenn du nur rational bist. Rational, vernünftig sein, ist nicht genug. Das Irrationale muß auch eine Ecke haben, wo es sein kann. Nur wenn jemand rational und irrational zugleich sein kann, ist er wirklich vernünftig."
Ein absolut rationaler Mensch kann nicht vernünftig sein. Auch Vernunft schließt einen dunklen Bereich, einen Bereich des Irrationalen mit ein.
Ein Kind wächst im dunklen Schoß heran. Eine Blume kommt aus dem Dunkel, aus den Wurzeln der Erde. Man darf das Dunkle nicht verleugnen, es ist das Fundament. Es ist das wichtigste Element, der größte Quell des Lebens.
Der Westen kann der Welt Wissenschaft geben, nicht Religion. Der Beitrag des Ostens ist Religion, nicht Technologie oder Wissenschaft. Wissenschaft und Religion ergänzen sich gegenseitig. Wenn man die Unterschiede und die Ergänzungen von Religion und Wissenschaft zur Kenntnis nehmen würde, könnte daraus eine bessere Kultur, eine Weltkultur geboren werden.
Wenn man Wissenschaft braucht, sollte man in den Westen gehen. Wenn im Westen jedoch eine Religion entsteht, kann es niemals mehr als Theologie sein. Im Westen sucht man nach Argumenten, um Gott zu beweisen. Das kann man sich im Osten nicht vorstellen. Man kann Gott nicht beweisen. Die

Mühe ist umsonst. Wenn etwas beweisbar ist, kann es niemals Gott sein; es wird eine wissenschaftliche Schlußfolgerung sein. Im Osten heißt es, daß das Göttliche unbeweisbar ist. Wenn du von deinen Beweisen gelangweilt bist, springe in die Erfahrung selbst; spring ins Göttliche selbst.

Der östliche Verstand kann nur pseudo-wissenschaftlich sein, genauso wie der westliche Verstand nur pseudo-religiös sein kann. Ihr habt eine große Theologie im Westen geschaffen, keine religiöse Tradition. Auf dieselbe Weise stellen wir im Osten nur Techniker auf die Beine, keine Wissenschaftler, nur Personen, die technisches Wissen ansammeln, keine Erneuerer oder Erfinder.

Komm also nicht mit einem westlichen Geist in den Osten, sonst wirst du nur mißverstehen. Dann schleppst du deine Mißverständnisse als Einsichten mit dir herum. Die Einstellung im Osten ist ganz bestimmt entgegengesetzt. Und Gegenteile ergänzen sich – wie männlich und weiblich.

Der östliche Geist ist weiblich; der westliche Geist ist männlich, aggressiv. Logik kann nur aggressiv, gewalttätig sein.

Ramakrishna sagte, der Bhakti-*Weg sei für dieses Zeitalter am geeignetsten. Stimmt das?*

Nein. Ramakrishna behauptete, daß *Bhakti*-Yoga am geeignetsten sei, weil er selbst damit am besten zurechtkam.

Das war sein Hauptfenster, durch das er unter freien Himmel kam. Es ist keine Frage, ob sich ein Weg für ein bestimmtes Zeitalter eignet oder nicht. Wir können in diesem Zusammenhang nicht in Zeitaltern denken.

Verschiedene Epochen bestehen gleichzeitig nebeneinander. Wir scheinen Zeitgenossen zu sein, aber vielleicht sind wir es gar nicht. Ich mag zwanzig Jahrhunderte hinterherhinken. Nichts ist absolut vergangen. Für irgend jemanden ist es

Gegenwart. Aber auch nichts ist absolut Gegenwart. Für den einen ist es vergangen, für den anderen muß es erst noch kommen. Man kann also für ein Zeitalter an sich keine bestimmte Aussage machen.

Ramakrishna hatte das Herz eines Verehrers. Er kam durch Liebe und Gebet, durch Gefühl, zu Gott. Er fand auf diesem Weg Verwirklichung, und deshalb dachte er, das müsse für alle so sein. Er sah nicht, welche Schwierigkeiten andere mit seinem Weg haben könnten.

Wieviel Sympathie wir auch empfinden, wir sehen andere immer im Licht unserer eigenen Erfahrungen. Daher meinte Ramakrishna, daß *Bhakti*-Yoga, der Weg der Hingabe, der Weg schlechthin sei.

Nach zeitlichen Begriffen gesehen kann man sagen, daß dieses Zeitalter das intellektuellste, wissenschaftlichste, technologischste ist – das am wenigsten hingebungsvolle, am wenigsten emotionale. Was Ramakrishna für sich als richtig empfand, mag auch für einige Leute, die um ihn waren, richtig gewesen sein, aber Ramakrishna hatte nie auf einen weiteren Umkreis Einfluß. Er gehörte im Grunde zum Dorf, zur nichttechnologischen, unwissenschaftlichen Geisteswelt. Er war ein Provinzler – ungebildet, mit der Welt draußen unvertraut, deshalb muß man seine Aussagen auf seine Dorfsprache zurückführen. Er konnte sich kein Bild von den heutigen Umständen machen. Er war vor allem in der Welt der Bauern zu Hause, in der Intellekt nichts und Gefühl alles gilt. Er war kein Mann dieser Zeit. Was er sagte, traf auf seine Welt zu, aber nicht auf die heutige Welt.

Diese drei Typen hat es immer gegeben: den Intellektuellen, den Aktiven und den Emotionalen. Es wird immer ein Gleichgewicht unter ihnen geben, genau wie zwischen männlich und weiblich. Das Gleichgewicht kann nicht für lange Zeit aufgehoben sein; ist es einmal verloren, stellt es sich bald wieder her.

Im Westen hat man das Gleichgewicht verloren. Intellekt ist zum ausschlaggebenden Faktor geworden. Ramakrishnas Ausspruch, daß Hingabe der Weg für dieses Zeitalter sei, mag dir zusagen, weil du das Gleichgewicht verloren hast. Und Vivekananda sagt genau das Gegenteil. Weil der Osten auch das Gleichgewicht verloren hat, fühlt er sich hauptsächlich vom Intellekt angezogen. Das ist nur, um das bestehende Extrem auszugleichen; es ist eine Ergänzung.

Ramakrishna gehörte zum emotionalen Typus, und sein engster Schüler gehörte zum intellektuellen Typus; er mußte intellektuell sein. Das ist das Gespann, das männliche und das weibliche. Ramakrishna war absolut weiblich: unaggressiv, empfänglich. Sex ist nicht nur biologisch; es gibt ihn überall. In jedem Bereich, wo immer ein Polarität besteht, gibt es Sex, und der Gegenpol wird angezogen.

Vivekananda konnte sich nie zu irgendeinem Intellektuellen hingezogen fühlen. Das war nicht möglich, weil er nicht das polare Gegenteil war. Es gab intellektuelle Giganten in Bengal. Er besuchte sie und kam jedesmal mit leeren Händen zurück; er fühlte sich nicht von ihnen angezogen. Ramakrishna war der am wenigsten Intellektuelle. Er war alles, was Vivekananda nicht war und wonach er suchte.

Vivekananda war der Gegenpol zu Ramakrishna, daher war das, was er in Ramakrishnas Namen lehrte, nicht vom selben Geist getragen wie Ramakrishnas Lehren selbst. Deshalb kann man über Vivekananda überhaupt nicht zu Ramakrishna kommen. Die Interpretation stammt vom polar entgegengesetzten Typ.

Wenn die Leute sagen: „Ohne Vivekananda hätten wir niemals etwas über Ramakrishna erfahren", stimmt das in gewisser Hinsicht. Ramakrishna wäre ohne Vivekananda nie weltweit bekannt geworden. Aber durch Vivekanandas Brille siehst du nicht den wahren Ramakrishna. Es ist eine Mißinterpretation, die aus der gegensätzlichen Veranlagung stammt. Ramakrishna argumentierte niemals, er war ungebildet; Vivekananda war argumentativ; ein Mann des Wissens. Was Vivekananda über Ramakrishna sagte, war eine Spiegelung Vivekanandas; es entsprach nie den Tatsachen, es konnte nicht wahrheitsgetreu sein.

So ist es schon immer gewesen, und so wird es auch weiterhin ablaufen. Buddha zieht Menschen an, die ihm polar entgegengesetzt sind. Mahavir und Jesus ziehen Menschen an, die spirituell gesehen zum anderen Geschlecht gehören. Diese Gegenpole erzeugen dann die Organisation, den Orden, und dann fangen sie zu interpretieren an. Die Schüler selbst werden zu Verfälschern. Aber das ist eben so. Man kann nichts daran ändern.

DIE RICHTIGE ART ZU FRAGEN

Stelle keine theoretischen Fragen. Theorien verwirren, anstatt etwas zu klären. Wenn es keine Theorien gäbe, gäbe es weniger Probleme; durch Theorien werden Fragen oder Probleme nicht gelöst. Im Gegenteil, Fragen entstehen aus den Theorien.
Stelle auch keine philosophischen Fragen. Philosophische Fragen sind nur dem Anschein nach Fragen. Deshalb ist noch keine von ihnen beantwortet worden. Wenn eine Frage wirklich eine

Frage ist, kann man sie beantworten, aber wenn sie falsch, wenn sie nur eine linguistische Verwirrung ist, kann sie nicht beantwortet werden. Die Philosophie hat jahrhundertelang geantwortet, immerzu geantwortet, aber die Fragen bestehen nach wie vor unverändert weiter. Egal welche Antwort du auf eine philosophische Frage gibst, du beantwortest sie nie, weil die Frage selbst verkehrt ist. Sie ist nicht als Frage gemeint. Die Frage läßt von Haus aus keine Antwort zu.

Stelle auch keine metaphysischen Fragen. Wenn du zum Beispiel fragst, wer die Welt erschaffen hat, gibt es keine Antwort darauf. Die Frage ist absurd. Nicht, daß metaphysische Fragen keine wirklichen Fragen wären, aber sie können nicht beantwortet werden. Sie können gelöst, aber nicht beantwortet werden. Stelle Fragen, die persönlich, wesentlich und existentiell sind. Man muß sich wirklich bewußt sein, was man fragt. Bedeutet es dir tatsächlich etwas? Kann die Antwort dein Dasein bereichern, kannst du dich irgendwie dadurch verändern? Nur dann ist die Frage religiös.

Der Religion geht es um Probleme, nicht um Fragen. Fragen stellen kannst du aus Neugierde, aber ein Problem ist intim und persönlich. Du bist in dem Problem enthalten, du bist es selber. Eine Frage ist etwas anderes als du, ein Problem jedoch nicht. Forsche deshalb, bevor du überhaupt etwas fragst, tief in deinem Inneren und frage nur etwas, was wesentlich und persönlich ist, was dich verwirrt, etwas, worin du dich verheddert hast. Nur dann kann man dir helfen.

Sind unsere Leben vorherbestimmt oder nicht?

Das ist kein persönliches Problem, sondern eine philosophische Frage. Unsere Leben sind beides, vorherbestimmt und nicht vorherbestimmt, beides, Ja und Nein. Und diese beiden Antworten treffen auf alle Fragen über das Leben zu.

In gewisser Weise ist alles vorherbestimmt. Alles, was physisch oder gedanklich in dir ist, was aus Materie besteht, ist vorherbestimmt. Aber es gibt etwas in dir, das ständig unbestimmt und unvorhersagbar ist, frei von Ursache und Wirkung. Dieses Etwas ist dein Bewußtsein.

In dem Maße, in dem du dich mit deinem Körper und deiner materiellen Existenz identifizierst, wirst du auch durch Ursache und Wirkung bestimmt. Insofern bist du eine Maschine. Aber wenn du mit deiner materiellen Existenz nicht identifiziert bist, weder mit Körper noch mit Geist, wenn du dich als etwas Getrenntes, Verschiedenartiges, über und jenseits von Körper-Geist wahrnehmen kannst – dann ist dieses darüberhinausgehende Bewußtsein nicht vorherbestimmt. Es ist spontan, es ist frei. Bewußtsein bedeutet Freiheit, Materie bedeutet Sklaverei. Es kommt also darauf an, wie du dich selbst definierst. Wenn du sagst: „Ich bin nur der Körper", dann bist du völlig festgelegt.

Wenn man sagt, daß der Mensch nur der Körper ist, kann man nicht sagen, daß er nicht vorherbestimmt ist. Gewöhnlich halten Leute, die nicht glauben, daß es so etwas wie Bewußtsein gibt, auch nichts von dem Konzept der Vorherbestimmung; während Leute, die religiös sind und an Bewußtsein glauben, gewöhnlich auch an Vorherbestimmung glauben. Das, was ich sage, mag also sehr widersprüchlich klingen. Trotzdem ist es so. Jemand, der weiß, was Bewußtsein ist, weiß auch, was Freiheit ist; nur jemand, der spirituelle Erfahrung hat, kann also sagen, daß eine Vorherbestimmung an sich überhaupt nicht existiert. Diese Erkenntnis kann man nur haben, wenn man mit dem Körper nicht im geringsten identifiziert ist. Hat einer dagegen das Gefühl, daß er nur aus Materie besteht, dann ist Freiheit nicht möglich. Materie kann nicht frei sein. Sie bewegt sich immer im Kreislauf von Ursache und Wirkung.

Sobald jemand vollkommene Bewußtheit, Erleuchtung erreicht

hat, hat er den Bereich von Ursache und Wirkung gänzlich verlassen. Er wird absolut unvorherbestimmbar. Man kann nichts über ihn sagen. Er fängt an, jeden einzelnen Moment zu leben; sein Dasein wird ungreifbar wie Atome.

Deine Existenz ist wie ein Fluß, wie eine Kette, bei der jeder Schritt durch die Vergangenheit festgelegt ist. Deine Zukunft ist keine wirkliche Zukunft; sie ist nur ein Nebenprodukt deiner Vergangenheit. Die Vergangenheit bestimmt einfach deine Zukunft vorher, gibt ihr Form und Ausdruck und legt ihr Bedingungen auf. Deshalb ist deine Zukunft voraussagbar.

Skinner behauptet, der Mensch sei genauso voraussagbar wie alles andere. Die einzige Schwierigkeit dabei ist, daß wir noch nicht die Mittel zur Verfügung haben, die gesamte Vergangenheit eines Menschen zu erkennen. Sobald es uns möglich ist, seine gesamte Vergangenheit zu erkennen, können wir alles über ihn voraussagen. Für die Leute, mit denen Skinner arbeitete, trifft das zu, weil ihr Verhalten bis ins Letzte vorhersagbar ist. Er experimentierte mit Hunderten von Leuten und fand dabei heraus, daß sie sich völlig mechanisch verhielten, daß es nichts in ihnen gab, was man Freiheit nennen konnte.

Aber seine Studie ist begrenzt. Kein Buddha kam in sein Labor, um getestet zu werden. Selbst wenn nur ein einziger Mensch frei ist, selbst wenn sich nur einer nicht mechanisch verhält, nicht voraussagbar ist, fällt Skinners ganze Theorie zusammen. Wenn auch nur ein Mensch in der ganzen Geschichte frei und unvorherbestimmbar ist, dann sind alle Menschen potentiell frei und unvorherbestimmbar.

Freiheit als menschliche Möglichkeit hängt davon ab, ob du alles Gewicht auf deinen Körper oder auf dein Bewußtsein legst. Fließt deine Lebenskraft nur nach außen, ist alles vorherbestimmt. Oder gibt es da auch etwas Inneres? Jetzt gibt es keine Antwort, die du dir im voraus zurechtgelegt hast. Sage nicht: „Ich bin die Seele." Wenn du fühlst, daß es nichts in dir gibt, dann sei ehrlich und gib es zu. Diese Aufrichtigkeit ist der erste Schritt zur inneren Freiheit des Bewußtseins.

Wenn du tief in dich hineingehst, merkst du, daß alles nur Teil der Außenwelt ist. Dein Körper ist von außen gekommen, deine Gedanken kommen von außen, sogar dein Selbst ist dir von anderen gegeben worden. Deshalb hast du so viel Angst vor der Meinung der anderen – weil sie dein Selbst völlig unter Kontrolle haben. Sie können ihre Meinung über dich jeden Moment ändern. Dein Selbst, dein Körper, deine Gedanken stammen von anderen; was ist dann das Innere? Du bestehst aus vielen Schichten, die sich von außen her abgelagert haben. Wenn du mit diesen Schichten, mit dieser deiner „Persönlichkeit", die von anderen bestimmt wurde, identifiziert bist, ist alles festgelegt. Werde gewahr, was alles von außen kommt, und löse deine Identifikation damit auf. Dann kommt ein Moment, in dem die Außenseite völlig wegfällt. Du wirst in ein Vakuum fallen. Dieses Vakuum, diese Leere, ist der Durchgang vom Äußeren zum Inneren, sie ist das Tor.

Wir haben so viel Angst vor der Leere, Angst davor, leer zu sein, daß wir uns an das klammern, was wir in der Außenwelt zusammengesucht haben. Man muß so mutig sein, sich aus der Identifikation mit diesem Sammelsurium zu lösen und in dem Hohlraum, in dem Leerraum zu bleiben. Bist du dazu nicht mutig genug, gehst du wieder nach außen, hältst dich an etwas fest und füllst dich damit. Aber genau dieser Moment, wenn man im Vakuum ist, ist Meditation. Bist du tapfer genug, das auszuhalten, richtet sich bald dein ganzes Wesen automatisch nach innen.

Wenn es nichts Äußeres gibt, woran man sich hängen kann, wendet sich das Wesen nach innen. Dann wird dir zum ersten Mal bewußt, daß du etwas bist, das über alles hinausgeht, was du jemals als dein Wesen betrachtet hast. Du bist jetzt nicht mehr etwas, das wird, sondern du bist Sein. Dieses Sein ist frei, es kann durch nichts festgelegt werden. Es ist absolute Freiheit.

Jetzt ist keine Kette von Ursache und Wirkung mehr möglich. Aber deine Handlungen sind mit vergangenen Handlungen verknüpft. A schuf eine Situation, in der B möglich wurde; B schuf eine Situation, in der C Blüten treiben konnte. Deine Handlungen stehen zu vergangenen Handlungen in Beziehung, und das zieht sich vom ursprungslosen Anfang bis zum endlosen Ende hin. Du wirst nicht nur von deinen eigenen Taten bestimmt, sondern selbst von den Handlungen deines Vaters und deiner Mutter; sie finden in deinen Handlungen eine Fortsetzung. Deine Gesellschaft, deine Geschichte, alles, was vorher geschah, steht in gewisser Hinsicht zu deiner jetzigen Handlung in Beziehung. Du bist das Gesamtresultat der ganzen Evolution; sie ist in dir zu einer Blüte gelangt.

Alles, was jemals geschehen ist, geht mit in dein Handeln ein, und somit ist dein Tun offensichtlich vorherbestimmt. Es ist ein winziger Ausschnitt des ganzen Gemäldes. Die Geschichte ist eine ungeheuer starke, lebendige Kraft, und deine individuelle Handlung ist nur ein kleiner Teil davon.

Marx sagte: „Die gesellschaftlichen Bedingungen werden nicht vom Bewußtsein bestimmt. Es sind die Gesellschaft und ihre Bedingungen, die das Bewußtsein bestimmen. Nicht, daß große Männer große Gesellschaften erzeugen; große Gesellschaften erzeugen große Männer." Und in gewisser Weise hat er recht, weil du nicht der Urheber deiner Handlungen bist. Sie sind durch die ganze Geschichte bedingt, du führst sie nur aus.

Deine biologischen Zellen sind die Summe des ganzen evolutionären Prozesses. Diese Zellen können auch wieder Teil eines neuen Menschen werden, des Kindes, das du zeugst. Du magst glauben, daß du der Vater bist, aber du warst nur eine Bühne, auf der die gesamte biologische Evolution ihr Stück spielt und dir deine Rolle dabei aufgezwungen hat. Der Zeugungsakt ist so gewaltig, weil er über dich hinausgeht, es ist der geballte evolutionäre Prozeß, der sich durch dich äußert.

Das ist ein Beispiel dafür, wie eine Handlung zu vergangenen Handlungen in Beziehung steht. Wenn ein Mensch jedoch erleuchtet wird, tritt ein neues Phänomen in Erscheinung: Jetzt sind Handlungen nicht länger mit früheren Handlungen verbunden. Jede Handlung wird jetzt nur vom eigenen Bewußtsein bestimmt. Sie kommt aus dem eigenen Bewußtsein, nicht aus der Vergangenheit. Deshalb sind die Handlungen eines Erleuchteten nicht vorhersagbar.

Skinner sagt, daß man voraussagen kann, was du tun wirst, wenn man deine vergangenen Handlungen kennt. Er sagt, das Sprichwort „Du kannst ein Pferd zum Wasser führen, aber du kannst es nicht zum Trinken zwingen" sei falsch. Man kann es dazu zwingen. Man kann eine Situation schaffen, so daß das Pferd trinken muß. Man kann das Pferd dazu zwingen und euch auch, weil eure Handlungen durch Situationen und Umstände ausgelöst werden. Man kann einen Buddha zwar zum Fluß führen, aber man kann ihn nicht zwingen zu trinken. Je mehr man ihn zwingt, desto weniger gelingt es. Keine Hitze wird ihn dazu veranlassen. Selbst wenn tausend Sonnen auf ihn brennen, nützt das nichts. Die Handlungen eines Buddha haben einen anderen Ursprung; sie werden nicht durch frühere Handlungen, sondern durch Bewußtsein bestimmt.

Deshalb bestehe ich so sehr darauf, daß man bewußt handelt. Dann steht jeder Moment deines Handelns für sich und ist keine bloße Fortsetzung des vergangenen Tuns. Du bist frei. Jetzt beginnst du zu handeln, und keiner kann sagen, was du tun wirst.

Gewohnheiten sind mechanisch, sie wiederholen sich. Je öfter du etwas wiederholst, desto besser kennst du es. Leistungsfähigkeit bedeutet, daß du kein Bewußtsein mehr dazu brauchst. Wer perfekt auf der Maschine schreibt, braucht dazu keine Aufmerksamkeit mehr; es geht unbewußt. Selbst wenn er über etwas anderes nachdenkt, geht das Tippen weiter. Der Körper tippt, der Mensch ist nicht länger nötig. Leistungsfähigkeit bedeutet, daß man etwas so gut kann, daß kein Irrtum möglich ist. Wo Freiheit herrscht, ist auch immer ein Irrtum möglich. Eine Maschine kann keine Irrtümer begehen. Um sich irren zu können, muß man bewußt sein.

Deine Handlungen sind also mit deinen früheren Handlungen verkettet. Sie sind vorherbestimmt. Deine Kindheit prägt deine Jugend, deine Jugend bestimmt dein Alter. Deine Geburt bestimmt deinen Tod; alles ist vorherbestimmt. Buddha sagt oft: „Stelle eine Ursache her und die Wirkung folgt." Damit meint er die Welt von Ursache und Wirkung, in der alles von vornherein festgelegt ist.

Wenn du vollkommen bewußt handelst, entsteht eine insgesamt neuartige Situation. Dann geschieht alles von Moment zu Moment. Das Bewußtsein ist im Fluß; es ist nicht statisch. Es ist das Leben selbst, deshalb verändert es sich. Es ist lebendig. Es dehnt sich immer weiter aus; es wird immer wieder neu, frisch und jung. Dann sind deine Handlungen spontan.

Das erinnert mich an eine Zen-Geschichte. Ein Zen-Meister stellte seinem Schüler eine bestimmte Frage. Die Frage wurde richtig beantwortet. Am nächsten Tag stellte er dieselbe Frage, der Schüler sagte: „Aber ich habe diese Frage gestern beantwortet." Der Meister sagte: „Jetzt frage ich dich noch einmal." Der Schüler wiederholte dieselbe Antwort, worauf der Meister sagte: „Du weißt es nicht." Der Schüler wandte ein: „Aber als ich dir gestern dieselbe Antwort gab, hast du mit dem Kopf genickt. Daher nahm ich an, daß die Antwort richtig war. Warum hast du jetzt deine Einstellung geändert?" Der Meister sagte: „Alles, was du wiederholen kannst, stammt nicht von dir. Die Antwort entsprang deinem Gedächtnis, nicht deinem Bewußtsein. Wenn du wirklich wüßtest, wäre die Antwort neu, weil sich so viel geändert hat. Ich bin nicht derselbe Mensch, der diese Frage gestern gestellt hat. Die ganze Situation ist anders. Du bist auch nicht derselbe, aber die Antwort ist dieselbe. Ich mußte diese Frage noch einmal stellen, nur um zu sehen, ob du die Antwort wiederholen würdest. Nichts läßt sich wiederholen."

Je lebendiger du bist, desto weniger wiederholst du dich. Nur ein Toter kann konsequent derselbe sein. Leben ist Unbeständigkeit, Leben ist Freiheit.

Freiheit kann nicht unter dem Zwang der ständigen Übereinstimmung stehen. Womit soll sie denn übereinstimmen? Übereinstimmung ist nur mit der Vergangenheit möglich.

Ein Erleuchteter stimmt nur mit seinem Bewußtsein überein; niemals mit seiner Vergangenheit. Er geht völlig in seinem Handeln auf. Nichts wird aufgeschoben, er läßt nichts unter den Tisch fallen. Im nächsten Moment ist die Handlung beendet, und sein Bewußtsein ist wieder frisch. Bewußtsein begleitet jede Situation von Anfang an, jede Handlung geschieht in vollkommener Freiheit, als ob er dieser bestimmten Situation zum ersten Mal begegnet.

Deshalb habe ich dir mit Ja und Nein geantwortet. Es kommt auf dich an – ob du ein Bewußtsein oder nur ein Speicher der Vergangenheit, nur eine körperliche Existenz bist. Religion gibt Freiheit, weil Religion Bewußtsein verleiht. Je mehr die Wissenschaft die Geheimnisse der Materie entschleiert, desto mehr wird sie die Welt versklaven. Alles Materielle ist ein Phänomen von Ursache und Wirkung. Sobald du weißt: Wenn *dieses* vorgegeben ist, ist *jenes* die Folge davon – dann kann alles vorherbestimmt werden.

Noch vor Ende dieses Jahrhunderts werden wir sehen, daß die von der Menschheit eingeschlagene Richtung in vielfacher Hinsicht vorherbestimmt war. Das größtmögliche Unglück ist nicht der nukleare Krieg; er kann nur zerstören. Das wirkliche Unglück wird aus den psychologischen Wissenschaften erwachsen. Sie werden austüfteln, wie man einen Menschen vollkommen kontrollieren kann. Weil wir nicht bewußt sind, können wir in vorbestimmte Verhaltensweisen gezwungen werden.

So wie wir jetzt sind, ist alles festgelegt. Einer ist ein Hindu, ein anderer ist Mohammedaner. Das ist ein vorgegebener Umstand, aber keine Freiheit. Die Eltern haben es entschieden; die Gesellschaft hat es entschieden. Jemand ist ein Arzt, und jemand anderes ein Ingenieur. Jetzt ist sein Verhalten vorhersagbar.

Wir werden bereits ständig kontrolliert, dabei sind unsere Methoden noch sehr primitiv. Fortgeschrittene Techniken sind möglich, die unser Verhalten in einem solchen Ausmaß vorherprogrammieren können, daß niemand mehr von Seele sprechen kann. Was kann „Seele" noch bedeuten, wenn jede Reaktion vorhersagbar ist?

Deine Reaktionen können biochemisch bestimmt werden. Gibt man dir Alkohol, ändert sich dein Verhalten. Deine Körperchemie ist anders, also verhältst du dich auch anders. Früher einmal galt es im Tantra als die höchste Technik, Drogen zu nehmen und trotzdem bewußt zu bleiben. Nur wenn ein Mensch bewußt blieb, obwohl alles darauf abzielte, ihn unbewußt zu machen, galt er nach tantrischen Begriffen als erleuchtet, sonst nicht.

Wenn dein Bewußtsein biochemisch verändert werden kann, was ist dann die Bedeutung von Bewußtsein? Wenn dich eine Spritze unbewußt machen kann, was ist es dann wert? Dann ist die chemische Droge mächtiger als dein eigenes Bewußtsein. Tantra sagt, daß es möglich ist, die Wirkung jeder Droge zu überwinden und bewußt zu bleiben. Die Ursache wird hergestellt, aber die Reaktion darauf bleibt aus.

Sex ist eine chemische Angelegenheit. Eine bestimmte Menge von bestimmten Hormonen erzeugt sexuelle Begierde. Du wirst zur Begierde. Du bereust es vielleicht, wenn sich deine Körperchemie wieder normalisiert hat, aber diese Reue ist bedeutungslos. Denn sobald der Hormonspiegel wieder steigt, reagierst du wieder auf dieselbe Weise. Deshalb hat Tantra auch mit Sex experimentiert. Spürst du keine sexuelle Begierde, obwohl du dich in einer sexuell anregenden Situation befindest, dann bist du frei. Deine Körperchemie hat das Rennen verloren. Der Körper ist da, aber du bist nicht im Körper.

Wut ist auch nur etwas Chemisches. Die Biochemiker werden bald fähig sein, dich gegen Ärger oder Wut oder Sex zu impfen. Aber das macht dich nicht zu einem Buddha. Buddha war nicht unfähig, wütend zu werden. Er konnte es, aber die Emotion hatte keine Auswirkung auf seinen Körper.

Wenn du deine Körperchemie unter Kontrolle hältst, kannst du nicht mehr wütend sein. Die biochemische Voraussetzung, die dich Wut empfinden läßt, fehlt, und deshalb kann sich die Wut auch nicht auswirken. Wenn deine Sexualhormone aus dem Körper entfernt werden, empfindest du nicht mehr sexuell. Aber das Entscheidende ist nicht, ob du sexuell bist oder nicht, wütend bist oder nicht; das Entscheidende ist, ob man in einer Situation, die Unbewußtheit erfordert, die nur durch Unbewußtheit zustande kommt, bewußt bleiben kann.

Meditiere, wenn eine solche Situation auftritt, schau sie dir genau an. Das ist eine große Chance. Wenn du Eifersucht spürst, meditiere darüber. Das ist der richtige Moment. Deine Körperchemie arbeitet in dir. Sie wird dich unbewußt machen; sie wird dich zu einem Verhalten verführen, als ob du verrückt bist. Sei jetzt bewußt. Laß die Eifersucht da sein, unterdrücke sie nicht, aber sei bewußt, beobachte sie.

Wenn du in Wut gerätst, beobachte dich; wenn Sex in dir aufsteigt, beobachte dich. Laß alles, was in dir geschieht, geschehen und fange an, über die ganze Situation zu meditieren. Nach und nach, im gleichen Maße wie sich dein Bewußtsein vertieft, gibt es immer weniger Möglichkeit, daß du in deinem

Verhalten von vornherein festgelegt bist. Du wirst frei. *Moksha*, Freiheit, bedeutet nichts anderes. Es bedeutet ein Bewußtsein, das so frei ist, daß es jetzt nicht mehr vorherbestimmbar ist.

Was ist göttliche Liebe? Auf welche Weise erfährt ein Erleuchteter die Liebe?

Laß uns zuerst die Frage anschauen. Du mußt darauf gewartet haben, sie zu stellen. Sie kann dir nicht gerade jetzt eingefallen sein; du mußt sie dir im voraus überlegt haben. Sie hat auf diesen Augenblick gewartet, sie hat dich gezwungen, sie zu stellen. Dein Gedächtnis hat die Frage bestimmt, nicht dein Bewußtsein. Wärst du jetzt gerade bewußt, im Moment, wäre diese Frage nicht entstanden. Hättest du zugehört, was ich gesagt habe, wäre diese Frage unmöglich.

Und wenn die Frage schon in dir war, ist es unmöglich, daß du irgend etwas von dem, was ich gesagt habe, wirklich gehört hast. Eine Frage, die du ständig im Kopf hast, erzeugt Spannung, und mit dieser Spannung kannst du nicht hier und jetzt sein. Und dein Bewußtsein kann nicht frei fließen. Wenn du das verstanden hast, können wir deine Frage aufgreifen.

Die Frage selbst ist gut, aber der Kopf, der darüber gebrütet hat, ist krank. Bewußtsein muß von Moment zu Moment da sein, nicht nur in Taten, sondern auch in Fragen, in jeder Geste. Wenn ich meinen Finger hebe, mag es nur eine Gewohnheit sein; dann bin ich nicht der Meister meines Körpers. Aber wenn es eine spontane Äußerung von etwas ist, das gerade jetzt in meinem Bewußtsein ist, ist es etwas ganz anderes.

Jede Geste eines christlichen Predigers ist vorherbestimmt. Er ist darin unterrichtet worden. Ich war einmal in einem christlichen Priesterseminar zu Besuch. Nach fünf Jahren in diesem Seminar wird man ein Doktor der Theologie. Absurd! Ein Doktor der Theologie – das ist eine Idiotie. Man wird dort in allem geschult: wie man auf der Kanzel steht, wie man die Messe beginnt, wie man die Hymne singt, wie man in die Schar der Gläubigen schaut, wo man anhalten und wo man innehalten oder eine Pause machen muß. Alles.

Eine so stumpfsinnige Vorbereitung kommt nicht in Frage. Das wäre das Schlimmste, was euch passieren kann.

Sei also im Moment. Entscheide nichts im voraus. Sei dir bewußt, daß die Frage schon in dir ist, daß sie ständig an die Türe des Verstandes klopft. Du hast mir überhaupt nicht zugehört – nur wegen dieser Frage. Und wenn ich anfange, über deine Frage zu reden, dann wird dein Verstand eine andere Frage aufwerfen. Und du gehst wieder am Eigentlichen vorbei. Und was ich sage, gilt nicht nur dir persönlich, es trifft auf jeden zu.

Jetzt die Frage.

Sobald die Liebe da ist, ist sie göttlich, daher ist es sinnlos, von „göttlicher Liebe" zu sprechen. Aber der Verstand ist berechnend. Er sagt: „Ich weiß ja, was Liebe ist. Ich weiß nur nicht, was göttliche Liebe ist." Dabei haben wir keine Ahnung von Liebe. Sie ist völlig unbekannt. Es wird zu viel darüber geredet, aber sie wird niemals gelebt. Das ist ein Trick des Verstandes. Wir reden über das, was wir nicht zu leben fähig sind.

Literatur, Musik, Poesie, Tanz – alles dreht sich um die Liebe. Wenn die Liebe wirklich da wäre, würden wir nicht so viel davon reden. Unser ausschweifendes Gerede über Liebe zeigt, daß es keine Liebe gibt. Über etwas zu sprechen, was nicht da ist, ist ein Ersatz. Durch Reden, Sprache, Symbole, Kunst schaffen wir die Illusion, daß Liebe wirklich da ist – und jemand, der Liebe nie erfahren hat, mag sogar ein besseres Gedicht darüber schreiben als einer, der sie erfahren hat, weil die Erfahrungslücke viel größer ist. Sie muß gefüllt werden. Man muß sich Ersatz verschaffen.

Du mußt erst einmal begreifen, was Liebe ist, denn wenn du eine Frage über „göttliche" Liebe stellst, klingt es so, als wüßtest du, was Liebe ist. Aber du kennst Liebe nicht. Was du unter Liebe verstehst, ist etwas anderes. Das Falsche muß erst erkannt werden, bevor man Schritte in Richtung des Wirklichen, des Wahren machen kann. Was man normalerweise unter Liebe versteht, ist nur Verblendung, sinnlose Leidenschaft. Du verliebst dich in jemand. Gehört dir dieser Mensch mit Haut und Haaren, ist es bald aus mit der Liebe. Gibt es jedoch Hindernisse – kannst du denjenigen, den du liebst, nicht haben –, dann wird die Liebe sehr intensiv. Je mehr Barrieren es gibt, desto intensiver wird der Drang. Wenn es unmöglich ist, zum Ziel deiner Liebe zu kommen, wird die Liebe zu ewiger Liebe. Wenn du jedoch den geliebten Menschen leicht gewinnen kannst, verfliegt die Liebe auch leicht.

Wenn du versuchst, etwas zu erlangen, und du bekommst es nicht, wirst du ganz wild danach. Je mehr Hindernisse es gibt, desto mehr spürt das Ego den Drang, etwas dafür zu tun. Es wird zu einer Herausforderung für das Ego. Je mehr du auf Abwehr stößt, um so mehr spannst du dich an, desto besessener wirst du. Diese Spannung nennst du Liebe. Daher wird die Liebe kalt, sobald die Flitterwochen vorüber sind. Sogar schon vorher. Was du für Liebe gehalten hattest, war keine Liebe. Es war nur eine Vernarrtheit deines Egos, ein Krampf – und daraus kann nur Spannung und Konflikt erwachsen.

Die Zivilisationen vergangener Epochen gingen die Sache daher sehr berechnend an. Sie erlaubten Sex erst ganz am Schluß. Wenn ein Mann seine Frau für lange Zeit nicht sehen kann, entsteht eine blinde Leidenschaft, es entsteht große Spannung. So kann ein Mann sein ganzes Leben mit einer Frau aushalten.

Aber im Westen kann die Ehe nicht länger bestehen bleiben. Nicht, weil man im Westen sexueller ist, sondern weil die Leidenschaft nicht aufgestaut zu werden braucht. Sex ist so leicht erhältlich, daß die Ehe kaum Überlebenschancen hat. Auch

Liebe kann bei dieser Art von Freiheit nicht lange andauern. Wenn eine Gesellschaft sexuell völlig frei ist, dann gibt es einfach nur noch Sex.

Langeweile ist die Kehrseite blinder Leidenschaft. Wenn du in jemand verliebt bist, der unerreichbar bleibt, dann geht die Verliebtheit tief, macht dich innerlich blind – aber wenn du ihn oder sie gewinnst, langweilst du dich irgendwann und bist es satt. Viele Gegensatzpaare spielen mit: Vernarrtheit, Langeweile; Liebe – Haß; Anziehung – Abstoßung. Bei leidenschaftlicher Verliebtheit fühlst du Anziehung, Liebe, und bei Langeweile fühlst du Abstoßung, Haß.

Keine Anziehung kann wirkliche Liebe sein, weil damit auch unausweichlich Abstoßung kommt. Es liegt in der Natur der Dinge selbst, daß auch die andere Seite zum Ausdruck kommt. Wenn du den Gegenpol nicht zulassen willst, mußt du Barrieren erzeugen, damit die Leidenschaft niemals zu Ende geht, du mußt täglich für Spannung sorgen. Dann hält die Magie an. Das ist die Grundlage der uralten Methode, der Liebe Hindernisse in den Weg zu stellen.

Aber bald wird das nicht länger möglich sein. Dann werden Heirat und auch Liebe verschwinden. Sie werden weit in den Hintergrund rücken. Nur Sex wird es noch geben, aber Sex kann nicht für sich allein bestehen; er wird zu mechanisch. Nietzsche erklärte, daß Gott tot ist. Was in diesem Jahrhundert jedoch wirklich sterben wird, ist Sex. Ich meine damit nicht, daß die Leute aufhören, sexuell zu sein. Sie werden sexuell sein, aber die übermäßige Betonung des Sex wird verschwinden. Sex wird etwas ganz Gewöhnliches sein, wie alles andere auch – wie urinieren oder essen oder sonst etwas. Er wird keine Bedeutung haben. Er konnte nur deshalb so viel Gewicht gewinnen, weil er den Menschen erschwert und verwehrt worden war.

Was du Liebe nennst, ist keine Liebe. Es ist nur hinausgezögerter Sex. Was ist dann Liebe? Liebe hat mit Sex überhaupt nichts zu tun. Sex mag dabei sein oder nicht, aber Liebe hat in Wirklichkeit nicht das geringste mit Sex zu tun. Sie ist etwas ganz anderes. Für mich ist Liebe die Begleiterscheinung eines meditativen Geistes. Sie hat nichts mit Sex zu tun, sie hängt mit *dhyana*, mit Meditation zusammen. Je stiller du wirst, desto wohler fühlst du dich in deiner Haut, desto erfüllter bist du, und um so stärker wird sich dein Wesen auf völlig neue Art ausdrücken. Du wirst anfangen zu lieben – keine bestimmten Menschen. Du kannst auch einen bestimmten Menschen lieben, was jedoch zählt ist, daß du zu lieben anfängst. Diese Liebe auszuströmen wird zu deinem Lebensstil. Sie kann niemals in Abstoßung umschlagen, weil sie nicht auf Anziehung beruht.

Du mußt den Unterschied genau verstehen. Gewöhnlich, wenn du dich in jemand verliebst, geht es dir in Wahrheit nur darum, von ihm Liebe zu bekommen. Die Liebe fließt nicht von dir zum anderen, sondern du erwartest vielmehr, daß Liebe vom anderen zu dir fließt. Darum wird Liebe so besitzergreifend. Du besitzt jemand, damit du etwas aus ihm herausholen kannst. Aber die Liebe, von der ich spreche, ist weder besitzergreifend noch geht sie von irgendwelchen Erwartungen aus. Du bist einfach so. Du bist so still geworden, so liebevoll, daß dein Schweigen auf andere übergreift.

Wenn du mißmutig bist, richtet sich dein Mißmut auf andere. Wenn du haßt, richtet sich dein Haß gegen andere. Wenn du liebst, glaubst du, daß deine Liebe zu anderen fließt, aber du bist nicht verläßlich. In dem einen Moment ist Liebe da, aber im nächsten Moment ist es Haß. Haß ist nicht das Gegenteil von Liebe; er gehört wesentlich zu ihr, er ist die Fortsetzung der Liebe mit anderen Mitteln.

Wenn du jemanden liebst, wirst du ihn auch hassen. Du bist vielleicht nicht mutig genug, es zuzugeben, aber du wirst ihn trotzdem hassen. Liebende streiten sich dauernd, wenn sie zusammen sind. Wenn sie nicht zusammen sind, mögen sie einander Liebeslieder singen, aber sobald sie sich treffen, fängt der Hader an. Sie können nicht allein leben, und sie können nicht miteinander leben. Ist der andere nicht da, entsteht leidenschaftliche Sehnsucht, beide empfinden wieder starke Zuneigung füreinander. Ist der andere anwesend, verfliegt die Verliebtheit, und es kommen wieder Abneigung oder Haß zum Vorschein.

Die Liebe, von der ich spreche, bedeutet, daß du so still geworden bist, daß es weder Wut noch Anziehung oder Abstoßung gibt. In Wirklichkeit gibt es keine Liebe und keinen Haß mehr. Du bist überhaupt nicht am anderen orientiert. Der andere ist verschwunden; du bist allein mit dir selbst. In diesem Gefühl des Alleinseins kommt Liebe wie der Duft einer Blume zu dir.

Einen anderen um Liebe zu bitten, ist immer abstoßend. Von einem anderen abhängig zu sein, ihn um etwas zu bitten, erzeugt immer Verstrickungen, Leiden, Konflikt. Man muß sich selber genug sein. Mit Meditation meine ich einen Zustand, in dem man sich selbst genug ist. Du bist ein Kreis geworden, in dir ruhend. Das *mandala* ist vollendet.

Ihr jedoch versucht, das *mandala* mit anderen zu vervollständigen: Mann mit Frau, Frau mit Mann. In gewissen Momenten decken sich die Linien, aber die Trennung beginnt fast schon vor dem Zusammentreffen. Nur wenn du ein perfekter Kreis wirst – in dir geschlossen, selbstgenügsam –, fängt Liebe in dir zu blühen an. Dann liebst du alles, was dir nahe kommt. Es ist überhaupt keine Handlung; es ist nicht etwas, was du tust. Dein Sein selbst, deine Gegenwart selbst, sind Liebe. Liebe durchflutet dich.

Wenn du jemanden, der dieses Stadium erreicht hat, fragst: „Liebst du mich?", wird es für ihn schwierig sein, darauf zu antworten. Er kann nicht sagen: „Ich liebe dich", weil es für ihn keine Handlung ist, kein Tun. Da er jedoch tief in Liebe ist, kann er auch nicht sagen: „Ich liebe dich nicht." Er ist Liebe.

Diese Liebe kommt nur mit der Freiheit, über die ich gesprochen habe. Freiheit ist dein Lebensgefühl, und die Ausstrahlung davon wird von anderen als Liebe gespürt. Wenn in dir Meditation geschieht, fühlst du dich völlig frei. Diese Freiheit ist eine Empfindung, eine innere Erfahrung; andere können sie nicht nachfühlen.

Manchmal mag dein Verhalten für andere Schwierigkeiten bereiten, weil sie sich nicht vorstellen können, was mit dir geschehen ist. In gewisser Weise bist du ein Problem, bist du unbequem für sie, ein Fragezeichen, weil du nicht vorherbestimmbar, nicht berechenbar bist. Es gibt keine Anhaltspunkte mehr, wie man dich einschätzen soll. Was wirst du als nächstes tun? Was wirst du sagen? Niemand kann es wissen. Jeder, der dir nahekommt, fühlt sich etwas unbehaglich. Alle fühlen sich von dir aufgescheucht und verunsichert, weil du schon im nächsten Moment irgend etwas Unvorhergesehenes tun kannst; du bist nicht mehr tot. Sie können deine Freiheit nicht fühlen, weil sie selbst nichts dergleichen kennen. Sie haben nicht einmal danach Ausschau gehalten, nicht danach gesucht. Sie sind so verstrickt, daß sie sich nicht einmal vorstellen können, was Freiheit ist. Sie leben in Käfigen, ohne den offenen Himmel zu kennen, deshalb gibt es keine Verständigung, egal, was du ihnen über den offenen Himmel erzählst. Aber sie können deine Liebe fühlen, weil sie sich nach Liebe sehnen. Selbst in ihren Käfigen, in ihren Verstrickungen haben sie nach Liebe gesucht. Sie haben alle Abhängigkeiten nur geschaffen, alle Bindungen an Personen und an Dinge – weil sie nach Liebe suchen.

Sobald ein Mensch frei geworden ist, strahlt seine Liebe stets auf die Umgebung aus. Aber ihr werdet diese Liebe als Mitgefühl und nicht als Liebe empfinden, weil es keine Erregung darin gibt. Es ist etwas sehr Weitgestreutes – ohne Hitze, sogar ohne Wärme. Sie ist ohne jede Erregung. Sie ist da, das ist alles. Erregung kommt und geht, sie kann nicht beständig sein; sonst müßte selbst ein Buddha – gäbe es Erregung in seiner Liebe – wieder in den Haß hinein. Seine Liebe ist also ohne jede Hitze. Es gibt weder Höhepunkte noch Tiefpunkte. Die Liebe ist einfach nur da. Ihr erfahrt sie als *karuna*, als Nächstenliebe.

Freiheit kann man nicht von außen nachvollziehen; man kann sie lediglich als Liebe fühlen, oder genauer, als Mitgefühl oder Nächstenliebe. Das hat schon die ganze menschliche Geschichte hindurch zu größten Schwierigkeiten geführt. Die Freiheit eines Erleuchteten ist unbequem, und seine Liebe äußert sich als Mitgefühl. Deshalb ist die Gesellschaft immer in zwei Lager geteilt, wenn es um so einen Menschen geht.

Es gab Leute, die in Christus nur einen Störenfried sahen. Das waren die Leute, die sich mit den Verhältnissen gut arrangiert hatten. Solche Menschen brauchen kein Mitgefühl. Sie glauben, sie hätten alles: Liebe, Reichtum, Gesundheit, Ansehen. Wenn ein Christus auf den Plan tritt, sind die „Habenden" gegen ihn, weil er ihnen Unbequemlichkeiten bereitet, während die „Habenichtse" für ihn sind, weil sie sein Mitgefühl spüren. Sie brauchen Liebe. Niemand außer diesem Mann hat ihnen jemals Liebe entgegengebracht. Sie fühlen sich nicht von Christus gestört, weil sie nichts zu fürchten, nichts zu verlieren haben.

Wenn ein Christus gestorben ist, kann jeder sein Mitgefühl empfinden, weil er jetzt keine Schwierigkeiten mehr bereitet. Selbst die Oberschicht fühlt sich beruhigt und fängt an, ihn als Gott zu verehren. Aber solange er lebt ist er ein Rebell. Und er ist ein Rebell, weil er frei ist. Seine Rebellion hat nichts mit gesellschaftlichen Unstimmigkeiten zu tun. Ein solches Rebellentum wäre rein politisch.

Wenn sich die Gesellschaft dadurch verändert, wird derjenige, der vorher rebelliert hat, zum Orthodoxen. Das geschah 1917.

Die Revolutionäre wurden zu einer der antirevolutionärsten Cliquen der Welt. In dem Moment, in dem Männer wie Stalin oder Mao an die Macht kommen, werden sie zu den antirevolutionärsten Anführern, die es gibt, weil sie keine wirklichen Rebellen sind. Sie rebellieren nur gegen eine bestimmte Situation. Sobald diese Situation umgestürzt ist, verhalten sie sich genau wie die, gegen die sie gekämpft hatten.

Aber ein Christus ist und bleibt rebellisch. Keine Situation kann seine Rebellion ersticken, weil seine Rebellion nicht gegen irgend jemand ist. Er ist rebellisch, weil sein Bewußtsein frei ist. Überall, wo er auf Barrieren stößt, wird er rebellisch. Rebellion ist sein Geist. Die Christen würden also sehr aus ihrer Ruhe geschreckt, käme Jesus heute wieder. Die Christen sind jetzt Teil der bestehenden Ordnung, sie haben sich's darin bequem gemacht. Wenn Jesus wieder auf den Marktplatz kommt, wird er alles, was sie haben, über den Haufen werfen. Vatikan und Kirche sind mit einem Jesus unvereinbar. So etwas ist nur möglich, wenn Jesus nicht da ist.

Jeder Lehrmeister, der zur Erleuchtung gelangt ist, ist ein Rebell, aber die Tradition, die sich zu ihm bekennt, ist niemals rebellisch. Sie legt keinen Wert auf seine Rebellion, auf seine Freiheit, sondern nur auf sein Mitgefühl, seine Liebe. Aber das macht sie fade, impotent. Liebe kann ohne Freiheit, ohne Rebellion nicht existieren.

Du kannst nicht von derselben Liebe wie Buddha erfüllt sein, bevor du nicht auch so frei bist wie er. Ein buddhistischer Mönch gibt nur vor, Nächstenliebe zu fühlen. Sein Mitgefühl ist impotent, weil die Freiheit fehlt. Freiheit ist die Quelle. Mahavir ist voller Nächstenliebe, aber ein Jain-Mönch kein bißchen. Gewaltlosigkeit und Mitgefühl sind nur zur Schau gestellt; er hat es nicht verwirklicht. Er ist berechnend. Sogar in der Nächstenliebe, die er herauskehrt, versteckt sich Berechnung. Es ist kein echtes Mitgefühl, weil die Freiheit nicht verwirklicht ist.

Immer wenn das Bewußtsein des Menschen frei wird, fühlt es sich von innen als Freiheit und von außen als Liebe an. Diese Liebe, dieses Mitgefühl ist eine Abwesenheit von Liebe und Haß. Der Dualismus fällt weg; es gibt weder Anziehung noch Abstoßung. Deshalb hängt es von dir ab, ob du die Liebe eines freien Menschen annehmen kannst oder nicht. Es kommt nicht darauf an, wieviel Liebe ich dir geben kann, sondern darauf, wieviel du aufnehmen kannst. Gewöhnlich hängt die Liebe von dem ab, der sie gibt; es liegt bei ihm, ob er sie gibt oder nicht. Aber die Liebe, über die ich rede, hängt nicht vom Gebenden ab. Er ist völlig offen und gibt jeden Moment. Selbst wenn niemand da ist, fließt er mit Liebe über.

Er ist genau wie eine Blume in der Wüste. Niemand braucht zu wissen, daß sie aufgeblüht ist und ihren Duft verströmt, sie läßt ihn einfach frei. Er ist nicht für jemanden bestimmt, er strömt einfach nur über. Die Blume ist aufgeblüht und gibt ihren Duft frei. Ob jemand vorbeikommt oder nicht, ist bedeutungslos. Wenn einer vorbeikommt und den Duft wahrnehmen kann, dann ist der Duft für ihn da. Aber wenn er völlig stumpfsinnig, unempfindsam ist, mag ihm die Blume nicht einmal auffallen.

Wenn Liebe zugegen ist, kommt es auf dich an, ob du sie empfangen kannst oder nicht. Nur wenn es keine Liebe ist, kann der andere geben oder zurückhalten. Liebe oder Mitgefühl kennen keine Teilung zwischen göttlich und nichtgöttlich. Liebe ist göttlich. Gott ist Liebe.

DAS GLEICHGEWICHT VON RATIONAL UND IRRATIONAL

Auf welche Faktoren führst du die Revolte der westlichen Jugend zurück, und warum fangen so viele junge Leute im Westen an, sich jetzt für östliche Religionen und Philosophien zu interessieren?

Der Geist ist sehr widersprüchlich. Er arbeitet in polaren Gegensätzen. Aber wir haben uns auf logisches Denken festgelegt, und so entscheiden wir uns immer für eine Seite und streiten die andere ab. Logik läßt keine Widersprüche zu, unser Geist aber bewegt sich auf gegensätzliche Weise. Der menschliche Geist funktioniert dialektisch, nur Logik geht linear vor. Wenn du zum Beispiel gereizt wirst, hat der Geist zwei Möglichkeiten: sich aufzuregen oder still zu bleiben. Wenn du dich aufregst und deinem Ärger Luft machst, bedeutet das nicht, daß du auf der anderen Seite nicht auch von vornherein vom Ärger hättest frei sein können. Wenn du aufgebracht sein kannst, bedeutet das nicht, daß du nicht auch still sein kannst. Der Geist arbeitet ständig mit beiden Seiten. Wenn du liebevoll sein kannst, kannst du auch haßerfüllt sein. Das eine schließt das andere nicht aus.

Aber wenn du liebevoll bist, glaubst du gleich, daß du nicht hassen kannst. Dann sammelt sich Haß im Inneren an, und wenn du den Höhepunkt deiner Liebe erreichst, fällt alles zusammen. Du versinkst in Haß. Und nicht nur der rationale Teil des Geistes arbeitet auf diese Weise; die ganze Gesellschaft tut es auch.

Der Westen hat einen Höhepunkt rationalen Denkens erreicht. Jetzt nimmt die irrationale Seite des Geistes Rache. Dem Irrationalen ist der Ausdruck verwehrt worden, und daher hat es in den letzten fünfzig Jahren viele Mittel und Wege gefunden, Vergeltung zu üben: durch Kunst, Lyrik, Drama, Literatur und Philosophie. Und jetzt sogar durch den Lebensstil. Die Revolte der jungen Generation ist wirklich nichts anderes als eine Revolte des Irrationalen gegen die Überbetonung des Rationalen.

Der Osten kann dem Westen helfen, weil er mit dem anderen Teil des Geistes gelebt hat, mit dem Irrationalen. Darin hat er ebenfalls einen Höhepunkt erreicht: den Gipfel des Irrationalen. Jetzt sind die jungen Menschen im Osten mehr an Kommunismus als an Religion, mehr an rationalem Denken als an irrationalem Leben interessiert. So wie ich es sehe, wird sich das ganze Blatt wenden. Der Osten wird wie der Westen werden und der Westen wie der Osten.

Immer wenn ein Teil des Geistes einen Höhepunkt erreicht, schwingt das Pendel zum Gegenpol. Das ist das Gesetz der

Geschichte. Deswegen gewinnt Meditation im Westen an Bedeutung. Dichtung wird wieder Fuß fassen, und die Wissenschaft wird in den Hintergrund gedrängt werden. Die zukünftige westliche Jugend wird antitechnologisch und antiwissenschaftlich sein. Das ist ein natürlicher Prozeß, ein automatisches Auspendeln der Extreme.

Wir haben es bis heute nicht verstanden, eine Persönlichkeit zu entwickeln, die beide Extreme umfaßt, die weder östlich noch westlich ist. Wir wählen immer nur einen Teil des Geistes, und der Gegenpol bleibt hungrig, unterernährt. Dann muß es zu Rebellion kommen. Das ganze Gebäude, das wir entwickelt haben, fällt in Trümmer, und der Geist wendet sich zum anderen Extrem. Das ist die ganze Geschichte hindurch passiert, das war ihre Dialektik.

Für den Westen wird Meditation jetzt größeren Wert als Denken gewinnen, weil sie Nicht-Denken bedeutet. Zen wird größeren Anklang finden. Buddhismus und Yoga werden immer mehr an Reiz gewinnen. Das sind irrationale Lebenseinstellungen. Sie legen kein Gewicht auf Konzepte, Theorien, Theologien. Sie wollen nur eines: tief in die Existenz eintauchen, nicht ins Denken. So wie ich es sehe, schwingt das Pendel um so schneller zum anderen Pol, je mehr der Geist zum Sklaven der Technologie gemacht wird.

Die Revolte der Jugend im Westen ist sehr bezeichnend, sehr bedeutsam. Sie ist ein historischer Wendepunkt, ein vollkommener Umschwung des Bewußtseins. Jetzt kann es im Westen nicht mehr so weitergehen wie zuvor. Die Krise ist da. Der Westen wird sich jetzt in eine andere Richtung bewegen müssen. Die ganze westliche Gesellschaft lebt jetzt im Überfluß. Früher gab es nur Individuen, die im Überfluß lebten, aber niemals eine ganze Gesellschaft. Wenn eine Gesellschaft Wohlstand erreicht, verliert Reichtum an Bedeutung. Er spielt nur in armen Gesellschaften eine Rolle. Aber selbst in einer armen

Gesellschaft langweilen sich die Reichen. Je feinfühliger ein Mensch ist, desto schneller fühlt er sich gelangweilt. Ein Buddha langweilt sich nur. Er gibt einfach alles auf.

Die gesamte Einstellung der westlichen Jugend ist von Langeweile am nichtssagenden Überfluß geprägt. Die Jungen steigen aus, und sie werden so lange aussteigen, bis die ganze Gesellschaft verarmt. Dann werden sie nicht in der Lage sein auszusteigen. Dieses Aussteigen, dieses Aufgeben ist nur in einer Wohlstandsgesellschaft möglich. Wenn es ins Extrem getrieben wird, geht es mit der Gesellschaft bergab. Die Technologie macht keine Fortschritte mehr, und damit wird der Westen zu dem werden, was der Osten heute ist.

Im Osten wendet man sich dem anderen Extrem zu. Man baut eine Gesellschaft auf, die der westlichen entspricht. Die Rollen vertauschen sich, aber die Krankheit bleibt dieselbe. So wie ich es sehe, liegt die Krankheit im Mangel an Gleichgewicht, daran, daß eine Seite angestrebt und die andere abgelehnt wird.

Wir haben dem menschlichen Geist nie erlaubt, sich vollständig zu entfalten. Wir haben immer einen Teil auf Kosten des anderen gewählt. Das war das Übel. Deshalb geht es mir nicht darum, zwischen West und Ost zu wählen. Ich bin gegen beide, weil beide einseitig sind. West und Ost haben beide versagt, der Osten, indem er nur Religion gelten ließ, und der Westen, indem er sich ganz auf die Wissenschaft verlegt hat. Solange wir uns nicht für beide entscheiden, gibt es keinen Ausweg aus diesem Teufelskreis.

Wir wechseln von einem Extrem zum anderen. Wenn du in Japan über Buddhismus sprichst, hört kein junger Mensch mehr zu. Dort ist man an Technologie interessiert. Die Jugend befaßt sich mit Ökonomie, Politik, Technologie, Wissenschaft – mit allem, außer mit Religion. Die westliche Jugend dagegen entdeckt ihr Interesse an Religion. Das heißt nur, das Gewicht vom einen Extrem aufs andere zu verlagern. Derselbe Irrtum geht weiter. Mir geht es um den gesamten Geist, einen Geist, der weder östlich noch westlich ist, der einfach nur menschlich ist – einen umfassenden Geist. Es ist leicht, mit einem Teil des Geistes zu leben, aber wenn du mit beiden Teilen leben willst, mußt du ein sehr widersprüchliches Leben führen. Widersprüchlich natürlich nur an der Oberfläche. Auf einer tieferen Ebene wird alles übereinstimmen, in spiritueller Harmonie.

Der Mensch bleibt spirituell arm, solange er den polaren Gegensatz nicht integriert hat. Erst dann wird er reich. Wenn du einfach nur Künstler bist, ohne an Wissenschaft interessiert zu sein, dann kann deine Kunst nicht vielfältig sein. Vielfalt, Reichhaltigkeit entsteht nur, wenn der Gegenpol auch zum Zuge kommt. Wenn nur Männer im Zimmer sind, fehlt etwas. Sobald auch Frauen hereinkommen, entsteht spiritueller Reichtum. Jetzt sind beide Pole zugegen. Das Ganze wird größer.

Der Geist darf sich nicht festlegen. Ein Mathematiker ist reicher, wenn er auch zur Welt der Künste Zugang hat. Wenn sein Verstand sich von den Gebieten lösen kann, mit denen er sich hauptsächlich befaßt und nach Belieben wieder zu ihnen zurückkehren kann, dann wird seine Mathematik dabei nur gewinnen. Die Gegensätze befruchten einander. Du fängst an, die Dinge in einem anderen Licht zu sehen. Deine ganze Perspektive wird reichhaltiger.

Der Mensch muß Religiosität besitzen, zusammen mit wissenschaftlicher Ausbildung; einen wissenschaftlichen Geist, der Hand in Hand geht mit religiöser Disziplin.

Ich sehe da keinen inneren Widerspruch. Im Gegenteil, ich bin sicher, daß der Geist viel lebendiger wird, wenn er sich von einem Pol zum anderen bewegen kann. Für mich bedeutet Meditation die Fähigkeit, tief in alle Richtungen vorzustoßen, frei von Fixierungen zu sein.

Wenn ich zum Beispiel zu logisch werde, kann ich Poesie nicht mehr verstehen. Logik wird zur Fixierung. Wenn ich dann einem Gedicht zuhöre, steht meine Fixierung im Weg; das Gedicht klingt absurd. Nicht weil es absurd ist, sondern weil ich auf Logik fixiert bin. Vom Standpunkt der Logik aus ist Poesie absurd. Wenn ich andererseits nur Poesie gelten lasse, halte ich Logik nur für ein Mittel der Nützlichkeit, das keine Tiefe hat. Ich sperre mich gegen sie.

Diese einseitige Fixierung hat den Verlauf der ganzen Geschichte geprägt. Jede Epoche, jede Nation, jeder Teil der Welt, jeder Kulturkreis hat sich immer für einen Pol entschieden und einen entsprechenden Idealcharakter entwickelt. Dieser spezifische, kulturgeprägte Charakter war arm, ihm fehlte vieles. Weder der Osten noch der Westen waren jemals spirituell reich. Das war nicht möglich. Reichhaltigkeit kommt nur durch Gegensätze, durch innere Dialektik. Für mich lohnt es sich nicht, sich zwischen Ost oder West zu entscheiden. Man muß eine grundverschiedene Geistesqualität wählen; damit meine ich eine geistige Einstellung, bei der man mit sich selbst in Frieden ist, ohne überhaupt zu wählen, ohne Entscheidungen zu treffen.

Ein Baum wächst: Wir können alle Äste bis auf einen absägen und dem Baum nur erlauben, in eine Richtung zu wachsen. Es wird ein armseliger Baum sein, sehr häßlich und letztlich zu großen Schwierigkeiten verdammt, weil ein einzelner Ast nicht alleine wachsen kann; er kann nur in einer Familie von Ästen wachsen. Es muß ein Moment kommen, in dem der Ast fühlt, daß er in eine Sackgasse geraten ist. Jetzt kann er nicht länger wachsen. Damit ein Baum wirklich wachsen kann, muß man ihm erlauben, sich in allen Richtungen zu entfalten. Nur so kann ein reicher und kräftiger Baum aus ihm werden.

Der menschliche Geist muß wie ein Baum wachsen: in alle Richtungen. Die Vorstellung, daß wir nicht zugleich in entgegengesetzte Richtungen wachsen können, muß man fallenlassen.

Vielmehr können wir nur dann wachsen, wenn es in entgegengesetzte Richtung geschieht. Bis jetzt galt die Ansicht, daß man sich spezialisieren müsse, sich einzig und allein in eine bestimmte Richtung entwickeln müsse. Das entstellt jedoch nur; man wird eindimensional und vernachlässigt alles andere. Man wird zum Ast, nicht zum Baum – und selbst dieser eine Ast kann nur kümmerlich sein.

Wir haben nicht nur die Äste, sondern auch die Wurzeln des Baumes beschnitten. Wir lassen nur eine Wurzel und nur einen Zweig zu. Auf der ganzen Welt ist daher ein völlig verkrüppelter Menschentyp entstanden – im Osten, im Westen, überall. Und folglich sind die Menschen im Osten vom Westen angezogen, und umgekehrt; denn was einem fehlt, das lockt.

Der Osten fühlt sich vom Westen wegen seiner materiellen Bedürfnisse angezogen, und der Westen klopft wegen seiner spirituellen Bedürfnisse an die Türen des Ostens. Aber selbst wenn wir die Positionen austauschen, die Weltanschauungen vertauschen, bleibt die Krankheit dieselbe. Es geht nicht darum, die Positionen zu wechseln, sondern die gesamte Perspektive.

Wir haben niemals den ganzen Menschen akzeptiert. In einem Land wird der Sex nicht akzeptiert, in einem anderen die materielle Welt, wieder woanders sind Gefühle nicht zugelassen. Wir waren nie stark genug, alles, was menschlich ist, ohne Verdammung gutzuheißen und den Menschen zu erlauben, in alle Richtungen zu wachsen. Je mehr man in gegensätzliche Richtungen wächst, desto größer das Wachstum, die Reichhaltigkeit, der innere Überfluß. Unsere gesamte Perspektive muß sich verändern. Wir müssen von der Vergangenheit zur Zukunft übergehen, nicht vom Osten zum Westen, nicht von einem Übel zum anderen.

Das Problem ist fast nicht zu bewältigen, weil unsere Zersplitterung so tief verwurzelt ist: Ich darf meine Wut nicht akzeptieren, geschweige denn meinen Sex, meinen Körper; ich kann mich nicht mit meiner Gesamtheit abfinden. *Irgend etwas* muß ausgeschlossen und verworfen werden. Dies ist schlimm, und das ist schlecht, und jenes ist Sünde. Ich bin gezwungen, immer mehr Äste abzuschneiden. Bald bin ich überhaupt kein Baum, kein lebendiges Wesen mehr. Und immer die Furcht, daß die Zweige, die ich abgeschnitten habe, von neuem zu wachsen anfangen. Ich bekomme Angst vor allem. Krankheit setzt ein: eine Niedergeschlagenheit, ein Abstumpfen.

Wir leben immer nur ein Leben in Bruchstücken, das dem Tod näher ist als dem Leben. Man muß das gesamte menschliche Potential akzeptieren, muß alles, was in einem steckt, zum Höhepunkt bringen, ohne es als Unstimmigkeit, als Widerspruch zu empfinden. Wenn du nicht echt wütend werden kannst, kannst du auch nicht liebevoll sein. Aber so sah man das bisher nicht. Wir hielten einen Menschen, der nicht wütend sein kann, für um so liebevoller.

Aber angenommen, der Baum wächst neben einer Mauer, seine Äste können nicht wachsen, weil die Mauer im Wege ist. Die Mauer mag die Gesellschaft sein, mit ihren geltenden Bedingungen. Wie kann der Baum wachsen, wenn gleich neben ihm eine Mauer ist?

Es gibt viele Mauern. Aber sie sind von den Bäumen selbst errichtet worden, von niemandem sonst. Die Bäume haben die Mauern gestützt. Sie sind durch ihre Mitarbeit zustande gekommen. Im Moment, in dem die Bäume nicht mehr bereit sind, die Mauern zu stützen, fallen sie in Trümmer.

Die Wände um uns herum sind unser eigenes Werk. Wir haben sie aus unserer eigenen Geisteshaltung heraus geschaffen. Du lehrst ein Kind zum Beispiel, nicht wütend zu sein, indem du sagst, daß es sonst nicht lieb sei. Damit errichtest du eine Mauer um das Kind, die ihm zu verstehen gibt, daß es seine Wut unterdrücken muß; und das Kind begreift nicht, daß mit einer solchen Verdrängung gleichzeitig seine Liebesfähigkeit zerstört wird. Wut und Liebe schließen sich nicht gegenseitig aus. Sie sind zwei Äste am selben Stamm. Wenn du einen abschneidest, verarmt der andere, weil er dasselbe Blut in den Adern hat.

Wenn du dein Kind wirklich auf ein besseres Leben vorbereiten willst, wirst du ihm beibringen, in seiner Wut authentisch zu sein. Du wirst ihm nicht sagen: „Sei nicht wütend", sondern: „Wenn du wütend bist, dann sei wirklich wütend. Fühle dich nicht schuldig deswegen." Zeige ihm diese Möglichkeit. Im richtigen Moment muß echte Wut kommen, nicht aber im falschen Moment. Dasselbe gilt für Liebe. Wenn der richtige Moment da ist, muß es wirklich seine Liebe voll zeigen und ein Gefühl dafür entwickeln, wann es der richtige Moment ist und wann der falsche.

Es geht nicht darum, zwischen Wut und Liebe zu wählen, es geht um richtig oder falsch, authentisch oder nicht authentisch. Wut muß zum Ausdruck kommen. Ein Kind ist schön, wenn es wirklich wütend ist – ein plötzliches Aufwallen von Leben und Energie. Wenn du die Wut abwürgst, tötest du das Leben. Es wird impotent. Du nimmst ihm das Feuer aus seinem Temperament; es wird wie ein verkrüppelter Baum, leblos in seinen Bewegungen.

Wir basteln uns dauernd Konzepte und vermauern uns dadurch. Wir entwickeln Verhaltensmuster und Ideologien, die als Trennwände funktionieren. Diese Trennwände werden uns nicht auferlegt, wir haben sie selbst mitgebaut. Sobald wir bewußt werden, verschwinden sie. Es gibt sie nur unseretwegen.

Aber angenommen der Baum, der Mensch, ist von Grund auf behindert? Dann kann er sich nicht ändern. Nicht, weil der Wille dazu fehlt, sondern weil er nicht kann.

Die Behinderten sind kein Problem. Wenn die ganze Gesellschaft lebendig ist, können wir sie behandeln. Wir können sie analysieren, ihnen helfen. Man muß ihnen helfen, sie können nichts von sich aus tun. Aber stattdessen trägt die Gesellschaft selbst zu der Hilflosigkeit dieser Menschen bei.

Zum Beispiel: Der Sohn einer Prostituierten ist wegen unserer moralischen Vorstellungen behindert. Er fühlt eine tiefe Schuld für etwas, wofür er überhaupt nicht verantwortlich ist. Was kann er dafür, daß seine Mutter eine Prostituierte ist? Was kann er dagegen tun? Aber die Gesellschaft behandelt diesen Jungen weiterhin als Sonderfall. Bevor wir keine andere Einstellung zum Sex haben, wird er dieses Schuldgefühl, der Sohn einer Prostituierten zu sein, nicht los.

Weil wir die Ehe geheiligt haben, wird die Prostitution zwangsläufig als Sünde angesehen. Aber Prostitution gibt es nur, weil es die Ehe gibt. Sie ist ein Teil des ganzen Ehesystems.

Eine dauerhafte Beziehung läuft der menschlichen Natur zuwider. Man lebt mit demselben Menschen nur dann endlos lang zusammen, wenn es vom Gesetz vorgeschrieben wird. Es darf aber nicht vom Gesetz abhängen. Es darf mir nicht aufgezwungen werden, einen Menschen, den ich heute liebe, auch morgen zu lieben. Das ist keine natürliche Bedingung. Es gibt keine innere Notwendigkeit, daß morgen die Liebe auch noch da ist. Vielleicht – vielleicht auch nicht. Und je mehr du sie dazu zwingen willst, desto unmöglicher wird es. Dann kommt Prostitution durch die Hintertür herein. Bevor wir keine Gesellschaft haben, die freie Beziehungen erlaubt, wird die Prostitution kein Ende nehmen.

Wenn eine Beziehung andauert, gibt dir das ein gutes Gefühl. Du befriedigst dein Ego damit, daß du ein treuer Ehemann oder eine beispielhafte Ehefrau bist; die Prostitutierte muß verdammt werden. Dann muß auch der Sohn einer Prostituierten verdammt werden, und das ist der Keim seiner Krankheit.

Es gibt jedoch Ausnahmen. Wenn jemand medizinisch oder psychisch krank ist, müssen wir ihm helfen, ihn behandeln. Aber das gilt nicht für die ganze Gesellschaft. Neunundneunzig Prozent ist unser Machwerk, ein Prozent ist die Ausnahme. Dieses eine Prozent ist überhaupt kein Problem. Wenn sich die übrigen neunundneunzig Prozent der Gesellschaft ändern, wird sich das von selbst auch auf das eine Prozent auswirken.

Wir können noch nicht absehen, in welchem Ausmaß unsere Physiologie von unserem Geist geprägt ist. Je mehr wir darüber wissen, desto unsicherer werden wir. Viele körperliche Krankheiten mögen allein auf die geistige Verfassung zurückzuführen sein. Solange der Geist nicht frei ist, kann man nicht sicher wissen, ob die Krankheit körperlich bedingt ist.

Viele Krankheiten sind nur eingebildet. Sie kommen nicht bei Tieren vor. Tiere sind gesünder, weniger verseucht, weniger entstellt. Es gibt keinen Grund, warum der Mensch nicht lebendiger, schöner und gesünder sein kann. Die Schulung von zehntausend Jahren, dieses lange Geistestraining, mag die Wurzel des Übels sein. Aber wenn du davon geprägt bist, selbst zu diesem Muster gehörst, kannst du dir das nicht vorstellen.

Viele physische Krankheiten entstehen nur, weil der Geist entstellt ist. Und wir verkrüppeln den Geist eines jeden. Die ersten sieben Jahre im Leben eines Kindes sind die wichtigsten. Wenn du dann seinen Geist mit Schutt füllst, wird es danach schwieriger sein, ihn zu verändern. Aber wir pfuschen weiterhin damit herum – und mit gutem Gewissen. Je mehr die Psychologie in die Tiefen des Geistes eindringt, desto mehr stehen die Eltern als Kriminelle da, auch wenn sie sich dessen nicht bewußt sind. Je weiter die Ursachenforschung vorstößt, desto mehr werden Lehrer und Erziehungssysteme als kriminell entlarvt, selbst wenn es ihnen nicht bewußt ist. Sie waren ihrerseits die Opfer einer älteren Generation. Sie geben die Krankheit nur weiter.

Aber jetzt hat sich eine neue Möglichkeit eröffnet. Zum ersten Mal, besonders im Westen, ist man von den alltäglichen Nöten befreit. Jetzt können wir mit neuen geistigen Möglichkeiten experimentieren. Das war in der Vergangenheit unmöglich, weil die körperlichen Bedürfnisse nie erfüllt werden konnten. Aber jetzt bietet sich diese Möglichkeit. Wir leben auf der Schwelle einer tiefgreifenden Umwälzung, einer Revolution, wie sie niemals zuvor in der menschlichen Geschichte stattfand. Jetzt ist eine Bewußtseinsrevolution möglich. Mehr und mehr Wissen ist zugänglich, und mit ständig wachsenden Möglichkeiten des Lernens kann sich das Blatt wenden. Es wird seine Zeit brauchen, aber die Möglichkeit steht offen. Wenn wir uns ein Herz nehmen, den Mut aufbringen, kann es Wirklichkeit werden.

Die ganze Menschheit steht auf dem Spiel. Entweder wir fallen zurück in die Vergangenheit oder wir gehen in eine neue Zukunft. Es geht nicht um die Möglichkeit eines dritten Weltkrieges, es geht nicht um Kommunismus oder Kapitalismus. Diese Probleme sind jetzt veraltet. Eine neue Krise steht bevor. Entweder wir entscheiden uns für ein neues Bewußtsein und arbeiten dafür, oder wir müssen in alte Muster zurückverfallen.

Regression ist nicht ausgeschlossen. Immer wenn es zu einer Krise kommt, tendiert der Geist zur Regression. Jedesmal wenn man auf etwas stößt, dem man sich nicht gewachsen fühlt, fällt man auf eine niedrigere Stufe zurück. Zum Beispiel, wenn dieses Haus plötzlich brennt, werdet ihr euch wie Kinder verhalten. Wenn das Haus brennt, braucht man größere Reife als sonst, mehr Verständnis, man muß sich bewußter verhalten, aber stattdessen fällt man auf den Stand eines Fünfjährigen zurück und rennt auf eine Weise in der Gegend umher, die einen nur noch mehr in Gefahr bringt.

Die traurige Möglichkeit ist die, daß wir bei dem Versuch, einen neuen Menschen zu schaffen, uns einer so ganz und gar neuartigen Situation gegenüber sehen, daß wir in frühere Entwicklungsstadien zurückfallen. Es gibt sogar Propheten, die zur Regression aufrufen. Sie wollen, daß die Vergangenheit wieder aufersteht: „In vergangenen Tagen gab es ein goldenes Zeitalter. Laßt uns zurückgehen." Aus meiner Sicht ist das selbstmörderisch. Wir müssen um jeden Preis in die Zukunft voran, egal, wieviel wir dafür riskieren müssen. Das Leben muß sich vorwärts bewegen, wir müssen eine neue Art zu leben finden.

Ich bin voller Zuversicht, daß es dazu kommen kann. Und der Westen muß das Feld des Geschehens sein, weil der Osten nichts anderes ist als der Westen vor dreihundert Jahren. Versorgungs- und Überlebensprobleme lasten schwer auf dem Osten, nur der Westen ist frei von alledem.

Wenn junge Menschen aus dem Westen zu mir kommen, sehe ich immer, daß sie auf der Schwelle stehen: daß sie entweder ins Neue springen oder auf vergangene Stufen zurückrutschen können. Und in gewisser Weise haben sie Rückschritte gemacht, sich wie Kinder, wie Primitive verhalten. Das bringt nichts. Ihre Revolte ist gut, aber sie müssen zu einer neuen Art von Mensch werden, nicht zu Primitiven. Sie müssen in sich selbst die Möglichkeit für ein neues Bewußtsein schaffen.

Stattdessen stopfen sie sich mit Drogen voll. Der primitive Geist hat sich immer von Drogen angezogen gefühlt, war von ihnen hypnotisiert. Wenn diejenigen, die im Westen aus der Gesellschaft aussteigen, sich wie Primitive verhalten, ist es nicht Rebellion, sondern Reaktion und Regression. Sie sollten sich vielmehr als neue Menschen erweisen. Sie müssen sich auf ein neues Bewußtsein hinentwickeln, das ohne Grenzen und umfassend ist, das all die widersprüchlichen Anlagen des Menschen akzeptiert.

Der Unterschied zwischen Tier und Mensch ist der, daß Tiere in ihren Möglichkeiten festgelegt sind, während der Mensch unbegrenzte Möglichkeiten hat. Aber das sind alles nur Möglichkeiten. Der Mensch kann wachsen, aber man muß dieses Wachstum unterstützen. Wir müssen auf der ganzen Welt Zentren eröffnen, in denen das geschehen kann.

Der Geist muß in logischer, rationaler Weise geschult werden und gleichzeitig in irrationaler, nicht-rationaler Meditation. Die Vernunft muß entwickelt werden, gleichzeitig aber auch die Emotion. Die Vernunft darf nicht auf Kosten der Emotion geschult werden. Man muß zweifeln können, aber auch vertrauen.

Es ist keine Kunst zu glauben, wenn man nicht zu zweifeln gelernt hat, und es ist leicht zu zweifeln, wenn einem alles Vertrauen fehlt. Aber diese einfachen Formeln genügen jetzt nicht mehr. Wir brauchen eine gesunde Fähigkeit zu gründlichem Zweifel, einen skeptischen Verstand, der mit einem vertrauensvollen Gemüt Hand in Hand geht. Man muß sich innerlich von einem zum anderen bewegen können: von Zweifel zu Vertrauen und umgekehrt. Forschung erfordert Zweifel, Skepsis und Vorsicht. Aber es gibt eine andere Dimension, die sich daran anschließt, und Vertrauen ist der Schlüssel, nicht Zweifel. Beide sind notwendig.

Das Problem liegt darin, wie man gleichzeitig die gegensätzlichen Pole verwirklicht. Das ist es, worum es mir geht. Ich werde immer nur Zweifel und Vertrauen zusammen erzeugen. Ich sehe keine innere Unstimmigkeit darin, weil es mir auf die Bewegung ankommt, die Bewegung von einem Pol zum anderen.

Je mehr wir auf einen Pol fixiert sind, desto schwieriger wird es. Im Westen treibt ihr zum Beispiel einen Aktionskult. Aber ihr könnt nicht gut schlafen. Wenn ihr schlafen geht und der Verstand jetzt von Tätigkeit auf Untätigkeit umschalten soll, dann geht es nicht; ihr wälzt euch im Bett herum, und der Verstand bleibt aktiv. Um einzuschlafen braucht ihr Beruhigungsmittel. Aber ein erzwungener Schlaf bringt keine tiefe Ruhe; er ist nur

oberflächlich. Tief unten geht der Aufruhr weiter. Der Schlaf wird zum Alptraum.
Das Gegenteil ist im Osten geschehen. Dort kann man gut schlafen, aber nicht aktiv sein. Selbst am Morgen fühlt sich der Mensch des Ostens lethargisch und schläfrig. Jahrhundertlang hat man gut geschlafen und nichts anderes getan, während ihr im Westen viel getan habt, aber nur Rastlosigkeit und ein Nervenchaos damit gestiftet habt. Und wegen dieser Rastlosigkeit ist alles, was ihr getan habt, umsonst. Ihr könnt nicht einmal schlafen.
Darum betone ich, den Geist einerseits in Aktivität, andererseits in Inaktivität und, als Wichtigstes, in innerer Bewegungsfreiheit zu üben – damit man sich zwischen beiden bewegen kann. Es ist möglich, den Geist so zu schulen, daß man vom einen zum anderen überwechseln kann. Ich kann aus jeder Tätigkeit augenblicklich zu Untätigkeit umschalten. Ich kann mit dir stundenlang reden und in einem einzigen Moment in tiefes inneres Schweigen versinken, ohne daß der Gedankenstrom anhält. Und solange dir das nicht auch möglich ist, wird dein Wachstum gehemmt sein.
Die Zukunft muß eine tiefe Harmonie zwischen den inneren Polen ermöglichen. Wenn diese Bewegung zwischen den Polen nicht stattfindet, dann ist es aus mit dem menschlichen Forschen. Der Osten ist erschöpft, und der Westen ebenso. Du kannst ihre Perspektiven vertauschen, aber dann wird innerhalb von zwei Jahrhunderten dasselbe Problem wieder auftauchen, wenn ihr nur die Weltanschauungen austauscht, bewegt ihr euch im Kreis.

Aber wie kann man wissen, für welche Lebensziele man sich einsetzen soll, wenn alles akzeptiert werden muß?

Allein schon die Suche nach Zielen ist Teil des rationalen Prozesses. Zukunft gibt es nur aufgrund des Verstandes. Deshalb gibt es für Tiere keine Zukunft und kein Ziel. Sie leben, aber es gibt kein Ziel. Vernunft erzeugt Ideale, Ziele, Zukunft. Das wirkliche Problem ist nicht, was das richtige Ziel ist. Die wirkliche Frage ist, ob man Ziele haben soll oder nicht.

Die neue Generation fragt sich, ob sie Ziele haben soll oder nicht. Sobald du ein Ziel hast, wendest du dich vom Leben ab. Du willst das Leben deinen Zielen anpassen. Die Gegenwart verliert ihre Bedeutung. Sie muß geformt werden, zukünftigen Zielen angepaßt werden.

Ein zielorientierter Geist wird von Vernunft bestimmt, und ein lebensorientierter Geist von Irrationalität. Daher geht es nicht um „richtige Ziele". Die Frage ist, wie man es anfängt, daß sich der Geist nicht nur in Vernunftsgleisen bewegt.

Vernunft braucht Ziele; sie kommt ohne sie nicht aus. Aber sie dürfen nicht alles bestimmen, sie dürfen nicht zum einzig wachsenden Ast werden. Vernunft muß da sein, sie ist eine Notwendigkeit, aber es gibt einen leeren Bereich des menschlichen Geistes, der keine Ziele haben kann, der wie die Tiere, wie die Kinder nur da sein kann. Er kann nur hier und jetzt bestehen. Dieser leere Bereich, dieser irrationale Teil, nimmt die tieferen Sphären des Daseins wahr, die Dimension der Liebe, der Kunst. Er hat es nicht nötig, in die Zukunft zu gehen, deshalb kann er tief ins Hier und Jetzt einsteigen. Die Vernunft muß entwickelt werden, aber dieser Teil muß gleichzeitig gefördert werden.

Es hat Wissenschaftler gegeben, die eine zutiefst religiöse Persönlichkeit hatten. Dazu kann es auf zwei Wegen kommen. Entweder es herrscht eine tiefe Harmonie, oder es wird einfach ein Fenster geschlossen und ein anderes aufgemacht, ohne eine innere Harmonie zwischen beiden. Ich kann Wissenschaftler sein und dann meine wissenschaftliche Welt verlassen, um in der Kirche zu beten. Dann ist es nicht der Wissenschaftler, der betet. Es ist keine wirkliche Harmonie, es ist eine tiefe Zweiteilung. Es gibt keinen inneren Dialog zwischen dem Wissenschaftler und dem Betenden. Der Wissenschaftler ist überhaupt nicht zur Kirche gekommen.

Wenn dieser Mann zu seinem Labor zurückgeht, hängt er seine Religion an den Nagel. Es gibt eine tiefe Kluft zwischen den zwei Bereichen; sie überdecken sich nicht. In einem solchen Menschen findest du Zwiespältigkeit, keine Harmonie. Er sagt Dinge, bei denen er sich schuldig fühlt; seine Aussagen als Wissenschaftler laufen seiner religiösen Auffasssung zuwider. Viele Wissenschaftler haben so ein schizophrenes Leben geführt. Ein Teil ihrer selbst gehört einer Sache an, und ein anderer Teil einer anderen. Das ist es nicht, was ich mit Harmonie meine. Harmonie entsteht, wenn du von einem zum anderen wechseln kannst, ohne dich jemals einem von beiden zu verschließen. Dann geht der Wissenschaftler zur Andacht, und der religiöse Mann geht ins Labor. Es gibt keine Trennung, keine Kluft.

Andernfalls wirst du zu zwei Personen. Gewöhnlich sind wir viele Leute; wir haben viele Persönlichkeiten. Wir werden mit einer davon identifiziert, und dann legen wir einen anderen Gang ein und werden zu etwas anderem. Dieses Wechseln der Gänge hat nichts mit Harmonie zu tun. Es führt zu tiefgehenden Spannungen in deinem Wesen. Du kannst so viele Persönlichkeiten innerlich nicht vereinbaren. Ein ungeteiltes Bewußtsein, das zum polaren Gegenteil überwechseln kann, ist nur möglich, wenn wir unter der menschlichen Natur etwas Unteilbares verstehen, etwas, das grundsätzlich eins ist – wenn es keine Verleugnung der Gegensätze gibt.

Zweifel ist Teil wissenschaftlicher Arbeit. Vertrauen ebenfalls. Es sind zwei Sichtweisen, dieselbe Sache von verschiedenen Ebenen her zu betrachten. Deshalb kann das, was ein Wissenschaftler in seinem Labor tut, Beten sein; das schließt sich nicht aus. Zweifel ist Teil seiner Arbeit, ein Instrument seiner Arbeit, und Vertrauen ebenfalls. Es gibt da keinen inneren

Widerspruch. Wenn man sich leicht und fließend von einem zum anderen bewegen kann, fühlt man die Bewegung nicht einmal. Du bewegst dich, aber die Bewegung hinterläßt keinen Eindruck. Du fühlst die Bewegung nur dann, wenn sie auf Widerstand stößt. Wenn tiefe Harmonie herrscht, fühlt man keine Bewegung.

Noch eines: Wenn ich „Ost" und „West" sage, meine ich nicht, daß es im Westen keine östlichen Menschen oder im Osten keine westlichen Menschen gegeben hat. Ich rede von der Hauptströmung. Es müßte einmal eine Weltgeschichte geschrieben werden, in der die Welt nicht geographisch eingeteilt wird, sondern psychologisch. In einer solchen Geschichte hätte der Osten viele westliche und der Westen viele östliche Gesichter aufzuweisen.

Ich will nicht sagen, daß es nicht beide Strömungen im Westen gibt. Was ich sagen will ist, daß die Hauptströmung im Westen auf immer mehr Rationalität hinausläuft, selbst in der Religion. Nur so konnte die Kirche beherrschenden Einfluß gewinnen. Jesus war ein irrationaler Mann, aber Paulus hatte einen sehr wissenschaftlichen, rationalen Verstand. Das Christentum verdankt seine Existenz Paulus, nicht Jesus. Mit einem so anarchischen Mann wie Jesus ist eine Organisation von solchen Ausmaßen nicht möglich. Jesus war östlich – Paulus nicht.

Es kam zur Konkurrenz zwischen Wissenschaft und Kirche. Beide sind rational. Beide versuchten, religiöse Phänomene zu rationalisieren. Die Kirche mußte zwangsläufig den Kürzeren ziehen, weil religiöse Phänomene an sich irrational sind. Vernunft muß in der Religion versagen, und so mußte sich die Kirche geschlagen geben; die Wissenschaft gewann die Oberhand.

Im Osten gab es keinen solchen Kampf, weil die Religion dort den Vernunftsbereich immer unangetastet ließ. Die zwei gehören nicht zur selben Kategorie, deshalb gibt es keinen Kampf zwischen ihnen.

Wie wird Religion rational?

Das geschieht nicht, weil es in der Natur der Religon liegt. Aber immer, wenn Religion systematisiert wird, findet diese Entwicklung statt. Ein Buddha oder Jesus haben sich kein Ideal gesetzt. Sie leben ein spontanes Leben, wachsen auf ihre eigene Art. Sie wachsen wie wilde Bäume, aber die Anhänger machen aus wilden Bäumen dann Ideale. Die Gläubigen machen Vorbilder daraus, suchen sich das aus, was ihnen paßt, und legen fest, was wahr und was falsch ist.
Religion entwickelt sich in zwei Stufen. Am Anfang steht eine zutiefst religiöse Persönlichkeit, die spontan lebt, und auf der nächsten Stufe kommen dann die Gläubigen, die ein Credo daraus machen, ein Dogma, eine Disziplin, die dem Ideal nacheifert. Dann gibt es ein Ideal für Buddhisten – „Sei wie Buddha!" –, und das führt zu Verdrängungen. Man muß sich auf vielfache Weise verstümmeln, weil man nur dann mit dem Ideal übereinstimmt. Du mußt zum Abklatsch werden.
Für mich ist das kriminell. Eine religiöse Persönlichkeit ist etwas Prächtiges, ein Glaube jedoch ist eine rein rationale Sache. Er ist nichts als Vernunft, die sich in ein nichtrationales Phänomen einmischt.

War nicht auch Buddha sehr rational?

Er war sehr rational, aber er hatte sehr irrationale Phasen. Er lebte auch mit dem Irrationalen in Eintracht. Das Bild, das wir von Buddha haben, hat mit dem wirklichen Buddha nichts zu tun, sondern mit den Traditionen, die nachfolgen. Buddha war etwas völlig anderes.
Aber weil uns nichts anderes übrigbleibt, geht unser Weg zu Buddha über die Buddhisten. Sie haben eine lange Tradition, über zweitausend Jahre lang, und haben Buddha sehr rational

gemacht. Er war es nicht. Du kannst es nicht sein, wenn du tief in der Existenz lebst. Du mußt viele Male irrational sein. Und ein Buddha ist es. Aber um das zu erfahren, müssen wir die ganze Tradition aus dem Weg räumen und Buddha direkt gegenübertreten. Das ist sehr schwierig, aber es ist möglich.

Wenn ich zu einem rationalen Menschen spreche, verwirft er unbewußt alles, was nicht rational ist. Aber wenn ich mit einem Dichter spreche, bedeuten derselbe Satz und dieselben Worte etwas anderes. Ein rationaler Mensch schenkt der Poesie der Worte keine Beachtung. Er kann nur die Logik, das Argument sehen. Ein Dichter erlebt die Worte auf ganz andere Weise. Sie haben Farbschattierungen, eine Poesie, die mit Argumenten nicht das geringste zu tun hat.

Die Gesichter Buddhas unterscheiden sich also, je nachdem, wer ihn sieht. Buddha lebte in Indien zu einer Zeit, in der das ganze Land durch eine Krise ging, die alles Irrationale betraf: die Veden, die Upanishaden, den ganzen Mystizismus. Es gab eine starke Strömung gegen all dies, besonders in Bihar, wo Buddha sich aufhielt.

Buddha hatte Charisma, er war hypnotisch. Die Leute waren von ihm beeindruckt. Aber sie konnten sich nur ein rationales Bild von ihm machen. Wenn Buddha in einer anderen Epoche gelebt hätte oder in einem anderen Land, das nicht gegen Mystizismus eingestellt war, hätte man ihn als großen Mystiker, nicht als Intellektuellen gesehen. Das Gesicht, das bekannt ist, gehört einer bestimmten Zeitepoche an.

So wie ich Buddha sehe, war er nicht in erster Linie rational. Das ganze Konzept des Nirvana ist mystisch. Er war sogar mystischer als die Upanishaden, weil die Upanishaden, egal wie mystisch sie sich geben, ihre eigene Rationalität haben. Sie sprechen von Seelenwanderung. Buddha sprach von Seelenwanderung *ohne* Seele. Das ist mystischer. Die Upanishaden sprechen von deiner Befreiung, es gibt *dich* dort. Sonst wäre für sie die ganze Sache unsinnig. Wenn in diesem höchsten Stadium der Existenz kein *ich* sein kann, ist die ganze Mühe ja umsonst, absurd. Buddha jedoch sagt, die mühevolle Suche sei zwar notwendig... aber *dich* wird es dort nicht mehr geben. Es wird einfach nur Nichts geben. Diese Vorstellung ist mystischer.

Wenn du über Leute sprichst, die in Regression verfallen – mißt du sie dann an einem Ideal, das von der Gesellschaft als gesellschaftlich akzeptabel festgelegt wurde?

Nicht an einem Ideal. An etwas anderem. Wenn ich sage, sie benehmen sich wie Kinder, meine ich, daß sie nicht wachsen. Sie fallen zurück. Ich habe kein Bild, dem sie entsprechen sollten. Ich habe ein Konzept von Wachstum, kein Vorbild, das nachgeahmt werden muß. Ich will alles andere, als daß ein Mensch einem bestimmten Bild angepaßt wird. Ich sage lediglich, daß sie sich in die Vergangenheit zurückentwickeln. Es geht um Wachstum oder Regression, nicht um irgendein Bild. Ich habe kein Bild davon, wie der Baum wachsen soll. Aber er muß wachsen; er darf sich nicht zurückentwickeln. Es geht um Wachstum oder Regression, nicht um irgendein Bild.

Zweitens: Wenn ich sage, daß sie zurückfallen, meine ich, daß sie gegen eine Gesellschaft reagieren, die zu rational ist. Ihre Reaktion geht zum anderen Extrem. Sie enthält denselben Irrtum. Vernunft muß verarbeitet und nicht umgangen werden. Wenn du sie ausschließt, begehst du denselben Irrtum, wie wenn du die Irrationalität ausschließt.

Die viktorianische Ära schuf einen Menschen, der nur aus Fassaden und Masken bestand; er war innerlich tot, verkümmert. Er war nur ein Verhaltensmuster, bestand aus vorgeprägten Manierismen, mehr Schein als Sein. Das war möglich, weil Vernunft als das einzige Kriterium galt. Das Irrationale, das

Anarchische, Chaotische wurde verdrängt. Jetzt, im Zuge der Reaktion darauf, des Rückschlags, kann sich die anarchische Seite entweder destruktiv oder kreativ auswirken.
Wenn sie destruktiv wird, bedeutet es Rückschritt. Dann wird sie auf derselben Ebene Rache nehmen – durch Verleugnung der rationalen Seite. Dann wirst du wie ein Kind: unreif, du fällst zurück. Will die anarchische Seite kreativ werden, darf sie nicht demselben Irrtum verfallen. Sie muß Vernunft mit dem Irrationalen vereinbaren. Dann wächst du auf allen Seinsebenen. Wird eines von beiden verdrängt, dann wird jedes Wachstum unterbunden. Wachstum ist nur im Ganzen möglich. Ich spreche vom Wachsen, aber dafür habe ich kein Vorbild, nach dem du dich entwickeln sollst.

Sind denn nicht viele Probleme des westlichen Denkens das Ergebnis der christlichen Vorstellungen von Schuld und Sünde?

Ganz gewiß, es kann nicht anders sein. Die Vorstellung von der „Sünde" führt zu völlig verzerrten Bewußtseinsstrukturen. Im Osten kennt man diese Vorstellung nicht. Man setzt vielmehr die Vorstellung von „Unwissenheit" an ihre Stelle. Im östlichen Bewußtsein gilt Unwissenheit als die Wurzel allen Übels, nicht Sünde. Es gibt Elend, weil du unwissend bist. Deshalb ist das Problem nicht eines der Schuld, sondern es ist eine Frage der geistigen Disziplin. Du mußt bewußter werden, tieferen Einblick in dich gewinnen. Im Osten bedeutet Erkenntnis Verwandlung – und Meditation ist das Instrument dafür.
Für die Christenheit wurde die Sünde zur Hauptsache. Und zwar nicht nur deine Sünde, sondern die Erbsünde der Menschheit schlechthin. Ihr werdet von einem Konzept der Sünde niedergedrückt. Das erzeugt Schuld und Spannung. Deshalb war das Christentum nicht in der Lage, wirklich meditative Techniken zu entwickeln. Es entwickelte nur Gebet. Was

kannst du tun, um gegen Sünde anzukämpfen? Du kannst dich moralisch verhalten und beten.

Im Osten gibt es nichts, was den zehn Geboten entspricht. Es gibt keinen Überbau von moralischen Vorstellungen. Daher sehen die Probleme im Osten anders aus. Das Problem der westlichen Menschen ist Schuld, tief unten fühlst du dich schuldig. Selbst die, die revoltiert haben, fühlen sich schuldig. Es ist ein psychologisches Problem, das mehr mit dem Denken als mit dem Wesen zusammenhängt.

Zuerst muß der Westen von seiner Schuld entlastet werden. Deshalb mußte dort die Psychoanalyse und die Beichte entwickelt werden. Sie wurde nicht im Osten entwickelt, weil man sie nicht brauchte. Im Westen mußt du beichten. Nur dann kannst du von der tiefsitzenden Schuld loskommen. Oder du mußt in die Psychoanalyse, um die Schuld dort auszutreiben. Aber man wird sie nie auf Dauer los, weil die Vorstellung von Sünde weiterbesteht. Neue Schuld wird sich ansammeln. Daher können Psychoanalyse und Beichte nur vorübergehende Hilfe bringen. Man muß immer wieder beichten. Das entlastet von Zeit zu Zeit von dem Druck, dessen eigentliche Wurzel – das Konzept der Sünde – jedoch weiterhin als gültig betrachtet wird.

Im Osten ist es keine Frage der Psychologie. Es ist eine Frage des Seins. Es geht nicht um geistige Gesundheit. Es ist eher eine Frage spirituellen Wachstums. Du mußt spirituell wachsen, um die Dinge bewußter zu sehen. Du brauchst nicht dein Verhalten zu ändern. Ändere dein Bewußtsein, dann folgt das Verhalten nach.

Das Christentum kümmert sich vor allem um dein Verhalten. Aber Verhalten ist nur an der Peripherie. Es geht nicht darum, was du tust, sondern was du bist. Wenn du weiterhin dein Tun veränderst, änderst du in Wirklichkeit gar nichts. Du bleibst derselbe. Du kannst nach außen hin ein Heiliger sein und dennoch im Inneren derselbe bleiben.

Das Problem der Menschen aus dem Westen wurzelt in ihrer

Schuld, die sie wegen ihres Verhaltens haben. Ich muß mit ihnen regelrecht ringen, nur um sie auf ihr tieferes Problem aufmerksam zu machen – das mit dem Sein zusammenhängt, nicht mit der Psyche.

Buddhismus und Jainismus haben auch Schuld erzeugt, wenn auch auf andere Weise. Besonders die Jains haben ein tiefsitzendes Minderwertigkeitsgefühl geschaffen. Schuld im christlichen Sinne kennen sie nicht, weil es keine Frage von Sünde ist, aber es gibt die feste Überzeugung, daß man, wenn man gewisse Dinge nicht überwindet, minderwertig bleibt. Diese tiefe Minderwertigkeit wirkt sich genauso aus wie Sünde.

Die Jains haben ebenfalls keine Meditationstechniken entwickelt. Sie haben nur verschiedene Anleitungen aufgestellt: „Mache das", „Tue jenes", „Tue das nicht". Ihr ganzes Konzept ist auf Verhalten aufgebaut. Ein Jain-Mönch ist seinem Verhalten nach perfekt, aber sehr arm, was sein inneres Wesen betrifft. Er benimmt sich immerzu wie eine Marionette. Deshalb ist der Jainismus völlig abgestorben.

Der Buddhismus ist nicht so abgestorben, denn er hat einen anderen Schwerpunkt. Die ethische Seite des Buddhismus ist nur eine Konsequenz der meditativen Seite. Wenn es Verhaltensmaßregeln gibt, dann nur als Meditationshilfe. In sich selbst sind sie bedeutungslos – im Gegensatz zum Christentum oder zum Jainismus, wo sie an und für sich wichtig sind, nach dem Motto: „Wenn du Gutes tust, dann bist du gut." Nicht so im Buddhismus. Du mußt dich innerlich verwandeln. Gute Werke können dabei helfen, können dazu beitragen, aber das Wesentliche ist die Meditation.

Daher haben von allen drei Religionen nur die Buddhisten tiefe Meditation entwickelt. Alles andere im Buddhismus sind nur Hilfsmittel, bedeutungslos an sich. Du kannst sogar darauf verzichten. Wenn du ohne Hilfsmittel meditieren kannst, brauchst du dich um nichts anderes zu kümmern.

Aber der Hinduismus geht noch weiter. Daher konnte er sich in so vielen Dimensionen entwickeln, wie zum Beispiel in Richtung Tantra. Selbst das, was ihr Sünde nennt, wird für Tantra zum Hilfsmittel. Der Hinduismus ist auf seine Weise sehr gesund – aber natürlich chaotisch. Alles, was gesund ist, ist zwangsläufig chaotisch. Man kann kein System daraus machen.

ÜBER OSHO

Von seiner frühesten Kindheit in Indien an war Osho ein rebellischer und unabhängiger Geist, der alle herkömmlichen religiösen, gesellschaftlichen und politischen Werte in Frage stellte und darauf bestand, selber die Wahrheit herauszufinden, statt einfach das Wissen und die Überzeugungen anderer Leute zu übernehmen.

Im Alter von einundzwanzig Jahren, am 21. März 1953, wurde Osho erleuchtet. Er sagt von sich: „Ich suche nun nicht mehr, suche nichts. Die Existenz hat mir all ihre Türen geöffnet. Ich kann nicht einmal sagen, daß ich der Existenz angehöre; denn ich bin einfach einsgeworden mit ihr... Wenn eine Blume aufblüht, blühe ich mit ihr auf. Wenn die Sonne aufgeht, gehe ich mit ihr auf. Das Ego in mir, das die Menschen davon abhält, ist nicht mehr. Mein Körper ist Teil der Natur, mein Sein ist Teil des Ganzen. Ich bin kein losgelöstes Wesen."

Mit höchsten Auszeichnungen machte er sein Examen im Fach Philosophie an der Universität von Sagar. In seiner Zeit als Student war er gesamtindischer Sieger im Debattieren und Gewinner der Goldenen Medaille gewesen. Nach neunjähriger Lehrtätigkeit als Philosophie-Professor an der Universität Jabalpur nahm er seinen Abschied, um kreuz und quer durch Indien zu reisen; er hielt Vorträge, forderte die orthodoxen religiösen Führer des Landes zu öffentlichen Debatten heraus und schockierte durch seine Angriffe auf die überlieferten Glaubensinhalte die Hüter des Status Quo.

Im Laufe seiner Arbeit hat Osho sich zu praktisch jedem Aspekt der Entwicklung des menschlichen Bewußtseins geäußert. Von Sigmund Freud bis Tschuang Tse, von George Gurdjieff bis Gautam Buddha, von Jesus Christus bis Rabindranath Tagore hat er von jedem Großen der Geistesgeschichte die Essenz herausdestilliert – das, was für die spirituelle Suche des modernen Menschen von Wichtigkeit ist. Dabei läßt er sich nicht vom intellektuellen Verständnis, sondern von seiner eigenen existentiellen Erfahrung leiten.

Er gehört keiner Tradition an: „Mit mir beginnt ein vollkommen neues religiöses Bewußtsein", sagt er. „Bitte stellt keinen Zusammenhang zwischen mir und der Vergangenheit her; sie ist es nicht einmal wert, daß man sich an sie erinnert."

Seine Vorträge vor Freunden und Suchern aus aller Welt sind in mehr als sechshundertfünfzig Büchern erschienen und wurden in mehr als dreißig Sprachen übersetzt. Dabei sagt er: „Meine Botschaft ist keine Ideologie, keine Philosophie. Meine Botschaft ist eine gewisse Alchemie, eine Wissenschaft der Transformation;

nur diejenigen also, die bereit sind, so wie sie sind zu sterben und neugeboren zu werden als etwas so Neues, daß man es sich jetzt noch nicht einmal vorstellen kann... nur solche mutigen Leute werden bereit sein zuzuhören, denn schon das Zuhören wird riskant sein. Indem du zuhörst, hast du schon den ersten Schritt in Richtung Neugeburt getan. Sie ist also keine bloße Philosophie, aus der du dir einen neuen Mantel schneidern und damit angeben kannst. Sie ist keine Doktrin, die dir tröstende Antworten auf quälende Fragen finden hilft... Nein, meine Botschaft ist keine bloße Wortmitteilung. Sie ist weit riskanter. Sie ist nichts Geringeres als Tod und Neugeburt."

Osho hat seinen Körper am 19. Januar 1990 verlassen. Nur wenige Wochen zuvor war er gefragt worden, was aus seinem Lebenswerk werden würde, wenn er einmal nicht mehr da wäre. Er sagte: „Mein Vertrauen in die Existenz ist absolut. Wenn in dem, was ich sage, irgendeine Wahrheit steckt, wird es Leben haben... Diejenigen Menschen, die weiterhin an meiner Arbeit interessiert sind, werden einfach die Fackel weitertragen, ohne irgendwem etwas aufzuzwingen...

Ich werde für meine Leute eine Quelle der Inspiration bleiben. Und genau das werden die meisten Sannyasins spüren. Ich möchte, daß sie von sich aus Eigenschaften entwickeln wie Liebe (die sich durch keine Kirche einmauern läßt), wie Bewußtheit (auf die niemand ein Monopol hat), wie Lebensfeier und Lebensfreude und das Bewahren der funkelnden Frische von Kinderaugen...

Ich möchte, daß meine Leute sich selber kennen und nicht so sind, wie andere es gern hätten. Und der Weg führt nach innen."

Entsprechend seinem Rat gedeiht die Kommune, die sich um ihn gebildet hat, in Poona (Indien) weiter, wo sich zu allen Jahreszeiten Tausende von Jüngern und Suchern einfinden, um an den einzigartigen Meditationen und anderen dort angebotenen Programmen teilzunehmen.

BÜCHER VON OSHO IN DEUTSCHER SPRACHE

Sexualität und Liebe

Liebe beginnt nach den Flitterwochen (Osho Verlag)
Perversion - was ist denn das? (Sannyas Verlag)
Sexualität & AIDS (Osho Verlag)
Tantra, Spiritualität und Sex (Osho Verlag)

Lebenskunst

Gold Nuggets - Neue Texte zur Kunst des Seins (Edition Tao)
Kunst kommt nicht von Können (Osho Verlag)
Leben, Lieben, Lachen (Osho Verlag)
Worte eines Mannes ohne Worte (Osho Verlag)

Weltkrise & Neue Menschheit

Das Neue Kind (Osho Verlag)
Das Ultimatum: der neue Mensch oder globaler Selbstmord (Osho Verlag)
Die größte Herausforderung: die goldene Zukunft (Osho Verlag)
Die Zukunft gehört den Frauen - Neue Dimensionen der Frauenbefreiung (Osho Verlag)
Homosexualität und Frauenbewegung (Sannyas Verlag)
Priester & Politiker - Die Mafia der Seele (Osho Verlag)

Meditation & Bewußtwerdung

Das Orangene Buch - Die Meditationstechniken von Osho (Osho Verlag)
Das Zen-Manifest - Freiheit von sich selbst (Osho Verlag)
Der Höhepunkt des Lebens (Osho Verlag)
Dynamisch Meditieren (Osho Verlag)
Esoterische Psychologie (Osho Verlag)
Jenseits der Grenzen des Verstandes (Osho Verlag)
Meditation: die erste und letzte Freiheit (Osho Verlag)
Tantra, die höchste Einsicht (Sannyas Verlag)
Vom Sex zum kosmischen Bewußtsein (New Age)

Meister & Schüler

Das Klatschen der einen Hand - Darshan-Gespräche (Edition Gyandip)
Die Gans ist raus - Fragen & Antworten (Osho Verlag)
Mein Weg: der Weg der weißen Wolke - Fragen & Antworten (Edition Tao)
Und vor allem nicht wackeln - Darshan-Gespräche (Verlag D. Klotz)

Westliche Mystik

Die Alchemie der Verwandlung - über jüdische Mystik (Edition Lotos)
Die verbotene Wahrheit - über das Thomas-Evangelium (Osho Verlag)
Die verborgene Harmonie -
Vorträge über die Fragmente des Heraklit (Osho Verlag)

Östliche Spiritualität

Die Schuhe auf dem Kopf - über Zen (Edition Lotos)
Kein Wasser – kein Mond - über Zen (Herzschlag Verlag)
Mit Wurzeln und mit Flügeln - über Zen (Edition Lotos)
Nicht bevor du stirbst - über Sufis (Edition Gyandip)
Nirvana, die letzte Hürde auf dem Weg - über Zen (Osho Verlag)
Yoga: Alpha und Omega, Bd.1 (Edition Gyandip)

BÜCHER VON OSHO IN ENGLISCHER SPRACHE

Ausgewählte Texte zu besonderen Themen

Beyond the Frontiers of the Mind
Death: The Greatest Fiction
Gold Nuggets
More Gold Nuggets
The Greatest Challenge: The Golden Future
I Teach Religiousness Not Religion
Jesus Crucified Again After 25 Centuries
The New Man - The Only Hope for the Future
On Basic Human Rights
Priests and Politicians - The Mafia of the Soul
The Rebel: The Very Salt of the Earth
Sex: Quotations from Bhagwan Shree Rajneesh
Words from a Man of No Words

Frühe Schriften

A Cup of Tea
From Sex to Superconsciousness
Dimensions Beyond the Known
I Am the Gate
In Search of the Miraculous (Diskurse von Meditation Camps)
The Long and the Short and the All
And Now, and Here, Band 1-2 (Diskurse von Meditation Camps)
The Perfect Way (Diskurse von Meditation Camps)

Meditation

A Must for Contemplation Before Sleep
A Must for Morning Contemplation
Meditation - The First & Last Freedom
Meditation, the Art of Inner Ecstasy
The Orange Book - The Meditations of Bhagwan Shree Rajneesh
The Psychology of the Esoteric

Anthologie

The Book: An Introduction to the Teachings of Bhagwan Shree Rajneesh
Grundbegriffe der spirituellen Suche
Series I from A-H
Series II from I-Q
Series III from R-Z

Autobiographisches

Books I Have Loved
Glimpses of a Golden Childhood
Notes of a Madman

Photobiographien

This Very Place - The Lotus Paradise
Shree Rajneesh: A Man of Many Climates, Seasons and Rainbows

Interviews mit der Weltpresse

The Last Testament, Bd.1 (Interviews & Pressekonferenzen, 1985)

Fragen und Antworten vor 1986

Poona (1974 - 1981):
Be Still and Know
Come, Come, Yet Again Come
The Goose Is Out
My Way: The Way of the White Clouds
Walk Without Feet, Fly Without Wings, and Think Without Mind
The Wild Geese and the Water
Zen: Zest, Zip, Zap and Zing

Rajneeshpuram (1984 - 1985):
The Rajneesh Bible, Bd. 1 (Okt. - Nov. 1984)
The Rajneesh Bible, Bd. 2 (Nov. - Dez. 1984)
The Rajneesh Bible, Bd. 3 (Dez. - Jan. 1984/5)
The Rajneesh Bible, Bd. 4 (Jan. - Febr. 1985)
From Darkness to Light (Febr. - März 1985)
From the False to the Truth, (Apr. - Aug. 1985)
From Death to Deathlessness (Aug. - Sept. 1985
From Bondage to Freedom (Sept. - Okt. 1985)

Die Weltreise (Dezember 1985 - August 1986)

Light on the Path - Talks in the Himalayas (3. Dez. 85 - 13. Febr. 1986)
The Sword and the Lotus - Talks in the Himalayas (15. Jan. - 13. Febr. 1986)
Socrates Poisoned Again After 25 Centuries - Kreta (19. Febr. - 5. März 1986)
Beyond Psychology - Talks in Uruguay (12. Apr. - 4. Mai 1986)
The Path of the Mystic - Talks in Uruguay (4. - 26. Mai 1986)
The Transmission of the Lamp - Talks in Uruguay (26. Mai - 18. Juni 1986)

Die Mysterien-Schule
(Meister & Schüler: Fragen und Antworten von August 1986 - 1988)

The Rajneesh Upanishad (Aug. - Okt. 1986, Bombay)
Beyond Enlightenment (Okt. - Nov. 1986, Bombay)
Sermons in Stones (Nov. - Dez. 1986, Bombay)
The Rebellious Spirit (Febr. 1987)
The Razor's Edge (Febr. - März 1987)
The Hidden Splendor (März 1987)
The Golden Future (Mai 1987)
The Rebel (Juni 1987)
The New Dawn (Juni - Juli 1987)
The Invitation (Aug. - Sept. 1987)
The Great Pilgrimage: From Here to Here (Sept. - Okt. 1987)
YAA-HOO! The Mystic Rose (März - April 1988). Mit Fotos.

Die Mantra-Reihe

Satyam Shivam Sundram - Truth, Godliness, Beauty (Nov. 1987)
Sat Chit Anand - Truth, Consciousness, Bliss (Nov. - Dez. 1987)
Om Mani Padme Hum - The Sound of Silence: The Diamond in the Lotus
Hari Om Tat Sat - The Divine Sound: That Is the Truth
Om Shantih Shantih Shantih - The Soundless Sound: Peace, Peace, Peace

Die großen Mystiker und Mysterienschulen

DIE BAULS
Die wilden Wandersänger Bengalens

The Beloved, Bd. 1-2

BUDDHA

The Dhammapada, Bd. 1-12
The Book of the Books, Bd. 1-4
Das Vajrachchedika Prajnaparamita Sutra:

The Diamond Sutra
Das Sutra der 42 Kapitel:
The Discipline of Transcendence, Bd. 1-4
Das Prajnaparamita Hridayam Sutra:
The Heart Sutra

BUDDHISTISCHE MEISTER

Poona bis 1981:
Über Atishas sieben Punkte der Disziplin des Geistes (Tibet):
The Book of Wisdom, Bd. 1
Über Bodhidharma:
The White Lotus

Poona (Mysterienschule) nach 1986:
Bodhidharma: The Greatest Zen Master (Juli 1987)
The Great Zen Master Ta Hui (August 1987)

JESUS

Kommentare zum Neuen Testament, mit Fragen & Antworten:
Come Follow Me, Bd. 1-4
I Say Unto You, Bd. 1-2
Kommentare zum „Thomasevangelium“:
The Mustard Seed

JÜDISCHE MYSTIKER

Kommentare zu jüdischen Geschichten nach Martin Buber:
The Art of Dying
The True Sage

KABIR

Zu den Dichtungen des indischen Mystikers und Webers Kabir:
The Divine Melody
Ecstasy: The Forgotten Language
The Fish in the Sea Is Not Thirsty
The Great Secret
The Guest
The Path of Love
The Revolution

KRISCHNA

Krishna: The Man and His Philosophy

DIE SUFIS

Just like That
The Perfect Master, Bd. 1-2
The Secret
Sufis: The People of the Path, Bd. 1-2
Until You Die
The Wisdom of the Sands, Bd. 1-2
Persische Sufidichtung: „Der Ummauerte Garten" von Hakim Sanai:
Unio Mystica, Bd. 1-2

TANTRA

Über die 112 Ur-Meditationen Shivas:
Vigyan Bhairav Tantra, Bd. 1-2
Tantra, Spirituality and Sex
Über den indischen Tantrika Saraha:
The Tantra Vision, Bd. 1-2
Über den tibetischen Tantrika Tilopa:
Tantra, the Supreme Understanding

TAO

Kommentare zu Geschichten von Tschuang Tse:
The Empty Boat
When the Shoe Fits
Über Sosan:
Hsing Hsing Ming: The Book of Nothing (Pb)
Neither This, Nor That (Hc von Hsing Hsing Ming)
Über „Das Geheimnis der Goldenen Blüte":
The Secret of Secrets, Bd. 1-2
Über Ko Hsuans „Buch der Reinheit":
Tao: The Golden Gate, Bd. 1-2
Kommentare zu Geschichten von Lieh Tse:
Tao: The Pathless Path, Bd. 1-2
Kommentar zu Laotses Tao Te King:
Tao: The Three Treasures, Bd. 1-4

UPANISCHADEN (VEDANTA)

I Am That (Isa Upanischade)
Philosophia Ultima (Mandukya Upanischade)
The Supreme Doctrine (Kenopanischade)
That Art Thou, mit Fotos von den frühen Meditations-Camps
(Sarvasar Upanischade, Kaivalya Upanischade, Adhyatma Upanischade)

The Ultimate Alchemy, Bd. 1-2 (Atma Pooja Upanischade)
Vedanta: Seven Steps to Samadhi (Akshya Upanischade)

WESTLICHE MYSTIKER

Über die Baltimore-Grabinschrift „Desiderata“:
Guida Spirituale
Über die „Fragmente“ des Heraklit:
The Hidden Harmony
Über Kahlil Gibrans „Der Prophet“:
The Messiah, Bd. 1-2
Über Mabel Collins „Light on the Path“:
The New Alchemy: To Turn You On
Über die „Goldenen Verse“ des Pythagoras:
Philosophia Perennis, Bd. 1-2
Über die Abhandlung des Dionysius, Bischof von Athen:
Theologia Mystica
Über Nietzsches „Also sprach Zarathustra“:
Zarathustra - A God That Can Dance, Bd. 1
Zarathustra - The Laughing Prophet, Bd. 2

YOGA

Über Patanjali (3000 v.Chr.) und seine klassischen Yoga-Sutras:
Yoga: The Alpha and the Omega, Bd. 1-10
Taschenbuchausgabe der ersten drei Bände des obigen Titels:
Yoga: The Science of the Soul, Bd. 1-3

ZEN
Poona 1974-1981

Ah, This!
Ancient Music in the Pines
And the Flowers Showered
Dang Dang Doko Dang
The First Principle
The Grass Grows by Itself
Nirvana, the Last Nightmare
No Water, No Moon
Returning to the Source
The Search - The Ten Bulls of Zen
A Sudden Clash of Thunder
The Sun Rises in the Evening
Take It Easy, Bd. 1-2

This Very Body the Buddha
Walking in Zen, Sitting in Zen
Zen: The Path of Paradox, Bd. 1-3
Zen: The Special Transmission

Zen in der Mysterienschule von Poona (1987-1989)

„The World of Zen":
Live Zen (1)
This. This. A Thousand Times This (2)
Zen: The Quantum Leap from Mind to No-Mind (3)
Zen: The Solitary Bird, Cuckoo in the Forest (4)
Zen: The Diamond Thunderbolt (5)
(Fünfbändig im Schmuckschuber)
„Zen: All the Colors of the Rainbow":
The Miracle (1)
Turning In (2)
The Original Man (3)
The Language of Existence (4)
The Buddha: The Emptiness of the Heart (5)
(Fünfbändig im Schmuckschuber)
„Osho Rajneesh: The Present Day Awakend One Speaks on the Ancient Masters of Zen":
Dogen, the Zen Master: A Search and a Fulfillment (1)
Ma Tzu: The Empty Mirror (2)
Hyakujo: The Everest of Zen (mit Bashos Haikus) (3)
Nansen: The Point of Departure (4)
Joshu: The Lion's Roar (5)
Rinzai: Master of the Irrational (6)
Isan: No Footprints in the Blue Sky (7)
(Siebenbändig im Schmuckschuber)
Communism and Zen Fire, Zen Wind
Christianity, the Deadliest Poison - and Zen, the Antidote to All Poison
God Is Dead, Now Zen Is the Only Living Truth
I Celebrate Myself - God Is No Where: Life Is Now Here
Kyozan: A True Man of Zen
One Seed Makes the Whole Earth Green
Yakuzan: Staight to the Point of Enlightenment
The Zen Manifesto - Freedom From Oneself
Zen: The Mystery and the Poetry of the Beyond

Darshan-Tagebücher
(Einweihungsgespräche zwischen Meister & Schüler)

A Rose Is a Rose Is a Rose (28. Juni - 27. Juli 1976)
Above All Don't Wobble (16. Jan. - 12. Febr. 1976)
Be Realistic: Plan for a Miracle (13. März - 6. Apr. 1976)
Believing the Impossible (Febr. 1978)
Beloved of My Heart (3. - 28. Mai 1976)
Blessed Are the Ignorant (4. - 31. Dez. 1976)
Dance Your Way to God (28. Juli - 20. Aug. 1976)
Don't Bite My Finger, Look Where I'm Pointing (März 1978)
Don't Just Do Something, Sit There (Sept. 1977)
Don't Let Yourself Be Upset by the Sutra, Rather Upset the Sutra Yourself (Aug./Sept. 1979)
Don't Look Before You Leap (Juli 1978)
Far Beyond the Stars (Juli 1977)
For Madmen Only (April 1977)
Get Out of Your Own Way (7. Apr. - 2. Mai 1976)
God Is Not for Sale (12. Okt. - 7. Nov. 1976)
God's Got a Thing About You (Sept. 1978)
Hallelujah! (Aug. 1978)
Hammer on the Rock (10. Dez. 1975 - 15. Jan. 1976)
Just Around the Corner (Mai 1979)
Let Go! (Apr. 1978)
Nothing to Lose but Your Head (13. Febr. - 12. März 1976)
Only Losers Can Win in this Game (Okt. 1977)
Snap Your Fingers, Slap Your Face - And Wake Up (Juni 1979)
The Buddha Disease (Jan. 1977)
The Cypress in the Courtyard (29. Mai - 27. Juni 1976)
The Further Shore (Juni 1977)
The Great Nothing (19. Sept. - 11. Okt. 1976)
The Madman's Guide to Enlightenment (Juni 1978)
The Open Door (Dez. 1977)
The Open Secret (Nov. 1977)
The Passion for the Impossible (21. Aug. - 8. Sept. 1976)
The Rainbow Bridge (Juli 1976)
The Sacred Yes (Nov. 1978)
The Shadow of the Bamboo (Apr. 1979)
The Shadow of the Whip (8. Nov. - 3. Dez. 1976)
The Sound of One Hand Clapping (März 1981)
The Sun Behind the Sun Behind the Sun (Jan. 1978)
The Tongue-Tip Taste of Tao (Okt. 1978)
The Zero Experience (März 1977)

The 99 Names of Nothingness (Mai 1978)
This Is It (Mai 1977)
Turn On, Tune In, and Drop the Lot (Dez. 1978)
What Is, Is, What Ain't, Ain't (Febr. 1977)
Won't You Join the Dance? (Febr. 1979)
You Ain't Seen Nothin' Yet (März 1979)
Zorba the Buddha (Jan. 1979)

BÜCHER ÜBER OSHO

Sue Appleton:
Bhagwan Shree Rajneesh - The Most Dangerous Man Since Jesus Christ
Sue Appleton:
Was Bhagwan Shree Rajneesh Poisoned by Ronald Reagan's America?
Juliet Forman:
Bhagwan - The Buddha for the Future
Juliet Forman:
Bhagwan - Twelve Days that Shook the World
Juliet Forman:
Bhagwan Shree Rajneesh - One Man Against
the Whole Ugly Past of Humanity
George Meredith:
Bhagwan - The Most Godless Yet the Most Godly Man

SONSTIGES

Osho Neo-Tarot
Zorba the Buddha Rajneesh Cookbook

Ein Verzeichnis der lieferbaren Titel
von Osho ist erhältlich bei:

Osho Verlag
Venloer Str. 5-7, 5000 Köln 1
Tel. (0221) 5740743

Für weitere Informationen über Osho:

Osho Commune International
17 Koregaon Park, Poona 411001 MS, Indien
Tel. (0212) 660963